全国计算机技术与软件专业技术资格（水平）考试参考用书

信息系统监理师考试冲刺
（习题与解答）

张友生 邓旭光 主编

全国计算机专业技术资格考试办公室 推荐

清华大学出版社
北京

内 容 简 介

本书作为全国计算机技术与软件专业技术资格（水平）考试中的信息系统监理师级别的考试参考教材，内容紧扣考试大纲，通过对历年试题进行科学分析、研究、总结、提炼而成。每章内容分为考点提炼、强化练习、习题解答三个部分。

本书基于历年试题，利用统计分析的方法，就考试重点和难点知识进行强化练习，既不漏掉考试必需的知识点，又不加重考生备考负担，使考生轻松、愉快地掌握知识点。

本书扉页为防伪页，封面贴有清华大学出版社防伪标签，无标签者不得销售。
版权所有，侵权必究。举报：010-62782989，beiqinquan@tup.tsinghua.edu.cn。

图书在版编目（CIP）数据

信息系统监理师考试冲刺（习题与解答）/张友生，邓旭光主编. —北京：清华大学出版社，2013.9(2023.8 重印)
（全国计算机技术与软件专业技术资格（水平）考试参考用书）
ISBN 978-7-302-32761-5

Ⅰ. ①信… Ⅱ. ①张… ②邓… Ⅲ. ①信息系统-监管制度-工程技术人员-资格考试-题解 Ⅳ. ①G202-44

中国版本图书馆 CIP 数据核字（2013）第 130889 号

责任编辑：柴文强
封面设计：傅瑞学
责任校对：徐俊伟
责任印制：沈　露

出版发行：清华大学出版社
　　　　网　　址：http://www.tup.com.cn, http://www.wqbook.com
　　　　地　　址：北京清华大学学研大厦 A 座　　　　邮　　编：100084
　　　　社 总 机：010-83470000　　　　邮　　购：010-62786544
　　　　投稿与读者服务：010-62776969, c-service@tup.tsinghua.edu.cn
　　　　质量反馈：010-62772015, zhiliang@tup.tsinghua.edu.cn
印 装 者：三河市铭诚印务有限公司
经　　销：全国新华书店
开　　本：185mm×230mm　　印　张：20.5　　防伪页：1　　字　数：474 千字
版　　次：2013 年 9 月第 1 版　　　　　　　　　　　　印　次：2023 年 8 月第 11 次印刷
定　　价：52.00 元

产品编号：050758-03

前　言

全国计算机技术与软件专业技术资格（水平）考试（简称"软考"）由人力资源和社会保障部、工业和信息化部主办，面向社会，用于考查计算机专业人员的水平与能力。考试客观、公正，得到了社会的广泛认可，并实现了中、日、韩三国互认。

本书紧扣考试大纲，基于每个章节知识点分布统计分析的结果，科学地编写强化练习题，结构科学、重点突出、针对性强。

内容超值，针对性强

本书每章的内容分为考点提炼、强化练习、习题解答三个部分。

第一部分为考点提炼。对考试大纲中所规定的重要考试内容和考试必备的知识点进行了"画龙点睛"，章节中的知识点解析深浅程度根据该知识点在历年试题中的统计分析结果而定。通过学习本部分内容，考生可以对考试的知识点分布、考试重点有一个整体上的认识和把握。

第二部分为强化练习。强化练习部分给出了多道试题，根据考点提炼部分的知识点统计、分析的结果而命题。这些试题与考试真题具有很大的相似性，用来检查考生学习的效果。

第三部分为习题解答。习题解答部分是强化练习部分的补充，为强化练习的所有习题进行了较详细的分析，并给出了解答。考生需要掌握每个练习题及其解答，这一部分可以帮助考生温习和巩固前面所学的知识，这种辅导方式保证内容全面，突出重点，为考生打造一条通向考试终点的捷径。

作者权威，阵容强大

本书作者均来自希赛教育。希赛教育（www.educity.cn）专业从事人才培养、教育产品开发、教育图书出版，在职业教育方面具有极高的权威性。特别是在在线教育方面，希赛教育的远程教育模式得到了国家教育部门的认可和推广。

希赛教育软考学院是全国计算机技术与软件专业技术资格（水平）考试的培训机构，拥有近 20 名资深软考辅导专家，编写了软考辅导教材的工作，共组织编写和出版了 80 多本软考教材，内容涵盖了初级、中级和高级的各个专业，包括教程系列、辅导系列、考点分析系列、冲刺系列、串讲系列、试题精解系列、疑难解答系列、全程指导系列、案例分析系列、指定参考用书系列、一本通等 11 个系列的书籍。希赛教育软考学院的专家录制了软考培训视频教程、串讲视频教程、试题讲解视频教程、专题讲解视频教程 4 个系列的软考视频，希赛教育软考学院的软考教材、软考视频、软考辅导为考生助考、提高通过率做出了不可磨灭的贡献，在软考领域有口皆碑。特别是在高级资格领域，无论是考试教材，还是在线辅导和面授，希赛教育软考学院都独占鳌头。

本书作者除封面署名外，还有王勇、李雄、胡钊源、桂阳、何玉云、王玉罡、胡光超、左水林、刘中胜、刘洋波。

在线测试，心中有数

上学吧（www.shangxueba.com）在线测试平台为考生准备了在线测试，其中有数十套全真模拟试题和考前密卷，考生可选择任何一套进行测试。测试完毕，系统自动判卷，立即给出分数。

对于考生做错的地方，系统会自动记忆，待考生第二次参加测试时，可选择"试题复习"。这样，系统就会自动把考生原来做错的试题显示出来，供考生重新测试，以加强记忆。

如此，读者可利用上学吧在线测试平台的在线测试系统检查自己的实际水平，加强考前训练，做到心中有数，考试不慌。

诸多帮助，诚挚致谢

在本书出版之际，要特别感谢全国软考办的命题专家们，为了使本书的习题与考试真题逼近，编者在写作中参考了部分考试原题。在本书的编写过程中，还参考了许多相关的文献和书籍，编者在此对这些参考文献的作者表示感谢。

感谢清华大学出版社柴文强老师，他在本书的策划、选题的申报、写作大纲的确定，以及编辑、出版等方面，付出了辛勤的劳动和智慧，给予了我们很多的支持和帮助。

感谢参加希赛教育软考学院辅导和培训的学员，正是他们的想法汇成了本书的源动力，他们的意见使本书更加贴近读者。

由于编者水平有限，且本书涉及的内容很广，书中难免存在错漏和不妥之处，编者诚恳地期望各位专家和读者不吝指正和帮助，对此，我们将十分感激。

互动讨论，专家答疑

希赛教育软考学院是中国最大的软考在线教育网站，该网站论坛是国内人气最旺的软考社区，在这里，读者可以和数十万考生进行在线交流，讨论有关学习和考试的问题。希赛教育软考学院拥有强大的师资队伍，为读者提供全程的答疑服务，在线回答读者的提问。

有关本书的意见反馈和咨询，读者可在希赛教育软考学院论坛"软考教材"版块中的"希赛教育软考学院"栏目上与作者进行交流。

希赛教育软考学院　张友生

2013 年 3 月

目　录

- 第 1 章　计算机技术基础 ··· 1
  - 1.1　考点提炼 ··· 1
  - 1.2　强化练习 ··· 1
  - 1.3　习题解答 ··· 5
- 第 2 章　计算机网络基础 ··· 16
  - 2.1　考点提炼 ··· 16
  - 2.2　强化练习 ··· 16
  - 2.3　习题解答 ··· 21
- 第 3 章　信息系统开发基础 ······································· 30
  - 3.1　考点提炼 ··· 30
  - 3.2　强化练习 ··· 30
  - 3.3　习题解答 ··· 35
- 第 4 章　法律法规与标准化 ······································· 46
  - 4.1　考点提炼 ··· 46
  - 4.2　强化练习 ··· 46
  - 4.3　习题解答 ··· 51
- 第 5 章　专业英语 ··· 61
  - 5.1　考点提炼 ··· 61
  - 5.2　强化练习 ··· 61
  - 5.3　习题解答 ··· 65
- 第 6 章　监理概论 ··· 71
  - 6.1　考点提炼 ··· 71
  - 6.2　强化练习 ··· 72
  - 6.3　习题解答 ··· 77
- 第 7 章　质量控制 ··· 86
  - 7.1　考点提炼 ··· 86
  - 7.2　强化练习 ··· 86
  - 7.3　习题解答 ··· 93
- 第 8 章　进度控制 ··· 108
  - 8.1　考点提炼 ··· 108

  8.2 强化练习 108
  8.3 习题解答 116
第 9 章 投资控制 129
  9.1 考点提炼 129
  9.2 强化练习 129
  9.3 习题解答 137
第 10 章 变更控制 150
  10.1 考点提炼 150
  10.2 强化练习 150
  10.3 习题解答 156
第 11 章 信息管理 166
  11.1 考点提炼 166
  11.2 强化练习 166
  11.3 习题解答 172
第 12 章 合同管理 181
  12.1 考点提炼 181
  12.2 强化练习 181
  12.3 习题解答 186
第 13 章 安全管理 201
  13.1 考点提炼 201
  13.2 强化练习 201
  13.3 习题解答 206
第 14 章 沟通协调 221
  14.1 考点提炼 221
  14.2 强化练习 221
  14.3 习题解答 227
第 15 章 监理应用技术 238
  15.1 考点提炼 238
  15.2 强化练习 239
  15.3 习题解答 265

第 1 章 计算机技术基础

从历年的考试试题来看，本章的考点在综合知识考试中的平均分数为 6.58 分，约为总分的 8.77%。主要分数集中计算机系统功能、组成、及其相互关系、计算机系统与信息管理等知识点上。

1.1 考点提炼

根据考试大纲，结合历年考试真题，希赛教育的软考专家认为，考生必须要掌握以下几个方面的内容：

（1）计算机体系结构，内容主要包括计算机的分类、计算机的硬件组成、CPU 的特性等。

（2）操作系统，操作系统用来管理计算机系统中的软、硬件资源，具有以下功能：进程管理、存储管理、文件管理、作业管理、设备管理。

（3）总线。总线是计算机中各部件相连的通信线，通过总线，各部件之间可以相互通信，而不是每两个部件之间相互直连，减少了计算机体系结构的设计成本，有利于新模块的扩展。

（4）可靠性。常见的系统可靠性数学模型有以下三种：串联系统、并联系统、模冗余系统。

（5）存储器。在计算机系统中，存储器用来保存原始数据、操作数据、结果数据的重要设备，主要分为主存储器、辅存储器和高速缓冲存储器（Cache）三种。其中，Cache 是常考的知识点。

1.2 强化练习

试题 1

某计算机系统由下图所示的部件构成，假定每个部件的千小时可靠度都为 R，则该系统的千小时可靠度为__（1）__。

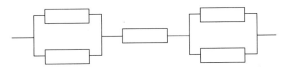

(1) A. R+2R/4　　　　B. R+R²/4　　　　C. R(1-(1-R)²)　　D. R(1-(1-R)²)²

试题 2

在输入输出控制方法中，采用__(2)__可以使得设备与主存间的数据块传送无须 CPU 干预。

(2) A. 程序控制输入输出　　　　　　B. 中断
　　C. DMA　　　　　　　　　　　　D. 总线控制

试题 3

在操作系统文件管理中，通常采用__(3)__来组织和管理外存中的信息。

(3) A. 字处理程序　　　　　　　　　B. 设备驱动程序
　　C. 文件目录　　　　　　　　　　D. 语言翻译程序

试题 4

指令系统中采用不同寻址方式的目的是__(4)__。

(4) A. 提高从内存获取数据的速度　　　B. 提高从外存获取数据的速度
　　C. 降低操作码的译码难度　　　　　D. 扩大寻址空间并提高编程灵活性

试题 5

在 CPU 中用于跟踪指令地址的寄存器是__(5)__。

(5) A. 地址寄存器（MAR）　　　　　　B. 数据寄存器（MDR）
　　C. 程序计数器（PC）　　　　　　　D. 指令寄存器（IR）

试题 6

位于 CPU 与主存之间的高速缓冲存储器 Cache 用于存放部分主存数据的拷贝，主存地址与 Cache 地址之间的转换工作由__(6)__完成。

(6) A. 硬件　　　　B. 软件　　　　C. 用户　　　　D. 程序员

试题 7

相联存储器按__(7)__访问。

(7) A. 地址　　　　　　　　　　　　B. 先入后出的方式
　　C. 内容　　　　　　　　　　　　D. 先入先出的方式

试题 8

内存单元按字节编址，地址 0000A000H～0000BFFFH 共有__(8)__个存储单元。

(8) A. 8192K　　　B. 1024K　　　C. 13K　　　D. 8K

试题 9

若某计算机系统的 I/O 接口与主存采用统一编址，则输入输出操作是通过__(9)__指令来完成的。

(9) A. 控制　　　　B. 中断　　　　C. 输入输出　　　　D. 访存

试题 10

总线复用方式可以__(10)__。

(10) A．提高总线的传输带宽 B．增加总线的功能
　　　C．减少总线中信号线的数量 D．提高 CPU 利用率

试题 11
在 CPU 的寄存器中，__(11)__ 对用户是完全透明的。
(11) A．程序计数器 B．指令寄存器
　　　C．状态寄存器 D．通用寄存器

试题 12
计算机操作的最小单位时间是__(12)__。
(12) A．指令周期　　B．时钟周期　　C．中断周期　　D．CPU 周期

试题 13
不包括在微型计算机的三类总线中的是__(13)__。
(13) A．数据总线　　B．控制总线　　C．地址总线　　D．消息总线

试题 14
计算机系统由 CPU、存储器、I/O 三部分组成，假设各部分的可靠性分别为 0.95、0.91 和 0.98，则计算机系统的可靠性约为__(14)__。
(14) A．0.95　　B．0.91　　C．0.86　　D．0.85

试题 15
内存按字节编址，地址从 90000H 到 CFFFFH，若用存储容量为 16K×8bit 的存储器芯片构成该内存，至少需要__(15)__片。
(15) A．2　　B．4　　C．8　　D．16

试题 16
CPU 中的数据总线宽度会影响__(16)__。
(16) A．内存容量的大小 B．系统的运算速度
　　　C．指令系统的指令数量 D．寄存器的宽度

试题 17
利用高速通信网络将多台高性能工作站或微型机互连构成机群系统，其系统结构形式属于__(17)__计算机。
(17) A．单指令流单数据流（SISD） B．多指令流单数据流（MISD）
　　　C．单指令流多数据流（SIMD） D．多指令流多数据流（MIMD）

试题 18
__(18)__是指按内容访问的存储器。
(18) A．虚拟存储器 B．相联存储器
　　　C．高速缓存（Cache） D．随机访问存储器

试题 19
处理机主要由处理器、存储器和总线组成，总线包括__(19)__。

(19) A．数据总线、地址总线、控制总线
     B．并行总线、串行总线、逻辑总线
     C．单工总线、双工总线、外部总线
     D．逻辑总线、物理总线、内部总线

试题 20

计算机中常采用原码、反码、补码和移码表示数据，其中，±0 编码相同的是 (20)。

(20) A．原码和补码　　　　　　　　B．反码和补码
     C．补码和移码　　　　　　　　D．原码和移码

试题 21

UNIX 操作系统是作为 (21) 问世的。

(21) A．网络操作系统　　　　　　　B．分时操作系统
     C．批处理操作系统　　　　　　D．实时操作系统

试题 22

UNIX 中，用来把一个进程的输出连接到另一个进程的输入的文件称为 (22)。

(22) A．普通文件　　B．虚拟文件　　C．管道文件　　D．设备文件

试题 23

文件存储设备中，(23) 不支持文件的随机存取。

(23) A．磁盘　　　　B．光盘　　　　C．软盘　　　　D．磁带

试题 24

虚拟存储器是把 (24) 有机地结合起来使用的。

(24) A．内存与外存　　　　　　　　B．内存与高速缓存
     C．外存与高速缓存　　　　　　D．内存与寄存器

试题 25

与外存相比，内存的特点是 (25)。

(25) A．容量大、速度快、成本低　　B．容量大、速度慢、成本高
     C．容量小、速度快、成本高　　D．容量小、速度慢、成本低

试题 26

(26) 决定了计算机系统可访问的物理内存范围。

(26) A．CPU 的工作频率　　　　　　B．数据总线的位数
     C．地址总线的位数　　　　　　D．指令的长度

试题 27

在 Windows 2000 Server 系统下，从计算机的 2 个硬盘中各拿出 100MB 空间形成 RAID1 卷，并分配盘符 D，那么 D 盘空间是 (27)。

(27) A．200MB　　　B．300MB　　　C．250MB　　　D．100MB

试题 28

下面的描述中，__(28)__ 不是 RISC 设计应遵循的设计原则。

(28) A．指令条数应少一些

　　 B．寻址方式尽可能少

　　 C．采用变长指令，功能复杂的指令长度长而简单指令长度短

　　 D．设计尽可能多的通用寄存器

试题 29

若某计算机系统是由 500 个元器件构成的串联系统，且每个元器件的失效率均为 10^{-7}/h，在不考虑其他因素对可靠性的影响时，该计算机系统的平均故障间隔时间为__(29)__小时。

(29) A．2×10^4　　　　B．5×10^4　　　　C．2×10^5　　　　D．5×10^5

试题 30

系统响应时间和作业吞吐量是衡量计算机系统性能的重要指标。对于一个持续处理业务的系统而言，其__(30)__。

(30) A．响应时间越短，作业吞吐量越小

　　 B．响应时间越短，作业吞吐量越大

　　 C．响应时间越长，作业吞吐量越大

　　 D．响应时间不会影响作业吞吐量

1.3　习题解答

试题 1 分析

计算机系统是一个复杂的系统，而且影响其可靠性的因素也非常繁复，很难直接对其进行可靠性分析。若采用串联方式，则系统可靠性为每个部件的乘积 $R=R_1\times R_2\times R_3\times\ldots\times R_n$；若采用并联方式，则系统的可靠性为 $R=1-(1-R_1)\times(1-R_2)\times(1-R_3)\times\ldots\times(1-R_n)$。

在本题中，既有并联又有串联，计算时首先我们要分别计算图中两个并联后的可靠度，它们分别为 $1-(1-R)^2$，然后是三者串联，根据串联的计算公式，可得系统的可靠度为 $R\times1-(1-R)^2\times1-(1-R)^2=R(1-(1-R)^2)^2$。因此本题答案选 D。

试题 1 答案

（1）D

试题 2 分析

计算机中主机与外设间进行数据传输的输入输出控制方法有程序控制方式、中断方式、DMA 等。

在程序控制方式下，由 CPU 执行程序控制数据的输入输出过程。

在中断方式下，外设准备好输入数据或接收数据时向 CPU 发出中断请求信号，CPU 若决定响应该请求，则暂停正在执行的任务，转而执行中断服务程序进行数据的输入输出处理，之后再回去执行原来被中断的任务。

在 DMA 方式下，CPU 只需向 DMA 控制器下达指令，让 DMA 控制器来处理数据的传送，数据传送完毕再把信息反馈给 CPU，这样就很大程度上减轻了 CPU 的负担，可以大大节省系统资源。

试题 2 答案

（2）C

试题 3 分析

存放在磁盘空间上的各类文件必须进行编目，操作系统才能实现文件的管理，这与图书馆中的藏书需要编目录、一本书需要分章节是类似的。用户总是希望能"按名存取"文件中的信息。为此，文件系统必须为每一个文件建立目录项，即为每个文件设置用于描述和控制文件的数据结构，记载该文件的基本信息，如文件名、文件存放的位置、文件的物理结构等。这个数据结构称为文件控制块 FCB，文件控制块的有序集合称为文件目录。

试题 3 答案

（3）C

试题 4 分析

在指令系统中用来确定如何提供操作数或提供操作数地址的方式称为寻址方式，通过采用不同的寻址方式，能够达到缩短指令长度、扩大寻址空间和提高编程灵活性等目的。

试题 4 答案

（4）D

试题 5 分析

程序计数器是用于存放下一条指令所在单元的地址的地方。在程序执行前，必须将程序的起始地址，即程序的一条指令所在的内存单元地址送入程序计数器，当执行指令时，CPU 将自动修改程序计数器的内容，即每执行一条指令程序计数器增加一个量，使其指向下一个待指向的指令。程序的转移等操作也是通过该寄存器来实现的。

指令寄存器一般用来保存当前正在执行的一条指令。

数据寄存器主要是用来保存操作数和运算结果等信息的，其目的是为了节省读取操作数所需占用总线和访问存储器的时间。

地址寄存器一般用来保存当前 CPU 所访问的内存单元的地址，以方便对内存的读写操作。

作为程序员，应该要能控制其所编写程序的执行过程，这就需要利用程序计数器来实现，因此程序员能访问的是程序计数器。

试题 5 答案

（5）C

试题 6 分析

由于在 CPU 与存储系统之间存在着数据传送带宽的限制，因此在其中设置了 Cache（高速缓冲存储器，简称高速缓存，通常速度比内存快），以提高整体效率。但由于其成本更高，因此 Cache 的容量要比内存小得多。由于 Cache 为高速缓存，存储了频繁访问内存中的数据，因此它与 Cache 单元地址转换的工作需要稳定而且高速的硬件来完成。

试题 6 答案

（6）A

试题 7 分析

存储器的存取方式如下表所示：

存取方式	读写装置	数据块标志	访问特性	代表
顺序存取	共享读写装置	无	特定线性顺序	磁带
直接存取	共享读写装置	数据分块，每块一个唯一标志	可直接移到特定数据块	磁盘
随机存取	每个可寻址单元专用读写装置	每个可寻址单元均有一个唯一地址	随时访问任何一个存储单元	主存储器
相联存取（属随机存取）	每个可寻址单元专用读写装置	每个可寻址单元均有一个唯一地址	根据内容而非地址来选择读写点	Cache

试题 7 答案

（7）C

试题 8 分析

主存储器（内存）采用的是随机存取方式，需对每个数据块进行编码，而在主存储器中，数据块是以 word 为单位来标识的，即每个字一个地址，通常采用的是十六进制表示。例如，按字节编址，地址从 0000A000H～0000BFFFH，则表示有（0000BFFFH –0000A000H）+1 个字节，即 8KB。

试题 8 答案

（8）D

试题 9 分析

I/O 接口与主存采用统一编址，即将 I/O 设备的接口与主存单元一样看待，每个端口占用一个存储单元的地址，其实就是将主存的一部分划出来作为 I/O 地址空间。

访存指令是指访问内存的指令，显然，这里需要访问内存，才能找到相应的输入输出设备，一次需要使用访存指令。

而控制类指令通常是指程序控制类指令，用于控制程序流程改变的指令，包括条件转移指令、无条件转移指令、循环控制指令、程序调用和返回指令、中断指令等。

试题 9 答案

（9）D

试题 10 分析

总线复用，顾名思义就是一条总线实现多种功能。常见的总线复用方式有总线分时复用，它是指在不同时段利用总线上同一个信号线传送不同信号，例如，地址总线和数据总线共用一组信号线。采用这种方式的目的是减少总线数量，提高总线的利用率。

试题 10 答案

（10）C

试题 11 分析

指令寄存器用来存放当前正在执行的指令，对用户是完全透明的。

状态寄存器用来存放计算结果的标志信息，如进位标志、溢出标志等。

通用寄存器可用于传送和暂存数据，也可参与算术逻辑运算，并保存运算结果。

试题 11 答案

（11）B

试题 12 分析

- 指令周期：是指取出并执行一条指令所需的时间，也称为机器周期。
- CPU 周期：又称机器周期，机器内部各种操作大致可归属为对 CPU 内部的操作和对主存的操作两大类，由于 CPU 内部操作速度较快，CPU 访问一次内存所花的时间较长，因此用从内存读取一条指令字的最短时间来定义，这个基准时间就是 CPU 周期（机器周期）。一个指令周期常由若干 CPU 周期构成。
- 中断周期：中断响应周期是指当 CPU 采用中断方式实现主机与 I/O 交换信息时，CPU 在每条指令执行阶段结束前，都要发中断查询信号，以检测是否有某个 I/O 提出中断请求。如果有请求，CPU 则要进入中断响应阶段，又称中断周期。
- 时钟周期：指的是 CPU 处理动作的最小单位。

它们之间的关系是：一个指令周期可以划分为一个或多个总线周期，根据指令的不同，需要的总线周期也不同；而一个总线周期又可以分为几个时钟周期，通常是 4 个时钟周期，但也有些计算机可能不同。

试题 12 答案

（12）B

试题 13 分析

系统总线是计算机系统内各功能部件（中央处理器、存储器、外设等）之间相互连接的总线。从位置上来说，一般位于计算机系统的底板上。它从功能上说，可以分为以下几种。

- 数据总线：一般由三态门控制的双向数据信道，中央处理器通过数据总线和主存、外设交换数据构成。

- 地址总线：常常由三态门控制的单向数据信道，由中央处理器"点名"取数的位置。
- 控制总线：用来传递控制信号。如读/写信号、中断请求、复位等信号。

微型计算机的三类总线中一般不包括消息总线。

试题 13 答案

（13）D

试题 14 分析

计算机系统由 CPU、存储器、I/O 三部分组成，CPU、存储器、I/O 它们之间通过总线相线连接，它们之间是一种串行关系。根据串行部件可靠性的公式可知该计算机系统的可靠性约为：$0.95 \times 0.91 \times 0.98 \approx 0.85$。

试题 14 答案

（14）D

试题 15 分析

存储地址空间是指对存储器编码（编码地址）的范围。所谓编码就是对每一个物理存储单元（一个字节）分配一个号码，通常叫作"编址"。内存按字节编址的方式求区间的大小，通常记住在"结束地址－起始地址"后还要加 1H。所以题中地址从 90000H 到 CFFFFH 的区间大小为：CFFFFH－90000H ＋ 1H ＝40000H，将结果化成二进制为 10000000000000000000，化成十进制为：$4 \times 16^4 = 2^{18}$。是以字节为单位，则大小为 2^{18} Byte ＝ 2^8 KB ＝ 256 KB。用存储容量为 $16K \times 8bit$ 的存储器芯片构成该内存，即 $256K \div 16K$ ＝ 16，所以至少需要 16 片。正确答案是 D 选项。

试题 15 答案

（15）D

试题 16 分析

总线是一组物理导线，并非一根。根据总线上传送的信息不同，分为地址总线、数据总线和控制总线。

（1）地址总线

地址总线传送地址信息。地址是识别信息存放位置的编号，主存储器的每个存储单元及 I/O 接口中不同的设备都有各自不同的地址。地址总线是 CPU 向主存储器和 I/O 接口传送地址信息的通道，它是自 CPU 向外传输的单向总线。

（2）数据总线

数据总线传送系统中的数据或指令。数据总线是双向总线，一方面作为 CPU 向主存储器和 I/O 接口传送数据的通道。另一方面，是主存储器和 I/O 接口向 CPU 传送数据的通道，数据总线的宽度与 CPU 的字长有关。

（3）控制总线

控制总线传送控制信号。控制总线是 CPU 向主存储器和 I/O 接口发出命令信号的通道，又是外界向 CPU 传送状态信息的通道。

数据总线负责整个系统的数据流量的大小,而数据总线宽度则决定了 CPU 与二级高速缓存、内存以及输入/输出设备之间一次数据传输的信息量。

地址总线宽度决定了 CPU 可以访问的物理地址空间,简单地说就是 CPU 到底能够使用多大容量的内存。

所以说计算机系统的运算速度与 CPU 中的数据总线宽度有关,正确答案要选择 B 答案。

试题 16 答案

(16) B

试题 17 分析

计算机系统的分类:Flynn 分类、冯氏分类、Handler 分类和 Kuck 分类;Flynn 分类是根据不同指令流—数据流组织方式把计算机系统分成 4 类。

在系统性能的瓶颈部件上同时处于同样执行阶段的指令和数据的最大可能个数:

(1) 单指令流单数据流 SISD——如单处理机
(2) 单指令流多数据流 SIMD——如相联处理机
(3) 多指令流单数据流 MISD——如流水线计算机
(4) 多指令流多数据流 MIMD——如多处理机

所以题中是利用高速通信网络将多台高性能工作站或微型机互连构成机群系统,事实上是采用了多处理机。

试题 17 答案

(17) D

试题 18 分析

相联存储器是一种不根据地址而根据存储内容来进行存取的存储器。写入信息时按顺序写入,不需要地址。读出时,要求中央处理单元给出一个相联关键字,用它和存储器中所有单元中的一部分信息进行比较,若它们相等,则将此单元中余下的信息读出。

试题 18 答案

(18) B

试题 19 分析

总线的分类有多种方式:

(1) 按功能划分:地址总线、数据总线、控制总线;
(2) 按总线在微机中的位置划分:机内总线、机外总线。

从备选答案可看出,A 选项是按功能进行划分,并且划分完全正确。

试题 19 答案

(19) A

试题 20 分析

本题考查基本的数据编码。

移码（又叫增码）是符号位取反的补码

我们可以通过分别求±0 的各种编码，并进行比较而得出答案。

+0 的原码为：0000 0000

+0 的反码为：0000 0000

+0 的补码为：0000 0000

+0 的移码为：1000 0000

- 0 的原码为：1000 0000

- 0 的反码为：1111 1111

- 0 的补码为：0000 0000

- 0 的移码为：1000 0000

从以上的编码结果可以看出：±0 编码相同的是补码和移码。所以本题应选 C。

试题 20 答案

（20）C

试题 21 分析

操作系统可以分为网络操作系统、分时操作系统、批处理操作系统、实时操作系统、分布式操作系统。

（1）网络操作系统。计算机网络是利用通信机构把独立，分散的计算机连接起来的一种网络。网络操作系是网络软件组成之一，在网络协议配合下，实现资源共享，提供网络通信和网络服务等功能。

（2）分时操作系统。指计算机联接多个终端，系统把主机分为若干时间片，每个终端用户占用一个时间片，各用户按一定顺序轮流占用主机。分时的时间单位叫做时间片，即允许一个终端用户占用 CPU 的长短。分时系统的基本特征为:同时性，交互性，共享性。UNIX，XENIX 属于分时操作系统。

（3）批处理操作系统。指用户将机器要做的工作有序地排在一起形成一个作业流，计算机系统自动地，顺序地执行作业流.批处理系统中，人和计算机不再交互信息。批处理系统又分为单道批处理和多道批处理系统。

（4）实时操作系统。它一般为专用机设计，是实时控制系统和实时处理系统的统称。实时控制用于生产过程控制，导弹发射控制等;实时处理:指计划管理，情报检索，飞机订票系统等。实时系统的特点是，响应及时性和高可靠性。

（5）分布式操作系统。在分布式操作系统中，拥有多台计算机并且各台计算机无主次之分，系统资源共享，任意两台计算机可以交换信息，系统中若干台计算机可以互相协作来完成一个共同任务。它主要用于分布式系统资源的管理。

试题 21 答案

（21）B

试题 22 分析

虚拟文件就是把一张数据光盘用软件的手段把它录制成一个文件,该文件的内容完全和数据源是一样的,就好像用相机给自己拍的相片中的你和你自己的样子是一个样的,只不过相片中的你不会说话而已。虚拟文件是专为那些必须带光盘才能执行或打开的软件而设计的。常见的类型有.iso、.cue、.bin、.mds、.mdf 等。

管道通信方式的中间介质是文件,通常称这种文件为管道文件。两个进程利用管道文件进行通信时,一个进程为写进程,另一个进程为读进程。写进程通过写端(发送端)往管道文件中写入信息;读进程通过读端(接收端)从管道文件中读取信息。两个进程协调不断地进行写、读,便会构成双方通过管道传递信息的流水线。

试题 22 答案

(22) C

试题 23 分析

文件存取分为顺序存取和随机存取,在试题给出的选项中,显然,只有磁带是顺序存取设备。

试题 23 答案

(23) D

试题 24 分析

虚拟存储器只是一个容量非常大的存储器的逻辑模型,不是任何实际的物理存储器。它借助于磁盘等辅助存储器(外存)来扩大主存(内存)容量,使之为更大或更多的程序所使用。

虚拟存储器指的是主存—外存层次,以透明的方式给用户提供了一个比实际主存空间大得多的程序地址空间。物理地址由 CPU 地址引脚送出,用于访问主存的地址。虚拟地址由编译程序生成的,是程序的逻辑地址,其地址空间的大小受到外存容量的限制。

主存—外存层次和 Cache(高速缓存)—主存层次用的地址变换映射方法和替换策略是相同的,都基于程序局部性原理。它们遵循的原则是:

(1)把程序中最近常用的部分驻留在高速的存储器中。

(2)一旦这部分变得不常用了,把它们送回到低速的存储器中。

(3)这种换入换出是由硬件或操作系统完成的,对用户是透明的。

(4)力图使存储系统的性能接近高速存储器,价格接近低速存储器。

试题 24 答案

(24) A

试题 25 分析

计算机中,用于存放程序或数据的存储部件有 CPU 内部寄存器、计算机的高速缓冲存储器(Cache)、计算机的主存(内存)、大容量磁盘(外存/辅存)。它们的存取速度不一样,容量大小不一样,单位成本也不一样。按照"寄存器->Cache->内存->外存"这样的排列，容量越来越大、速度越来越慢、成本越来越低。

试题 25 答案

（25）C

试题 26 分析

总线是将信息以一个或多个源部件传送到一个或多个目的部件的一组传输线。通俗的说，就是多个部件间的公共连线，用于在各个部件之间传输信息。人们常常以"MHz"表示的速度来描述总线频率。

一般情况下，CPU 提供的信号需经过总线形成电路形成系统总线。系统总线按照传递信息的功能来分，分为地址总线、数据总线和控制总线。这些总线提供了 CPU 与存储器、输入输出接口部件的连接线。

地址总线是专门用于传递地址信息的，它必定是由 CPU 发出的。因此是单方向，即由 CPU 发出，传送到各个部件或外设，每个存储单元都有一个固定的地址编码，一个外部设备则常常有多个地址编码。在一台计算机中，所有地址编码都是不相重合的。地址总线的位数与存储单元的个数有关，如地址总线为 20 根，则对应的存储单元个数为 2^{20}，即内存容量为 1MB。

数据总线用来传送数据信号，它是双向的，即数据既可以由 CPU 送到存储器和外设，也可以由存储器和外设送到 CPU。数据总线的位数（也称总线宽度）是计算机的一个重要性能指标，它与 CPU 的位数相对应，与机器字长、存储字长有关。也就是说，数据总线宽度决定了 CPU 与二级高速缓存、内存以及输入/输出设备之间一次数据传输的信息量。从某个方面来说，一次数据传输的信息量越多，系统的运算速度就越快。

但是，数据的含义是广义的，数据总线上传送的信号不一定是真正的数据，可以是指令码、状态量、也可以是一个控制量。

控制总线是用于传送控制信号的，其中包括 CPU 送往存储器和输入/输出接口电路的控制信号如读信号、写信号、中断响应信号、中断请求信号、准备就绪信号等。

试题 26 答案

（26）C

试题 27 分析

采用 RAID1，磁盘空间利用率只有 50%。因此，D 盘的空间只有 100MB。

试题 27 答案

（27）D

试题 28 分析

RISC 是相对于传统的 CISC（Complex Instruction Set Computer，复杂指令系统计算机）而言。RISC 不是简单地把指令系统进行简化，而是通过简化指令的途径使计算机的结构更加简单合理，以减少指令的执行周期数，从而提高运算速度。

RISC 计算机的主要特点特点如下：

（1）指令数量少：优先选取使用频率最高的一些简单指令及常用指令，避免使用复杂指令。大多数指令都是对寄存器进行操作，对存储器的操作仅提供了读和写两种方式。

（2）指令的寻址方式少：通常只支持寄存器寻址方式、立即数寻址方式及相对寻址方式。

（3）指令长度固定，指令格式种类少：因为 RISC 指令数量少，格式少且相对简单，其指令长度固定，指令之间各字段的划分比较一致，所以译码相对容易。

（4）只提供了 Load/Store 指令访问存储器：只提供了从存储器读数（Load）和把数据写入存储器（Store）两条指令，其余所有的操作都在 CPU 的寄存器间进行。

（5）以硬布线逻辑控制为主：为了提高操作的执行速度，通常采用硬布线逻辑（组合逻辑）来构建控制器。而 CISC 机的指令系统很复杂，难以用组合逻辑电路实现控制器，因此通常采用微程序控制。

（6）单周期指令执行：因为简化了指令系统，所以很容易利用流水线技术使得大部分指令都能在一个机器周期内完成。少数指令可能会需要多个周期执行，例如 Load/Store 指令因为需要访问存储器，其执行时间就会长一些。

（7）优化的编译器：RISC 的精简指令集使编译工作简单化。因为指令长度固定、格式少且寻址方式少，因此编译时不必在具有相似功能的许多指令中进行选择，也不必为寻址方式的选择而费心。同时易于实现优化，从而可以生成高效率执行的机器代码。

采用 RISC 技术的 CPU 硬件一般具有如下特点：寄存器数量多，采用流水线组织，控制器的实现采用硬布线控制逻辑电路。

大多数 RISC 采用了 Cache 方案，即使用 Cache 来提高取指的速度。有的 RISC 甚至使用两个独立的 Cache 来改善性能，一个称为指令 Cache，另一个称为数据 Cache。这样取指和读数可以同时进行，互不干扰。

从理论上来看，CISC 和 RISC 都有各自的优势，不能认为精简指令计算机就好，复杂指令计算机就不好，事实上这两种设计方法很难找到完全的界线，而且在实际的芯片中，这两种设计方法也有相互渗透的地方。

试题 28 答案

（28）C

试题 29 分析

平均故障间隔时间（MTBF）是指设备在某段时间内，相邻两次故障间工作时间的平均值。MTBF 等于系统失效率的倒数。根据题意，该计算机系统为串联系统，所以其总失效率为各元器件的失效率之和，即

$$500 \times 10^{-7}/h = 5 \times 10^{-5}/h$$

因为失效率的倒数即为平均故障间隔时间，从而求出平均故障间隔时间为 2×10^4。

试题 29 答案

（29）A

试题 30 分析

　　计算机系统性能指标以系统响应速度和作业吞吐量为代表。系统响应时间是指用户发出完整请求到系统完成任务给出响应的时间间隔。作业吞吐量是指单位时间内系统完成的任务量。若一个给定系统持续地收到用户提交的任务请求，则系统的响应时间将对作业吞吐量造成一定影响。若每个任务的响应时间越短，则系统的空闲资源越多，整个系统在单位时间内完成的任务量将越大；反之，若响应时间越成长，则系统的空闲资源越少，整个系统在单位时间内完成的任务量将越少。

试题 30 答案

　　（30）B

第 2 章　计算机网络基础

从历年的考试试题来看，本章的考点在综合知识考试中的平均分数为 12 分，约为总分的 16%。计算机网络方面的试题所占分数在整个信息系统监理师考试中占用比较大的比重。主要分数集中在网络体系结构与协议、信息安全、机房工程、综合布线系统和隐蔽工程这 4 个知识点上。

2.1　考点提炼

根据考试大纲，本章要求考生掌握以下知识点：
（1）数据通信的基本知识。
（2）网络体系结构与协议。
（3）计算机网络分类。
（4）Internet 实用技术。
（5）网络标准及典型网络设备。
（6）网络规划与设计。
（7）常见的计算机网络工程系统配置与性能评价。
（8）信息网络基础平台、服务平台、安全平台、管理平台和环境平台的体系结构。
（9）网络传输技术、交换技术、接入技术、路由技术、操作系统、网络服务器、网络测试、数据存储及备份。
（10）视频点播、音频点播、视频会议和 VOIP。
（11）防火墙技术、数字加密技术、入侵监测和漏洞扫描技术、物理隔离、访问限制、安全体系架构和 VPN。
（12）网络管理软件和网络监控软件。
（13）机房工程、综合布线系统和隐蔽工程。

2.2　强化练习

试题 1

背对背布置的机柜或机架背面之间的距离不应小于__(1)__米。
（1）A．1　　　　　　B．2.6　　　　　　C．1.5　　　　　　D．1.2

试题 2

在 Internet 上浏览时，浏览器和 WWW 服务器之间传输网页使用的协议是__(2)__。

(2) A. HTTP　　　　　B. WWW　　　　　C. FTP　　　　　D. SMP

试题 3

若一个网络系统中有 270 个信息点，按照 EIA/TIA568 标准进行结构化布线时，一般需要 RJ45 头的总量是__(3)__个。

(3) A. 1080　　　　　B. 1107　　　　　C. 1242　　　　　D. 1188

试题 4

综合布线系统是楼宇和园区范围内，在统一的传输介质上建立的可以连接电话、计算机、会议电视和监视电视等设备的结构化信息传输系统。根据 EIA/TIA-568A 标准，__(4)__中列出的各项全部属于综合布线系统的子系统。

(4) A. 建筑群子系统、独立建筑子系统、设备间子系统
　　B. 设备间子系统、工作区子系统、管理子系统
　　C. 垂直干线子系统、水平子系统、交叉布线子系统
　　D. 建筑群子系统、设备间子系统、交叉布线子系统

试题 5

依据《电子信息系统机房设计规范》(GB 50174—2008)，对于涉及国家秘密或企业对商业信息有保密要求的电子信息系统机房，应设置电磁屏蔽室。以下描述中，不符合该规范要求的是__(5)__。

(5) A. 所有进入电磁屏蔽室的电源线缆应通过电源滤波器进行
　　B. 进出电磁屏蔽室的网络线宜采用光缆或屏蔽线缆线，光缆应带有金属加强芯
　　C. 非金属材料穿过屏蔽层时应采用波导管，波导管的截面尺寸和长度应满足电磁屏蔽的性能要求
　　D. 截止波导通风窗内的波导管宜采用等边六角形，通风窗的截面积应根据室内换气次数进行计算

试题 6

为了实现高速共享存储以及块级数据访问，采用高速的光纤通道作为传输介质，实现存储系统网络化的网络存储模式是__(6)__。

(6) A. DAS　　　　　B. NAS　　　　　C. SAN　　　　　D. SNA

试题 7

根据《EIA/TIA568A/B 商用建筑物电信布线标准—1995》，综合布线系统分为三个等级，其中增强型综合布线等级要求每个工作区至少有__(7)__个以上信息插座。

(7) A. 1　　　　　B. 2　　　　　C. 3　　　　　D. 4

试题 8

主机 A 的 IP 地址是 192.168.4.23，子网掩码为 255.255.255.0. __(8)__ 是与主机 A 处于同一子网的主机 IP 地址。

(8) A．192.168.4.1　　　　　　　　B．192.168.255.0
　　C．255.255.255.255　　　　　　D．192.168.4.255

试题 9

某高校准备建设一个容纳 50 位学生上机的机房，假设每一计算机系统及其他的设备投影面积为 1.5 平方米，则该机房最小面积应该为 __(9)__ 平方米。

(9) A．150　　　B．375　　　C．450　　　D．525

试题 10

2011 年 3 月全国两会召开期间发布的《中华人民共和国国民经济和社会发展第十二个五年规划纲要》有如下内容："推动物联网关键技术研发和重点领域的应用示范"。从技术架构上看，物联网可分为三层：感知层、网络层和应用层。其中网络层可包括 __(10)__ 。

(10) A．各种传感器以及传感器网关，包括二氧化碳浓度传感器、温度传感器、湿度传感器、二维码标签、RFID 标签和读写器、摄像头、GPS 等

　　　B．互联网，有线、无线通信网，各种私有网络，网络管理系统和云计算平台等

　　　C．用户（包括人、组织和其他系统）的接口

　　　D．网络应用程序

试题 11

在下列应用场景中，属于 SaaS（软件即服务）模式的是 __(11)__ 。

(11) A．供应商通过 Internet 提供软件，消费者从供应商处租用基于 Web 的软件来管理企业经营活动

　　　B．供应商开拓新的 IT 基础设施业务，消费者通过 Internet 从计算机基础设施获得服务

　　　C．消费者从供应商处购买软件的 License

　　　D．消费者从互联网下载和使用免费软件

试题 12

下列关于电子标签（RFID）与条形码（barcode）标签的叙述，正确的是 __(12)__ 。

(12) A．电子标签建置成本低

　　　B．条形码标签容量小，但难以被复制

　　　C．电子标签容量大，可同时读取多个标签并且难以被复制

　　　D．电子标签通讯距离短，但对环境变化有较高的忍受能力

试题 13

物流信息技术是指运用于物流各个环节中的信息技术，它是物流现代化的重要标

志，也是物流技术中发展最快的领域，主要包括条码技术、RFID 技术、EDI 技术、GPS 技术和__(13)__。

(13) A. EOS 技术　　　　B. POS 技术　　　　C. BIS 技术　　　　D. GIS 技术

试题 14

网络中存在各种交换设备，下面的说法中错误的是__(14)__。

(14) A. 以太网交换机根据 MAC 地址进行交换
　　 B. 帧中继交换机只能根据虚电路号 DLCI 进行交换
　　 C. 三层交换机只能根据第三层协议进行交换
　　 D. ATM 交换机根据虚电路标识进行信元交换

试题 15

通过以太网交换机连接的一组工作站__(15)__。

(15) A. 组成一个冲突域，但不是一个广播域
　　 B. 组成一个广播域，但不是一个冲突域
　　 C. 既是一个冲突域，又是一个广播域
　　 D. 既不是冲突域，也不是广播域

试题 16

甲和乙要进行通信，甲对发送的消息附加了数字签名，乙收到该消息后利用__(16)__验证该消息的真实性。

(16) A. 甲的公钥　　　B. 甲的私钥　　　C. 乙的公钥　　　D. 乙的私钥

试题 17

IPv6 地址分为 3 种类型，它们是__(17)__。

(17) A. A 类地址、B 类地址、C 类地址
　　 B. 单播地址、组播地址、任意播地址
　　 C. 单播地址、组播地址、广播地址
　　 D. 公共地址、站点地址、接口地址

试题 18

802.11 在 MAC 层采用了__(18)__协议。

(18) A. CSMA/CD　　B. CSMA/CA　　　C. DQDB　　　D. 令牌传递

试题 19

建筑物综合布线系统中的园区子系统是指__(19)__。

(19) A. 由终端到信息插座之间的连线系统
　　 B. 楼层接线间到工作区的线缆系统
　　 C. 各楼层设备之间的互连系统
　　 D. 连接各个建筑物的通信系统

试题 20

MPLS（多协议标记交换）根据标记对分组进行交换，MPLS 包头的位置应插入在 (20) 。

(20) A. 以太帧头的前面   B. 以太帧头与 IP 头之间
    C. IP 头与 TCP 头之间   D. 应用数据与 TCP 头之间

试题 21

默认情况下，Linux 系统中用户登录密码信息存放在 (21) 文件中。

(21) A. /etc/group   B. /etc/userinfo   C. /etc/shadow   D. /etc/profie

试题 22

在 Windows 系统中若要显示 IP 路由表的内容，可以使用命令 (22) 。

(22) A. Netstat-s   B. Netstat-r   C. Netstat-n   D. Netstat-a

试题 23

在 Linux 系统，命令 (23) 用于管理各项软件包。

(23) A. install   B. rpm   C. fsck   D. msi

试题 24

ISP 分配给某公可的地址块为 199.34.76.64/28，则该公司得到的地址数是 (24) 。

(24) A. 8   B. 16   C. 32   D. 64

试题 25

WI-Fi 联盟制定的安全认证方案 WPA（Wi-fi Protected Access）是 (25) 标准的子集。

(25) A. IEEE 802.11   B. IEEE 802.11a
    C. IEEE 802.11b   D. IEEE 802.11i

试题 26

入侵检测系统使用入侵检测技术对网络和系统进行监视，并根据监视结果采取不同的处理，最大限度降低可能的入侵危害。以下关于入侵检测系统的叙述，不正确的是 (26) 。

(26) A. 入侵检测系统可以弥补安全防御系统的漏洞和缺陷
    B. 入侵检测系统很难检测到未知的攻击行为
    C. 基于主机的入侵系统可以精确地判断入侵事件
    D. 网络检测入侵检测系统主要用于实时监控网络关键路径的信息

试题 27

对 4 对线的 UTP 链路来说，测试近端串扰（NEXT）损耗需要的次数至少是 (27) 。

(27) A. 4 次   B. 8 次   C. 12 次   D. 6 次

试题 28

计算机综合布线过程中，铺设金属管应尽量减少弯头，按照规定，每根金属管的弯头应不超过 (28) 。

(28) A. 1个　　　　B. 2个　　　　C. 3个　　　　D. 4个

试题 29

以下关于防火墙优点的叙述，不恰当的是__(29)__。

(29) A. 防火墙能强化安全策略

　　　B. 防火墙能防止从 LAN 内部攻击

　　　C. 防火墙能限制暴露用户点

　　　D. 防火墙能有效记录 Internet 上的活动

试题 30

隐蔽工程施工中，正确的做法是__(30)__。

(30) A. 暗管的弯转角度应小于 90 度

　　　B. 待管内穿线工程完成后，清理管内杂物和积水，并开始进行地面工程

　　　C. 管道明敷时必须弹线

　　　D. 线管进入箱体时，宜采用上进线方式

2.3　习题解答

试题 1 分析

根据《电子信息系统机房设计规范》GB 50174—2008 规定：

- 用于搬运设备的通道净宽不应小于 1.5m；
- 面对面布置的机柜或机架正面之间的距离不应小于 1.2m；
- 背对背布置的机柜或机架背面之间的距离不应小于 1m；
- 当需要在机柜侧面维修测试时，机柜与机柜、机柜与墙之间的距离不应小于 1.2m；
- 成行排列的机柜，其长度超过 6m 时，两端应设有出口通道；当两个出口通道之间的距离超过 15m 时，在两个出口通道之间还应增加出口通道；出口通道的宽度不应小于 1m，局部可为 0.8m。

试题 1 答案

（1）A

试题 2 分析

WWW 是环球信息网（World Wide Web）的缩写，也可以简称为 Web，中文名字为"万维网"。它并不是一种协议。

HTTP 即超文本传输协议（HTTP，HyperText Transfer Protocol）是互联网上应用最为广泛的一种网络协议。所有的 WWW 文件都必须遵守这个标准。设计 HTTP 最初的目的是为了提供一种发布和接收 HTML 页面的方法。

FTP（File Transfer Protocol，FTP）即文件传输协议，它是 TCP/IP 网络上两台计算机传送文件的协议，它属于网络协议组的应用层。FTP 客户机可以给服务器发出命令来

下载文件,上载文件,创建或改变服务器上的目录。

SMP 是对称多处理机系统,并非协议

试题 2 答案

(2) A

试题 3 分析

RJ45 头的估算公式为:n 个信息点需要 n×4+X×4×15%(损耗量)个 RJ45 头。所以 270 个信息点需要的 RJ45 头数量为:(270×4+270×4×15%)=1080+1080×15%=1242 个。

试题 3 答案

(3) C

试题 4 分析

根据 EIA/TIA-568A 标准,综合布线系统分为 6 个子系统:建筑群子系统、设备间子系统、垂直干线子系统、管理子系统、水平子系统和工作区子系统。

试题 4 答案

(4) B

试题 5 分析

依据《电子信息系统机房设计规范》(GB 50174—2008)规定"进出电磁屏蔽室的网络线宜采用光缆或屏蔽缆线,光缆不应带有金属加强芯",所以选项 B 的描述是错误的。

试题 5 答案

(5) B

试题 6 分析

网络存储模式有:

(1) 直接连接存储(Direct Attached Storage,DAS)

DAS 是存储器与服务器的直接连接,一般通过标准接口,如小型机算计系统接口(Small Computer System Interface.SCSI)等。DAS 产品主要包括种磁盘、磁带库和光存储等产品。

(2) 网络连接存储(Network AttachedStorage,NAS)

NAS 是将存储设备通过标准的网络拓扑结构(如以太网)连接到一系列计算机上。NAS 产品包括存储器件(如磁盘阵列、磁带库等)和集成在一起的简易服务器,可用于实现涉及文件存取及管理的所有功能。NAS 产品是真正即插即用的,NAS 设备一般支持多计算机平台,用户通过网络支持协议可进入相同的文档,因而 NAS 设备无需改造即可用于混合 UNIX/Windows NT 局域网内。NAS 设备的物理位置也是相当灵活,可放置在工作组内,靠近数据中心的应用服务器,也可放在其他地点,通过物理链路与网络连接起来。无需应用服务器的干预,NAS 设备允许用户在网络上存取数据,这样既可减小 CPU 的开销,也能显著改善网络的性能。

(3) 存储区域网络(Storage Area Network,SAN)

SAN 是采用高速的光纤通道作为传输介质的网络存储技术。它将存储系统网络化，实现了高速共享存储以及块级数据访问的目的。作为独立于服务器网络系统之外，它几乎拥有无限存储扩展能力。业界提倡的 Open SAN 克服了早先光纤通道仲裁环所带来的互操作和可靠性问题，提供了开放式、灵活多变的多样配置方案。总体来说，SAN 拥有极度的可扩展性、简化的存储管理、优化的资源和服务共享以及高度可用性。

试题 6 答案

（6）C

试题 7 分析

根据《EIA/TIA568A/B 商用建筑物电信布线标准—1995》标准，综合布线系统分三个设计等级：基本型、增强型、综合型。对于每个工作区信息插座的数量分别如下：基本型 1 个，增强型 2 个，综合型 1 个以上。

试题 7 答案

（7）B

试题 8 分析

A 选项符合要求；B 选项显然与 192.168.4.23 不在同一子网内；C 选项显然子网掩码不是 255.255.255.0；D 选项主机位全为 1，是广播地址。

试题 8 答案

（8）A

试题 9 分析

依据《电子计算机机房设计规范》（GB 50174—2008）主机房的使用面积可按下式确定：

（1）当电子信息设备已确定规格时，可按下式计算：

$A=K\Sigma S$

公式中 A 表示主机房使用面积（平方米）；K 表示数，可取 5～7；S 表示电子信息设备的投影面积（平方米）。

（2）当电子信息设备尚未确定规格时，可按下式计算：

$$A=FN$$

公式中 F 表示单台设备占用面积，可取 3.5～5.5（平方米/台）；N 表示主机房内所有设备（机柜）的总台数。

依题意：$A= K\Sigma S=5\times 50\times 1.5=375$ 平方米（最小面积）

试题 9 答案

（9）B

试题 10 分析

从技术架构上来看，物联网可分为三层：感知层、网络层和应用层。

感知层由各种传感器以及传感器网关构成，包括二氧化碳浓度传感器、温度传感器、湿度传感器、二维码标签、RFID 标签和读写器、摄像头、GPS 等感知终端。感知层的作用相当于人的眼耳鼻喉和皮肤等神经末梢，它是物联网获识别物体，采集信息的来源，其主要功能是识别物体，采集信息。

网络层由各种私有网络、互联网、有线和无线通信网、网络管理系统和云计算平台等组成，相当于人的神经中枢和大脑，负责传递和处理感知层获取的信息。

应用层是物联网和用户（包括人、组织和其他系统）的接口，它与行业需求结合，实现物联网的智能应用。

试题 10 答案

（10）B

试题 11 分析

SaaS 是 Software-as-a-Service（软件即服务）的简称，是随着互联网技术的发展和应用软件的成熟，而在 21 世纪开始兴起的一种完全创新的软件应用模式。它与 on-demand software（按需软件），the application service provider（ASP，应用服务提供商），hosted software（托管软件）所具有相似的含义。它是一种通过 Internet 提供软件的模式，厂商将应用软件统一部署在自己的服务器上，客户可以根据自己实际需求，通过互联网向厂商定购所需的应用软件服务，按定购的服务多少和时间长短向厂商支付费用，并通过互联网获得厂商提供的服务。用户不用再购买软件，而改用向提供商租用基于 Web 的软件，来管理企业经营活动，且无需对软件进行维护，服务提供商会全权管理和维护软件，软件厂商在向客户提供互联网应用的同时，也提供软件的离线操作和本地数据存储，让用户随时随地都可以使用其定购的软件和服务。对于许多小型企业来说，SaaS 是采用先进技术的最好途径，它消除了企业购买、构建和维护基础设施和应用程序的需要。

试题 11 答案

（11）A

试题 12 分析

射频识别即 RFID（Radio Frequency IDentification）技术，又称电子标签、无线射频识别，是一种通信技术，可通过无线电信号识别特定目标并读写相关数据，而无需识别系统与特定目标之间建立机械或光学接触。

RFID 与二维码的主要区别在于：

RFID 建置成本高，二维码建置成本低

RFID 的阅读器不要求看见标签，二维码采用的是"可视技术"

RFID 使用寿命长且能在恶劣环境下工作，二维码使用寿命短且不能有污染 RFID 读取距离远，二维码读取距离近

RFID 标签容量大，二维码标签容量相对较小

RFID 标签可以被读写，二维码标签打印后只能被读取

RFID 可以同时处理多个标签，二维码只能一次读取一个标签

RFID 安全性高（数据存取可以设密码，难复制），二维码安全性低（数据无法设密码，容易被复制）

试题 12 答案

（12）C

试题 13 分析

物流信息技术包括如计算机技术、网络技术、信息分类编码技术、条码技术、射频识别技术、电子数据交换技术、全球定位系统（GPS）、地理信息系统（GIS）等。

物流信息技术的组成主要包括：

（1）条码技术：提供对物流中的货物进行标识和描述的方法。

（2）EDI 技术：电子数据交换（EDI, Electronic Data Interchange）通过电子方式，采用标准化的格式，利用计算机网络进行结构化数据的传输和交换。EDI 系统的构成包括 EDI 软硬件、通信网络、数据标准化。

（3）GIS 技术（地理信息系统）：它是以地位空间数据为基础，采用地理模型分析方法，适时地提供多种空间和动态的地理信息，是一种为地理研究和地理决策服务的计算机技术系统。

（4）射频技术（RFID）：通过射频信息自动识别目标对象来获取相关数据，在应用中它可以替代条码。

（5）GPS 技术（全球定位系统）：具有全方位实时三维导航与定位的能力；在物流中主要应用于汽车定位、跟踪调度等。

管理软件：通过相应的软件支持，包括运输管理系统（TMS）、仓储管理系统（WMS）、供应链管理系统（SCM）等。

EOS 数码相机嵌入式操作系统（Embedded Operation System，EOS）是一种用途广泛的系统软件，过去它主要应用与工业控制和国防系统领域。EOS 负责嵌入系统的全部软、硬件资源的分配、任务调度，控制、协调并发活动。它必须体现其所在系统的特征，能够通过装卸某些模块来达到系统所要求的功能。

pos（point of sale）是一种多功能终端，把它安装在信用卡的特约商户和受理网点中与计算机联成网络，就能实现电子资金自动转帐，它具有支持消费、预授权、余额查询和转帐等功能，使用起来安全、快捷、可靠。

BIS 有两种含义，一种是计算机行业的专业术语，即商业信息系统，是 BusinessInformationSystem 的缩写。另外一种是用于经济领域的专业机构，即国际清算银行，是 Bank for Intemational Settlements 的缩写。

试题 13 答案

（13）D

试题 14 分析

三层交换机就是具有部分路由器功能的交换机，三层交换机的最重要目的是加快大型局域网内部的数据交换,所具有的路由功能也是为这目的服务的,能够做到一次路由,多次转发。对于数据包转发等规律性的过程由硬件高速实现,而像路由信息更新、路由表维护、路由计算、路由确定等功能,由软件实现。三层交换技术就是二层交换技术＋三层转发技术。传统交换技术是在 OSI 网络标准模型第二层——数据链路层进行操作的,而三层交换技术是在网络模型中的第三层实现了数据包的高速转发,既可实现网络路由功能,又可根据不同网络状况做到最优网络性能。

试题 14 答案

(14) C

试题 15 分析

集线器所有端口都在同一个广播域,冲突域内。所以 HUB 不能分割冲突域和广播域。

默认情况下交换机所有端口都在同一个广播域内,而每一个端口就是一个冲突域。所以交换机能分割冲突域,但分割不了广播域。虚拟局域网技术可以隔离广播域。

路由器（Router）的每个端口属于不同的广播域。

试题 15 答案

(15) B

试题 16 分析

数字签名（Digital Signature）技术是不对称加密算法的典型应用。数字签名的应用过程是,数据源发送方使用自己的私钥对数据校验和或其他与数据内容有关的变量进行加密处理,完成对数据的合法"签名",数据接收方则利用对方的公钥来解读收到的"数字签名",并将解读结果用于对数据完整性的检验,以确认签名的合法性。

试题 16 答案

(16) A

试题 17 分析

IPv6 地址可分为三种:

单播地址:单播地址标示一个网络接口。协议会把送往地址的分组投送给其接口。单播地址包括可聚类的全球单播地址、链路本地地址等。

任播地址:也称泛播地址,任播地址用于指定给一群接口,通常这些接口属于不同的节点。若分组被送到一个任播地址时,则会被转送到成员中的其中之一。通常会根据路由协定,选择"最近"的成员。任播地址通常无法轻易分别:它们拥有和正常单播地址一样的结构,只是会在路由协定中将多个节点加入网络中。任播地址从单播地址中分配。

多播地址:也称组播地址。多播地址也被指定到一群不同的接口,送到多播地址的分组会被传送到所有的地址。

试题 17 答案

(17) B

试题 18 分析

有线局域网在 MAC 层的标准协议是 CSMA/CD，即载波侦听多点接入/冲突检测。但由于无线产品的适配器不易检测信道是否存在冲突，因此 IEEE 802.11 全新定义了一种新的协议，即载波侦听多点接入/冲突避免（CSMA/CA）。

试题 18 答案

（18）B

试题 19 分析

建筑物综合布线系统中的园区子系统将一个建筑物的电缆延伸到建筑群的另外一些建筑物中的通信设备和装置上，是结构化布线系统的一部分，支持提供楼群之间通信所需的硬件。它由电缆、光缆和入楼处的过流过压电气保护设备等相关硬件组成，常用介质是光缆。

试题 19 答案

（19）D

试题 20 分析

MPLS（多协议标记交换）根据标记对分组进行交换，MPLS 包头的位置应插入在二层和三层之间（以太帧头与 IP 头之间），俗称 2.5 层。

试题 20 答案

（20）B

试题 21 分析

etc/shadow 文件用于保存 Linux 系统中用户登录密码信息，当然是使用加密后的形式。shadow 文件仅对 root 用户可读，保证了用户口令的安全性。

试题 21 答案

（21）C

试题 22 分析

Netstat 命令的功能是显示网络连接、路由表和网络接口信息，可以让用户得知目前都有哪些网络连接正在运作。其中要显示 IP 路由表的内容可以使用命令 Netstat-r。

试题 22 答案

（22）B

试题 23 分析

RPM 是 Red Hat 公司随 Redhat Linux 推出了一个软件包管理器，通过它能够更加轻松容易地实现软件的安装。

试题 23 答案

（23）B

试题 24 分析

ISP 分配给某公可的地址块为 199.34.76.64/28，说明其主机位为 4 位，则地址数为 2^4=16。

试题 24 答案

（24）B

试题 25 分析

Wi-Fi 保护接入（Wi-Fi Protected Access，WPA）是作为通向 802.11i 道路的不可缺失的一环而出现，并成为在 IEEE 802.11i 标准确定之前代替 WEP 的无线安全标准协议，属于 IEEE 802.11i 标准的子集。

试题 25 答案

（25）D

试题 26 分析

入侵检测系统是一种对网络传输进行即时监视，在发现可疑传输时发出警报或者采取主动反应措施的网络安全设备。

入侵检测系统可以分为基于主机的入侵检测系统和基于网络的入侵检测系统。基于主机的入侵检测系统对于特定主机给予了定制性的保护，对于发生在本地的、用户级的、特征性比较明显的入侵行为有防范作用，它可以精确地判断入侵事件，但会占用系统主机宝贵的资源。基于网络的入侵检测系统需要监视整个网络的流量，匹配可疑行为特征。它的技术实现通常必须从网络和系统的底层入手，而且它同时保护的是网络上的一批主机，无论它们使用的什么系统。

入侵检测系统具有一定的局限性，主要表现在。

（1）入侵检测系统无法弥补安全防御系统的漏洞和缺陷。

（2）对于高负载的网络或主机，很难实现对网络或系统的实时检测和报警。

（3）很难检测到未知的攻击行为。

（4）系统本身的特点可能被利用来作为网络或系统攻击的对象。

（5）它不能修正信息资源的安全问题。

试题 26 答案

（26）A

试题 27 分析

在一条 UTP 的链路上，NEXT 损耗的测试需要在每一对线之间进行。也就是说对于典型的 4 对 UTP 来说要有 6 对线关系的组合，即测试 6 次。

试题 27 答案

（27）D

试题 28 分析

计算机综合布线过程中，在敷设金属线管时应尽量减少弯头，每根金属管的弯头不宜超过 3 个，直角弯头不应超过 2 个，并不应有 S 弯出现，对于截面较大的电缆不允许有弯头，可采用内径较大的管子或增设拉线盒。其中弯曲半径应符合下列要求：

（1）明配管时，一般不小于管外径的 6 倍；只有一个弯时，可不小于管外径的 4 倍；

整排钢管在转弯处，宜弯成同心圆形状。

（2）明配管时，一般不小于管外径的 6 倍，敷设于地下或混凝土楼板内时，应不小于管外径的 10 倍。

（3）电线管的弯曲处不应有折皱、陷和裂缝，且弯扁程度不应大于管外径的 10%。

订购电缆时，必须考虑：
- 确定介质布线方法和电缆走向。
- 确认到管理间的接线距离。
- 留有端接容差。

试题 28 答案

（28）C

试题 29 分析

防火墙是一个由软件和硬件设备组合而成、在内部网和外部网之间、专用网与公共网之间的界面上构造的保护屏障和协助确保信息安全的设备。它会依照特定的规则，允许或是限制传输的数据通过。防火墙具有很好的保护作用。入侵者必须首先穿越防火墙的安全防线，才能接触目标计算机。

防火墙最基本的功能就是在计算机网络中控制不同信任程度区域间传送的数据流。例如与互联网是不可信任的区域，而内部网络是高度信任的区域。典型的区域包括互联网（一个没有信任的区域）和一个内部网络（一个高信任的区域）。最终目标是根据最少特权原则，通过安全政策的运行和连通性模型，提供受控连通性给不同水平的信任区域。

防火墙的优点主要有：
- 防火墙能强化安全策略。
- 防火墙能有效地记录 Internet 上的活动。
- 防火墙限制暴露用户点。防火墙能够用来隔开网络中一个网段与另一个网段。这样，能够防止影响一个网段的问题通过整个网络传播。
- 防火墙是一个安全策略的检查站。所有进出的信息都必须通过防火墙，防火墙便成为安全问题的检查点，使可疑的访问被拒绝于门外。

试题 29 答案

（29）B

试题 30 分析

隐蔽工程在管道安装过程中，要求管道明敷时必须弹线，以保证管路横平竖直；暗管的转弯角度应大于 90 度，在路径上每根暗管的转弯角不得多于两个，并不应有"S"、"Z"弯出现。在管内穿线时，线管进入箱体宜采用下进线或者设置防水弯的方式避免箱体进水，且穿线宜在建筑物的抹灰、装修及地面工程结束后进行，在穿入导线前，应将管子中的积水及杂物清除干净。

试题 30 答案

（30）C

第 3 章 信息系统开发基础

从历年的考试试题来看，本章的考点在综合知识考试中的平均分数为 10.58 分，约为总分的 14.11%。主要分数集中在软件体系结构、软件工程、面向对象分析与设计、软件配置管理这 4 个知识点上。

3.1 考点提炼

根据考试大纲的要求，这一章主要考查的知识点有：
（1）软件与软件工程知识。
（2）软件需求分析与定义。
（3）软件体系结构设计方法。
（4）软件体系结构分析与评估。
（5）软件质量保证及质量评价。
（6）软件配置管理。
（7）软件测试及主要工具。
（8）软件构件技术基础知识。
（9）面向对象分析与设计。
（10）软件开发工具基础知识。
（11）软件维护。
（12）软件评审。
（13）软件开发文档和种类。

3.2 强化练习

试题 1

在面向对象软件开发过程中，采用设计模式__(1)__开发。
（1）A．以复用成功的设计
　　　B．以保证程序的运行速度达到最优值
　　　C．以减少设计过程创建的类的个数
　　　D．允许在非面向对象程序设计语言中使用面向对象的概念

试题 2

某软件开发项目的用户在项目初始阶段提出的需求不全面也不明确,此项目宜采用__(2)__开发。

（2）A．生命周期法　　　　　　　　　　B．原型法
　　　C．面向对象的开发方法　　　　　　D．瀑布式开发方法

试题 3

下列耦合形式中,耦合度最弱的是__(3)__。

（3）A．特征耦合　　B．公共耦合　　C．数据耦合　　D．控制耦合

试题 4

模块内部的算法设计在采用结构化方法进行开发的__(4)__阶段进行。

（4）A．系统分析　　B．概要设计　　C．详细设计　　D．编码（实现）

试题 5

一个软件系统应具有什么样的功能,这是在__(5)__阶段决定的。

（5）A．总体设计　　B．需求分析　　C．详细设计　　D．程序设计

试题 6

数据库设计依次为__(6)__。

（6）A．物理设计阶段、逻辑设计阶段、概念设计阶段
　　　B．概念设计阶段、逻辑设计阶段、物理设计阶段
　　　C．逻辑设计阶段、概念设计阶段、物理设计阶段
　　　D．概念设计阶段、物理设计阶段、逻辑设计阶段

试题 7

__(7)__不属于黑盒测试方法。

（7）A．等价类划分　　B．状态测试　　C．边界值分析　　D．变异测试

试题 8

软件测试可由不同机构组织实施。以下说法正确的是__(8)__。

（8）A．软件单元测试由承建单位组织,一般由软件开发组实施测试
　　　B．软件集成测试由业主单位组织,软件开发组和软件测试组联合实施测试
　　　C．软件确认测试由业主单位组织,软件测试组实施测试
　　　D．系统测试由监理单位组织,成立联合测试组实施测试

试题 9

软件质量的含义应完整包括__(9)__。

① 能满足给定需要的特性之全体
② 具有所希望的各种属性的组合的程度
③ 顾客或用户认为能满足其综合期望的程度
④ 软件的组合特性,它确定软件在使用中满足顾客一切要求的程度

(9) A. ①　　　　　B. ①②　　　　　C. ①②③　　　　D. ①②③④

试题 10

在软件配置管理规程中应明确规定__(10)__。

① 各级、各库中所管的软件实体的清单
② 保证安全性、可靠性、保密性、正确性、完备性、一致性和可追踪性的具体措施
③ 入库控制办法和审批手续
④ 出库条件及其必备的手续
⑤ 变更控制办法和审批手续

(10) A. ③④⑤　　　B. ①②③④⑤　　C. ①②③④　　　D. ①③④⑤

试题 11

软件配置管理应满足"__(11)__"、"可见性"和"可控性"要求。

(11) A. 有效性　　　B. 可靠性　　　　C. 实用性　　　　D. 全面性

试题 12

某项目组拟开发一个大规模系统，且具备了相关领域及类似规模系统的开发经验。下列过程模型中，__(12)__最适合开发此项目。

(12) A. 原型模型　　B. 瀑布模型　　　C. V 模型　　　　D. 螺旋模型

试题 13

软件复杂性度量的参数不包括__(13)__。

(13) A. 软件的规模　　　　　　　　　B. 开发小组的规模
　　　C. 软件的难度　　　　　　　　　D. 软件的结构

试题 14

以下关于软件系统文档的叙述中，错误的是__(14)__。

(14) A. 软件系统文档既包括有一定格式要求的规范文档，又包括系统建设过程中的各种来往文件、会议纪要、会计单据等资料形成的不规范文档
　　　B. 软件系统文档可以提高软件开发的可见度
　　　C. 软件系统文档不能提高软件开发效率
　　　D. 软件系统文档便于用户理解软件的功能、性能等各项指标

试题 15

以下关于软件测试的叙述中，正确的是__(15)__。

(15) A. 软件测试不仅能表明软件中存在错误，也能说明软件中不存在错误
　　　B. 软件测试活动应从编码阶段开始
　　　C. 一个成功的测试能发现至今未发现的错误
　　　D. 在一个被测程序段中，若已发现的错误越多，则残存的错误数越少

试题 16

不属于黑盒测试技术的是__(16)__。

（16）A．错误猜测　　　　B．逻辑覆盖　　　　C．边界值分析　　D．等价类划分

试题 17

软件 (17) 是指一个系统在给定时间间隔内和给定条件下无失效运行的概率。

（17）A．可靠性　　　　B．可用性　　　　C．可维护性　　　　D．可伸缩性

试题 18

在软件维护阶段，为软件的运行增加监控设施属于 (18) 维护。

（18）A．改正性　　　　B．适应性　　　　C．完善性　　　　D．预防性

试题 19

面向对象分析的第一步是 (19) 。

（19）A．定义服务　　　　　　　　　　B．确定附加的系统约束

　　　C．确定问题域　　　　　　　　　D．定义类和对象

试题 20

下列关于面向对象的分析与设计的描述，正确的是 (20) 。

（20）A．面向对象设计描述软件要做什么

　　　B．面向对象分析不需要考虑技术和实现层面的细节

　　　C．面向对象分析的输入是面向对象设计的结果

　　　D．面向对象设计的结果是简单的分析模型

试题 21

数据流图（DFD）对系统的功能和功能之间的数据流进行建模，其中顶层数据流图描述了系统的 (21) 。

（21）A．处理过程　　　　B．输入与输出　　　C．数据存储　　　D．数据实体

试题 22

软件开发的增量模型 (22) 。

（22）A．最适用于需求被清晰定义的情况

　　　B．是一种能够快速构造可运行产品的好方法

　　　C．最适合于大规模团队开发的项目

　　　D．是一种不适用于商业产品的创新模型

试题 23

假设某软件公司与客户签订合同开发一个软件系统，系统的功能有较清晰的定义，且客户对交付时间有严格要求，则该系统的开发最适宜采用 (23) 。

（23）A．瀑布模型　　　　B．原型模型　　　C．V模型　　　D．螺旋模型

试题 24

以下关于封装在软件复用中所充当的角色的叙述，正确的是 (24) 。

（24）A．封装使得其他开发人员不需要知道一个软件组件内部如何工作

　　　B．封装使得软件组件更有效地工作

  C．封装使得软件开发人员不简要编制开发文档
  D．封装使得软件组件开发更加容易

试题 25
  数据流图的作用是　(25)　。
  (25) A．描述了数据对象之间的关系
    B．描述了对数据的处理流程
    C．说明了将要出现的逻辑判定
    D．指明了系统对外部事件的反应

试题 26
  软件需求规格说明书在软件开发中具有重要作用，但其作用不应该包括　(26)　。
  (26) A．软件设计的依据
    B．用户和开发人员对软件要做什么的共同理解
    C．软件验收的依据
    D．软件可行性分析依据

试题 27
  软件的复杂性与许多因素有关，　(27)　不属于软件的复杂性参数。
  (27) A．源程序的代码行数　　　　　　B．程序的结构
    C．算法的难易程度　　　　　　　D．程序中注释的多少

试题 28
  软件黑盒测试的测试用例设计主要考虑　(28)　。
  (28) A．软件功能　　B．输入数据　　C．输出数据　　D．内部逻辑

试题 29
  代码走查（code walkthrough）和代码审查（code inspection）是两种不同的代码评审方法，这两种方法的主要区别是　(29)　。
  (29) A．在代码审查中由编写代码的程序员来组织讨论，而在代码走查中由高级管理人员来领导评审小组的活动
    B．在代码审查中只检查代码中是否有错误，而在代码走查中还要检查程序与设计文档的一致性
    C．在代码走查中只检查程序的正确性，而在代码审查中还要评审程序员的编程能力和工作业绩
    D．代码审查是一种正式的评审活动，而代码走查的讨论过程是非正式的

试题 30
  关于维护软件所需的成本，以下叙述正确的是　(30)　。
  (30) A．纠正外部和内部设计错误比纠正源代码错误需要更大的成本
    B．与需求定义相比，源代码的文字量大得多，所以源代码得维护成本更高

C. 用户文档需要经常更新，其维护成本超过了纠正设计错误的成本
D. 需求定义的错误会在设计时被发现并纠正，因此需求定义纠错的成本小于源代码纠错的成本

3.3 习题解答

试题 1 分析

模式是一种问题的解决思路，它已经适用于一个实践环境，并且可以适用于其他环境。设计模式通常是对于某一类软件设计问题的可重用的解决方案，将设计模式引入软件设计和开发过程，其目的就在于要重用成功的软件开发经验。

试题 1 答案

（1）A

试题 2 分析

常见的信息系统开发方法有结构化法、原型法、面向对象方法。其中原型法也称原型化法，原型法的基本思想与结构化方法不同，原型法认为在很难一下子全面准确地提出用户需求的情况下，首先不要求一定要对系统做全面、详细的调查、分析，而是本着开发人员对用户需求的初步理解，先快速开发一个原型系统，然后通过反复修改来实现用户的最终系统需求。系统分析、设计与实现都是随着对一个工作模型的不断修改而同时完成的，相互之间并无明显界限，也没有明确分工。

C 中的"面向对象的开发方法"既适合于需求明确的情况，也适合于需求不明确的场合，A 太笼统，"瀑布式"是一种软件开发模型，而非开发方法。

试题 2 答案

（2）B

试题 3 分析

耦合度是指模块间关联的紧密程度，从强至弱依次分为 7 种：内容耦合、公共耦合、外部耦合、控制耦合、标记耦合、数据耦合、非直接耦合。

试题 3 答案

（3）C

试题 4 分析

通俗地说，概要设计是设计模块之间的关系，而详细设计是设计模块内部的细节。因此模块内部的算法设计属于详细设计的范畴。

试题 4 答案

（4）C

试题 5 分析

需求分析是软件系统生命周期中较早期的一个阶段，其目的主要是确定软件系统应

该具备哪些功能，即明确"做什么"的问题。

试题 5 答案

（5）B

试题 6 分析

数据库设计（Database Design）是指对于一个给定的应用环境，构造最优的数据库模式，建立数据库及其应用系统，使之能够有效地存储数据，满足各种用户的应用需求（信息要求和处理要求）。在数据库领域内，常常把使用数据库的各类系统统称为数据库应用系统。

数据库设计具体分为三个阶段：

（1）概念设计阶段：形成独立于机器特点，独立于各个 DBMS 产品的概念模式（E-R 图）。

（2）逻辑设计阶段：首先将 E-R 图转换成具体的数据库产品支持的数据模型，如关系模型，形成数据库逻辑模式；然后根据用户处理的要求、安全性的考虑，在基本表的基础上再建立必要的视图（View），形成数据的外模式。

（3）物理设计阶段：根据 DBMS 特点和处理的需要，进行物理存储安排，建立索引，形成数据库内模式。

试题 6 答案

（6）B

试题 7 分析

黑盒测试也称功能测试，它是通过测试来检测每个功能是否都能正常使用。在测试中，把程序看作一个不能打开的黑盒子，在完全不考虑程序内部结构和内部特性的情况下，在程序接口进行测试，它只检查程序功能是否按照需求规格说明书的规定正常使用，程序是否能适当地接收输入数据而产生正确的输出信息。黑盒测试着眼于程序外部结构，不考虑内部逻辑结构，主要针对软件界面和软件功能进行测试。

黑盒测试通常可以细分为边界值测试、等价类划分、错误推测与因果图这四种小类。状态测试可以理解为等价类划分测试法的一个分支。

试题 7 答案

（7）D

试题 8 分析

软件测试应由独立于软件设计开发的人员进行，根据软件项目的规模等级和安全性关键等级，软件测试可由不同机构组织实施。

（1）软件单元测试由承建单位自行组织，一般由软件开发组实施测试。

（2）软件集成测试由承建单位自行组织，软件开发组和软件测试组联合实施测试。

（3）软件确认测试由承建单位自行组织，软件测试组实施测试。

（4）系统测试应由业主单位组织，成立联合测试组（一般由专家组、业主单位、软件评测单位、承建单位等联合组成测试组）实施测试。

试题 8 答案

（8）A

试题 9 分析

1999 年，软件"产品评价"国际标准 ISO 14598 给出的"软件质量"的定义是：软件特性的总合，软件满足规定或潜在用户需求的能力。也就是说，质量就是遵从用户需求，达到用户满意。从而可判断"④选项"的描述错误。

2001 年，软件"产品质量"国际标准 ISO 9126 定义的软件质量包括"内部质量"、"外部质量"和"使用质量"三部分。也就是说，"软件满足规定或潜在用户需求的能力"要从软件在内部、外部和使用中的表现来衡量。

试题 9 答案

（9）C

试题 10 分析

软件配置项不论大小都必须实施软件配置管理。每个计算机系统均应制定软件配置管理规程，至少应明确规定：

（1）各级、各库中所管的软件实体的清单。

（2）保证安全性、可靠性、保密性、正确性、完备性、一致性和可追踪性的具体措施。

（3）入库控制办法和审批手续。

（4）出库条件及其必备的手续。

（5）变更控制办法和审批手续。

试题 10 答案

（10）B

试题 11 分析

任何软件配置管理项都必须做到"文实相符、文文一致"，以满足"有效性"、"可见性"和"可控性"要求。

试题 11 答案

（11）A

试题 12 分析

本题主要考查我们对各开发模型的理解。

瀑布模型具有可强迫开发人员采用规范的方法；严格规定了各阶段必须提交的文档；要求每个阶段结束后，都要进行严格的评审等优点。但瀑布模型过于理想化，而且缺乏灵活性，无法在开发过程中逐渐明确用户难以确切表达或一时难以想到的需求。

原型模型一般是基于需求不容易明确这一事实：并非所有的需求在系统开发之前都能准确地说明和定义。因此，它不追求也不可能要求对需求的严格定义，而是采用了动态定义需求的方法。快速原型法适用于需求不够明确的项目。

V模型一种典型的测试模型，该模型强调开发过程中测试贯穿始终。

螺旋模型综合了瀑布模型和演化模型的优点，并在此基础上还增加了风险分析。采用螺旋模型时，软件开发沿着螺旋线自内向外旋转，每转一圈都要对风险进行识别和分析，并采取相应的对策。

本题描述的是一个大型项目，那么对文档的要求应该相应较高，而且具备了相关领域及类似规模系统的开发经验，那么系统的需求应该较明确，综合考虑，应该采用瀑布模型。

试题12答案

（12）B

试题13分析

软件复杂性主要表现在程序的复杂性。程序的复杂性主要指模块内程序的复杂性。它直接关联到软件开发费用的多少、开发周期长短和软件内部潜伏错误的多少。同时它也是软件可理解性的另一种度量。

软件复杂性度量的参数很多，主要有：

（1）规模，即总共的指令数，或源程序行数。

（2）难度，通常由程序中出现的操作数的数目所决定的量来表示。

（3）结构，通常用于程序结构有关的度量来表示。

（4）智能度，即算法的难易程度。

试题13答案

（13）B

试题14分析

软件系统文档既包括有一定格式要求的规范文档，又包括系统建设过程中的各种来往文件、会议纪要、会计单据等资料形成的不规范文档，通过它可以提高软件开发的可见度，提高软件开发的效率以及便于用户理解软件的功能、性能等各项指标。

试题14答案

（14）C

试题15分析

软件测试的目的就是在软件投入生产性运行之前，尽可能多地发现软件产品（主要是指程序）中的错误和缺陷。软件测试是软件质量保证的主要手段之一。

一个好的测试用例是极有可能发现至今为止尚未发现的错误的测试用例。一次成功的测试是发现了至今为止尚未发现的错误的测试。一个高效的测试是指用少量的测试用例，发现被测软件尽可能多的错误。软件测试不能说明软件中不存在错误。

试题15答案

（15）C

试题 16 分析

　　黑盒测试又称功能测试。它把软件看做一个不透明的黑盒子，完全不考虑（或不了解）软件的内部结构和处理算法，它只检查软件功能是否能按照软件需求说明书的要求正常使用，软件是否能适当地接收输入数据并产生正确的输出信息，软件运行过程中能否保持外部信息（例如文件和数据库）的完整性等。

　　常用的黑盒测试技术包括等价类划分、边界值分析、错误推测和因果图等。

试题 16 答案

　　（16）B

试题 17 分析

　　软件的可靠性是指一个系统在给定时间间隔内和给定条件下无失效运行的概率。

　　软件的可用性是指软件在特定使用环境下为特定用户用于特定用途时所具有的有效性。

　　软件的可维护性是指与软件维护的难易程度相关的一组软件属性。

　　软件的可伸缩性是指是否可以通过运行更多的实例或者采用分布式处理来支持更多的用户。

试题 17 答案

　　（17）A

试题 18 分析

　　软件维护占整个软件生命周期的 60%～80%，维护的类型主要有以下 4 种。

　　（1）改正性维护：为了识别和纠正软件错误、改正软件性能上的缺陷、排除实施中的误使用，应当进行的诊断和改正错误的过程就叫做改正性维护。

　　（2）适应性维护：在使用过程中，外部环境（新的硬、软件配置）、数据环境（数据库、数据格式、数据输入/输出方式、数据存储介质）可能发生变化。为使软件适应这种变化，而去修改软件的过程就叫做适应性维护。

　　（3）完善性维护：在软件的使用过程中，用户往往会对软件提出新的功能与性能要求。为了满足这些要求，需要修改或再开发软件，以扩充软件功能、增强软件性能、改进加工效率、提高软件的可维护性。这种情况下进行的维护活动叫做完善性维护。

　　（4）预防性维护：这是指预先提高软件的可维护性、可靠性等，为以后进一步改进软件打下良好基础。通常，预防性维护可定义为"把今天的方法学用于昨天的系统以满足明天的需要"。也就是说，采用先进的软件工程方法对需要维护的软件或软件中的某一部分（重新）进行设计、编制和测试。

　　而本题所描述的为软件的运行增加监控设施属于完善性维护。

试题 18 答案

　　（18）C

试题 19 分析

面向对象分析的任务是了解问题域所涉及的对象、对象间的关系和操作，然后构造问题的对象模型。问题域是指一个包含现实世界事物与概念的领域，这些事物和概念与所设计的系统要解决的问题有关。因此面向对象分析的第一步是要确定问题域。

试题 19 答案

（19）C

试题 20 分析

OOA 是软件需求分析的一种方法，而需求分析所关心的是软件要做什么，不需要考虑技术和实现层面的细节问题。OOA 的结果是分析模型及说明文档，同时 OOA 的结果是 OOD 的输入。

试题 20 答案

（20）B

试题 21 分析

数据流图主要由实体、数据存储、处理过程和数据流四部分组成。在顶层数据流图中，将系统描述成一个处理过程，而其他的是与该处理过程相关的输入输出流，因此顶层数据流图描述了系统的输入与输出。

试题 21 答案

（21）B

试题 22 分析

增量模型是一种非整体开发的模型，该模型具有较大的灵活性，适合于软件需求不明确的一种模型。使用该模型开发产品，一般是尽快构造出可运行的产品，然后在该产品的基础上再增加需要的新的构建，使产品更趋于完善。

试题 22 答案

（22）B

试题 23 分析

瀑布模型严格遵循软件生命周期各阶段的固定顺序：计划、分析、设计、编程、测试和维护，上一阶段完成后才能进入到下一阶段。瀑布模型的优点是：可强迫开发人员采用规范的方法；严格规定了各阶段必须提交的文档；要求每个阶段结束后，都要进行严格的评审。但瀑布模型过于理想化，而且缺乏灵活性，无法在开发过程中逐渐明确用户难以确切表达或一时难以想到的需求。该模型比较适合于需求明确，对交付时间有严格要求的开发。

原型模型基于这样一种客观事实：并非所有的需求在系统开发之前都能准确地说明和定义。因此，它不追求也不可能要求对需求的严格定义，而是采用了动态定义需求的方法。它适用于需求不明确的开发环境。

螺旋模型综合了瀑布模型和演化模型的优点，还增加了风险分析。螺旋模型包含了四个方面的活动：制订计划、风险分析、实施工程、客户评估。采用螺旋模型时，软件开发沿着螺旋线自内向外旋转，每转一圈都要对风险进行识别和分析，并采取相应的对策。螺旋模型比较适合大规模的开发，它对风险控制有很高的要求。

综上所述，要满足题目描述的要求，应该采用瀑布模型开发最适宜。

试题 23 答案

（23）A

试题 24 分析

封装是面向对象技术的三大特点之一，封装的目的是使对象的定义和实现分离，这样，就能减少耦合。封装可以使得其他开发人员不需要知道一个软件组件内部是如何工作的，只需要使用该组件提供的接口来完成交互即可，如果在另外一个地方需要完成同样的功能，我们就可以将该组件使用在另外一个地方，这样提供了软件的复用性。

试题 24 答案

（24）A

试题 25 分析

数据流图是结构化分析中的重要方法和工具，是表达系统内数据的流动并通过数据流描述系统功能的一种方法。数据流图还可被认为是一个系统模型，在信息系统开发中，一般将它作为需求说明书的组成部分。

数据流图的作用主要有以下几个方面：

（1）数据流图是理解和表达用户需求的工具，是系统分析的手段。由于数据流图简明易懂，理解它不需要任何计算机专业知识，便于通过它同客户交流。

（2）数据流图概括地描述了系统的内部逻辑过程，是系统分析结果的表达工具。因而是系统设计的重要参考资料，是系统设计的起点。

（3）数据流图作为一个存档的文字材料，是进一步修改和充实开发计划的依据。

数据流图从数据传递和加工的角度，利用图形符号通过逐层细分描述系统内各个部件的功能和数据在它们之间传递的情况，来说明系统所完成的功能。

试题 25 答案

（25）B

试题 26 分析

软件需求规格说明书的编制是为了使用户和开发人员对软件要做什么有共同的理解，使之成为整个软件设计和软件验收工作的基础。

需求分析在可行性研究之后，当然不能成为可行性研究的依据。

试题 26 答案

（26）D

试题 27 分析

软件的复杂性与源程序的代码行数、程序的结构、算法的难易程度有关，与程序中注释的多少无关。程序中注释的多少与程序的可阅读性和可理解性有关。

试题 27 答案

（27）D

试题 28 分析

盒测试也称功能测试或数据驱动测试，它是在已知产品所应具有的功能，通过测试来检测每个功能是否都能正常使用，在测试时，把程序看作一个不能打开的黑盆子，在完全不考虑程序内部结构和内部特性的情况下，测试者在程序接口进行测试，它只检查程序功能是否按照需求规格说明书的规定正常使用，程序是否能适当地接收输入数据而产生正确的输出信息，并且保持外部信息（如数据库或文件）的完整性。黑盒测试方法主要有等价类划分、边值分析、因果图、错误推测等，主要用于软件确认测试。"黑盒"法着眼于程序外部结构、不考虑内部逻辑结构、针对软件界面和软件功能进行测试。"黑盒"法是穷举输入测试，只有把所有可能的输入都作为测试情况使用，才能以这种方法查出程序中所有的错误。实际上测试情况有无穷多个，人们不仅要测试所有合法的输入，而且还要对那些不合法但是可能的输入进行测试。

试题 28 答案

（28）A

试题 29 分析

静态分析中进行人工测试的主要方法有桌前检查（Desk Checking）、代码审查和代码走查。经验表明，使用这种方法能够有效地发现 30%～70%的逻辑设计和编码错误。

1. 桌前检查

由程序员自己检查自己编写的程序。程序员在程序通过编译之后，进行单元测试设计之前，对源程序代码进行分析，检验，并补充相关的文档，目的是发现程序中的错误。检查项目有：

（1）检查变量的交叉引用表：重点是检查未说明的变量和违反了类型规定的变量；还要对照源程序，逐个检查变量的引用、变量的使用序列；临时变量在某条路径上的重写情况；局部变量、全局变量与特权变量的使用；

（2）检查标号的交叉引用表：验证所有标号的正确性；检查所有标号的命名是否正确；转向指定位置的标号是否正确。

（3）检查子程序、宏、函数：验证每次调用与被调用位置是否正确；确认每次被调用的子程序、宏、函数是否存在；检验调用序列中调用方式与参数顺序、个数、类型上的一致性。

（4）等值性检查：检查全部等价变量的类型的一致性，解释所包含的类型差异。

（5）常量检查：确认每个常量的取值和数制、数据类型；检查常量每次引用同它的取值、数制和类型的一致性；

（6）标准检查：用标准检查程序或手工检查程序中违反标准的问题。

(7) 风格检查：检查在程序设计风格方面发现的问题。

(8) 比较控制流：比较由程序员设计的控制流图和由实际程序生成的控制流图，寻找和解释每个差异，修改文档和校正错误。

(9) 选择、激活路径：在程序员设计的控制流图上选择路径，再到实际的控制流图上激活这条路径。如果选择的路径在实际控制流图上不能激活，则源程序可能有错。用这种方法激活的路径集合应保证源程序模块的每行代码都被检查，即桌前检查应至少是语句覆盖。

(10) 对照程序的规格说明，详细阅读源代码：程序员对照程序的规格说明书、规定的算法和程序设计语言的语法规则，仔细地阅读源代码，逐字逐句进行分析和思考，比较实际的代码和期望的代码，从它们的差异中发现程序的问题和错误。

(11) 补充文档：桌前检查的文档是一种过渡性的文档，不是公开的正式文档。通过编写文档，也是对程序的一种下意识的检查和测试，可以帮助程序员发现和抓住更多的错误。

这种桌前检查，由于程序员熟悉自己的程序和自身的程序设计风格，可以节省很多的检查时间，但应避免主观片面性。

2．代码审查

代码审查是由若干程序员和测试员组成一个会审小组，通过阅读、讨论和争议，对程序进行静态分析的过程。代码审查分两步：

(1) 小组负责人提前把设计规格说明书、控制流程图、程序文本及有关要求、规范等分发给小组成员，作为评审的依据。小组成员在充分阅读这些材料之后，进入审查的第二步。

(2) 召开程序审查会。在会上，首先由程序员逐句讲解程序的逻辑。在此过程中，程序员或其他小组成员可以提出问题，展开讨论，审查错误是否存在。实践表明，程序员在讲解过程中能发现许多原来自己没有发现的错误，而讨论和争议则促进了问题的暴露。

在会前，应当给会审小组每个成员准备一份常见错误的清单，把以往所有可能发生的常见错误罗列出来，供与会者对照检查，以提高会审的实效。这个常见错误清单也叫做检查表，它把程序中可能发生的各种错误进行分类，对每一类列举出尽可能多的典型错误，然后把它们制成表格，供在会审时使用。这种检查表类似于本章单元测试中给出的检查表。

3．代码走查

代码走查与代码审查基本相同，其过程也分为两步。

(1) 把材料先发给走查小组每个成员，让他们认真研究程序，然后再开会。

(2) 开会的程序与代码会审不同，不是简单地读程序和对照错误检查表进行检查，而是让与会者"充当"计算机。即首先由测试组成员为被测程序准备一批有代表性的测试用例,提交给走查小组。走查小组开会,集体扮演计算机角色,让测试用例沿程序的逻辑运行一遍,随时记录程序的踪迹,供分析和讨论用。

由此可见,与代码审查相比,代码审查是一种正式的评审活动,而代码走查的讨论过程是非正式的。

试题 29 答案

(29) D

试题 30 分析

软件经过测试,交付给用户后,在使用和运行过程中可能在软件运行/维护阶段对软件产品进行的修改就是所谓的维护。软件维护占整个软件生命周期的 60%~80%,维护的类型主要有三种:

(1) 改正性维护:为了识别和纠正软件错误、改正软件性能上的缺陷、排除实施中的误使用,应当进行的诊断和改正错误的过程就叫做改正性维护。

(2) 适应性维护:在使用过程中,外部环境(新的硬、软件配置)、数据环境(数据库、数据格式、数据输入/输出方式、数据存储介质)可能发生变化。为使软件适应这种变化,而去修改软件的过程就叫做适应性维护。

(3) 完善性维护:在软件的使用过程中,用户往往会对软件提出新的功能与性能要求。为了满足这些要求,需要修改或再开发软件,以扩充软件功能、增强软件性能、改进加工效率、提高软件的可维护性。这种情况下进行的维护活动叫做完善性维护。

除了以上三类维护之外,还有一类维护活动,叫做预防性维护。这是为了提高软件的可维护性、可靠性等,为以后进一步改进软件打下良好基础。通常,预防性维护定义为:"把今天的方法学用于昨天的系统以满足明天的需要"。也就是说,采用先进的软件工程方法对需要维护的软件或软件中的某一部分(重新)进行设计、编制和测试。

以上各种维护过程占整个软件维护工作量比例如图 3-1 所示。

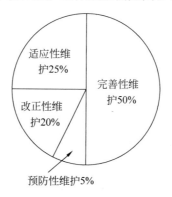

图 3-1 各种维护所占的比例

有形的软件维护成本是花费了多少钱,而其他非直接的维护成本有更大的影响。例如，无形的成本可以是：

（1）一些看起来是合理的修复或修改请求不能及时安排，使得客户不满意；

（2）变更的结果把一些潜在的错误引入正在维护的软件，使得软件整体质量下降；

（3）当必须把软件人员抽调到维护工作中去时，就使得软件开发工作受到干扰。

软件维护的代价是在生产率方面的惊人下降。有报告说，生产率将降到原来的1/40。维护工作量可以分成生产性活动（如分析和评价、设计修改和实现）和"轮转"活动（如力图理解代码在做什么、试图判明数据结构、接口特性、性能界限等）。下面的公式给出了一个维护工作量的模型：

$$M = p + ke^{c-d}$$

其中，M 是维护中消耗的总工作量，p 是生产性工作量，k 是一个经验常数，c 是因缺乏好的设计和文档而导致复杂性的度量，d 是对软件熟悉程度的度量。

这个模型指明，如果使用了不好的软件开发方法（未按软件工程要求做），原来参加开发的人员或小组不能参加维护，则工作量（及成本）将按指数级增加。

在软件开发过程中，错误纠正成本在逐步放大。也就是说，错误发现得越早，纠正错误所花费的成本就会越低，反之则越高。例如，如果在软件设计阶段有个错误未被发现，而待编码阶段时才发现，这时，纠正这个设计错误比纠正源代码错误需要更大的成本。

试题 30 答案

（30）A

第 4 章 法律法规与标准化

从历年的考试试题来看，本章的考点在综合知识考试中的平均分数为 5.18 分，约为总分的 6.91%。主要分数集中在知识产权、标准化法、合同法、招标投标法、政府采购法这 5 个知识点上。

4.1 考点提炼

根据考试大纲，本章要求考生掌握以下几个方面的知识点：
1. 购相关法律法规：合同法、招投标法、政府采购法。
2. 知识产权：计算机软件保护条例、商标法、著作权法、专利法。
3. 标准化基础知识：标准化法。
4. 软件工程的国家标准：
（1）基础标准：软件工程术语（GB/T 11457—1995）；信息处理-数据流程图、程序流程图、系统流程图、程序网络图和系统资源图的文件编辑符号及约定（GB 1526—1989）；信息处理系统-计算机系统配置图符号及约定（GB/T 14085—1993）。
（2）开发标准：信息技术-软件生存周期过程（GB/T 8566—2006）；软件支持环境（GB/T 15853—1995）；软件维护指南（GB/T 14079—2006）。
（3）文档标准：软件文档管理理指南（GB/T 16680—2006）；计算机软件产品开发文件编制指南（GB/T 8567—2006）；计算机软件需求说明编制指南（GB/T 9385—2006）。
（4）管理标准：计算机软件配置管理计划规范（GB/T 12505—2006）；信息技术-软件产品评价、质量特性及其使用指南（GB/T 16260—2006）；计算机软件质量保证计划规范（GB/T 12504—2006）；计算机软件可靠性和可维护性管理（GB/T 14394—2006）。

4.2 强化练习

试题 1

根据《国家电子政务工程建设项目档案管理暂行办法》中的规定，软件开发类文档保存期限不少于 30 年的是___(1)___。

(1) A．系统上线保障方案   B．系统维护手册
    C．设计变更报审   D．测试报告

试题 2

以下关于招投标的说法，错误的是 __(2)__ 。

(2) A. 招标人设有标底的，标底必须保密
   B. 依法必须进行招标的项目，自招标文件开始发出之日起至投标人提交投标文件截止之日止，最短不得少于二十日
   C. 国家重点项目和省、自治区、直辖市人民政府确定的地方重点项目不适宜公开招标的，经相关部门批准，可以不进行招标
   D. 招标人具有编制招标文件和组织评标能力的，可以自行办理招标事宜

试题 3

根据《中华人民共和国政府采购法》，关于询价采购的程序，下面说法不正确的是 __(3)__ 。

(3) A. 询价小组应由采购人的代表和有关专家共五人以上的单数组成，其中专家的人数不得少于成员总数的 2/3
   B. 询价小组应根据采购需求，从符合相应资格条件的供应商名单中确定不少于三家的供应商，并向其发出询价通知书让其报价
   C. 询价小组应要求被询价的供应商一次报出不得更改的价格
   D. 采购人应根据符合采购需求、质量和服务相等且报价最低的原则确定成交供应商，并将结果通知所有被询价的未成交的供应商

试题 4

《中华人民共和国政府采购法》第二十四条规定，两个以上的自然人、法人或者其他组织可以组成一个联合体，以一个供应商的身份共同参加政府采购。以下关于联合体供应商的叙述，__(4)__ 是不正确的。

(4) A. 参加联合体的供应商均应具备相关的条件
   B. 参加联合体的供应商应当向采购人提交联合协议，载明联合体各方承担的工作和义务
   C. 参加联合体的供应商各方应当共同与采购人签订采购合同
   D. 参加联合体的次要供应商不需要就采购合同约定的事项对采购人承担连带责任

试题 5

GB/T 16260—2006 对软件质量度量做了详细的规定，其中 __(5)__ 可用于开发阶段的非执行软件产品，如标书、需求定义、设计规格说明等。

(5) A. 外部度量　　　　　　　　　B. 管理度量
   C. 使用质量的度量　　　　　　D. 内部度量

试题 6

关于软件用户质量要求，以下说法正确的是 __(6)__ 。

（6）A．用户质量要求可通过内部质量的度量、外部度量，有时是功能度量来确定为质量要求

B．用户质量要求可通过用户需求质量的度量、内部度量，有时是外部度量来确定为质量要求

C．用户质量要求可通过使用质量的度量、外部度量，有时是内部度量来确定为质量要求

D．用户质量要求可通过使用质量的外部度量、内部度量，有时是需求度量来确定为质量要求

试题 7

根据 GB/T 11457—2006 的规定，使客户能确认是否接受系统的正式测试为 __(7)__ 。

（7）A．合格性测试　　B．验收测试　　C．运行测试　　D．系统测试

试题 8

根据 GB/T 16260.1 中对软件产品质量模型的描述，软件产品的使用质量不包括 __(8)__ 。

（8）A．有效性　　B．生产率　　C．满意度　　D．易用性

试题 9

根据《计算机软件质量保证计划规范 GB/T 12504—1990》，为确保软件的实现满足需求而需要的基本文档中不包括 __(9)__ 。

（9）A．项目实施计划　　　　　　B．软件验证与确认计划
　　　C．软件设计说明书　　　　　　D．软件需求规格说明书

试题 10

依照《中华人民共和国合同法》，委托开发完成的发明创造，除当事人另有约定的以外，申请专利的权利属于 __(10)__ 。

（10）A．研究开发人　　　　　　　B．委托人
　　　 C．开发人与委托人共有　　　D．国家所有

试题 11

某公司计划建立一套 ERP 系统，在一家监理单位协助下开始招标工作。在以下招标过程中，不符合《中华人民共和国招投标法》有关规定的是 __(11)__ 。

（11）A．公司在编制了招标文件以后，于 3 月 4 日发出招标公告，规定投标截止时间为 3 月 25 日 17 时

B．公司在收到五家公司的投标书后，开始制订相应的评标标准，并且邀请了 5 位行业专家和 2 名公司领导组成 7 人评标委员会

C．在评标会议上，评标委员会认为 T 公司的投标书虽然满足招标文件中规定的各项要求，但报价低于成本价，因此选择了投标书同样满足要求而报价次低的 S 公司作为中标单位

D．在 4 月 1 日发布中标公告后，S 公司希望修改合同中的付款方式，双方经多次协商后，于 4 月 28 日正式签订了 ERP 项目合同

试题 12

国家标准 GB/T 16260《软件产品评价——质量特性及其使用指南》规定了软件产品的 6 个质量特性，它们是 (12) 。

(12) A．功能性、可靠性、易用性、效率、可维护性、可移植性
B．性能、寿命、可信性、安全、可维护性、可移植性
C．功能性、无形性、经济性、效率、可维护性、可移植性
D．功能性、同步性、可信性、安全、可维护性、可移植性

试题 13

根据《GB/T 12504—90 计算机软件质量保证计划规范》，评审文档质量的度量准则中的 (13) 准则，要求在软件开发各个阶段所编写的文档的内容，必须真实地反映该阶段的工作且与该阶段的需求相一致。

(13) A．完备性　　　B．正确性　　　C．简明性　　　D．自说明性

试题 14

某采购人在履行采购金额为 1000 万元的政府采购合同中，需要追加与该合同标的相同的货物。根据相关法律，在不改变合同其他条款的前提下，下列说法中正确的是 (14) 。

(14) A．可以与供应商协商签订补充合同，但补充合同的采购金额不得超过 100 万元
B．可以与供应商协商签订补充合同，但须得到省级以上政府授权的机构批准
C．采购商不能与供应商补充签订单一来源采购合同
D．可以与供应商协商签订补充合同，但补充合同的采购金额不得超过 1000 万元，如超过 1000 万元则须得到省级以上政府授权的机构批准

试题 15

根据《软件工程术语 GB/T 11457—2006》，基线是业已经过正式审核与统一，可用作下一步开发的基础，并且只有通过正式的修改管理步骤方能加以修改的规格说明或产品。对于配置管理，有以下三种基线：功能基线、 (15) 和产品基线。

(15) A．编码基线　　　B．测试基准　　　C．里程碑　　　D．分配基线

试题 16

下列政府采购方式属于招标采购的是 (16) 。

(16) A．邀请招标　　　B．单一来源采购　　　C．询价　　　D．竞争性谈判

试题 17

根据有关法律，在一般招标项目中， (17) 符合评标委员会成员的任职条件或其行为恰当。

(17) A. 某甲，由投标人从省人民政府有关部门提供的专家名册的专家中确定
　　　B. 某乙，现任某公司法定代表人，该公司常年为某投标人提供系统软件
　　　C. 某丙，从事招标工程项目领域工作满10年并具有高级职称
　　　D. 某丁，在开标后、中标结果确定前将自己担任评标委员会成员的事告诉了某投标人

试题 18

消防联动设备的直流工作电压应符合 GB 156—2007 规定，优先采用 (18)　。

(18) A. AC18V　　　B. DC18V　　　C. DC24V　　　D. AC24V

试题 19

《计算机软件文档编制规范》(GB/T 8567—2006) 是 (19)　标准。

(19) A. 推荐性国家　　　　　　　B. 强制性国家
　　　C. 推荐性软件行业　　　　　D. 强制性软件行业

试题 20

计算机软件只要开发完成就能具有 (20)　并受到法律保护。

(20) A. 著作权　　　B. 专利权　　　C. 商标权　　　D. 商业秘密权

试题 21

按照国家档案局和国家发展和改革委员会联合发布的《国家电子政务工程建设项目档案管理暂行办法》，档案保管期限分为永久、30年、10年三种；按照《国家重大建设项目文件归档要求与档案整理规范》，电子政务项目档案保管期限的长期是 (21)　年。

(21) A. 50　　　　B. 40　　　　C. 30　　　　D. 20

试题 22

监督检查承建单位的软件开发过程和管理是监理方质量控制的重要手段。根据国家标准 GB 8566—2007《信息技术软件生存周期过程》的规定，软件生存周期基本过程的5个子过程分别是获取过程、供应过程、开发过程、 (22)　和维护过程。

(22) A. 改进过程　　　B. 运作过程　　　C. 确认过程　　　D. 验证过程

试题 23

某公司开发的计算机软件，进行了著作权登记，其著作权保护期为 (23)　。

(23) A. 10年　　　B. 20年　　　C. 25年　　　D. 50年

试题 24

合同一方当事人通过资产重组分立为两个独立的法人，原法人签订的合同 (24)　。

(24) A. 自然终止　　　B. 归于无效　　　C. 仍然有效　　　D. 可以撤销

试题 25

在建设工程合同的订立过程中，投标人根据招标内容在约定期限内向招标人提交的投标文件，此为 (25)　。

(25) A. 要约邀请　　　B. 要约　　　C. 承诺　　　D. 承诺生效

试题 26

按照《国家电子政务工程建设项目档案管理暂行办法》的要求，电子政务项目实施机构应在项目竣工验收后 __(26)__ 内，向建设单位或本机构档案管理部门移交档案。

(26) A．1个月　　　　B．2个月　　　　C．3个月　　　　D．6个月

试题 27

__(27)__ 经各方商定同意纳入经济合同中，就成为各方必须共同遵守的技术依据，具有法律上的约束性。

(27) A．标准化　　　B．标准草案　　　C．推荐性标准　　D．强制性标准

试题 28

由我国信息产业部批准发布，在信息产业部门范围内统一使用的标准，称为 __(28)__ 。

(28) A．地方标准　　　B．部门标准　　　C．行业标准　　　D．企业标准

试题 29

监理合同的有效期是指 __(29)__ 。

(29) A．合同约定的开始日至完成日

　　　B．合同签订日至合同约定的完成日

　　　C．合同签订日至监理人收到监理报酬尾款日

　　　D．合同约定的开始日至工程验收合格日

试题 30

对于监理风险较大的监理项目，监理单位可以采用的分担风险的方式是 __(30)__ 。

(30) A．将监理业务转让给其他监理单位

　　　B．向保险公司投保

　　　C．与业主组成监理联合体

　　　D．与其他监理单位组成监理联合体

4.3 习题解答

试题 1 分析

依据国家电子政务工程建设项目文件归档范围和保管期限表：

系统上线保障方案保管期限为 10 年。

系统维护手册保管期限为 10 年

设计变更报审保管期限为 30 年。

测试报告的保管期限为 10 年。

试题 1 答案

(1) C

试题 2 分析

选项 A、选项 B、选项 D 的依据分别是招投标法的第二十二、二十四、十二条。

而第十一条规定：国务院发展计划部门确定的国家重点项目和省、自治区、直辖市人民政府确定的地方重点项目不适宜公开招标的，经国务院发展计划部门或者省、自治区、直辖市人民政府批准，可以进行邀请招标。

试题 2 答案

（2）C

试题 3 分析

根据《中华人民共和国政府采购法》第四十条 采取询价方式采购的，应当遵循下列程序：

（一）成立询价小组。询价小组由采购人的代表和有关专家共三人以上的单数组成，其中专家的人数不得少于成员总数的 2/3。询价小组应当对采购项目的价格构成和评定成交的标准等事项作出规定。

（二）确定被询价的供应商名单。询价小组根据采购需求，从符合相应资格条件的供应商名单中确定不少于三家的供应商，并向其发出询价通知书让其报价。

（三）询价。询价小组要求被询价的供应商一次报出不得更改的价格。

（四）确定成交供应商。采购人根据符合采购需求、质量和服务相等且报价最低的原则确定成交供应商，并将结果通知所有被询价的未成交的供应商。

试题 3 答案

（3）A

试题 4 分析

根据《中华人民共和国政府采购法》第二十四条 两个以上的自然人、法人或者其他组织可以组成一个联合体，以一个供应商的身份共同参加政府采购。以联合体形式进行政府采购的，参加联合体的供应商均应当具备本法第二十二条规定的条件，并应当向采购人提交联合协议，载明联合体各方承担的工作和义务。联合体各方应当共同与采购人签订采购合同，就采购合同约定的事项对采购人承担连带责任。

试题 4 答案

（4）D

试题 5 分析

依据 GB/T 16260—2006：内部度量可以应用于设计和编码期间的非执行软件产品（如规格说明或源代码）。当开发一个软件产品时，中间产品宜使用测量在内性质的内部度量来评价，这些中间产品包括那些从模拟行为中得到的。这些内部度量的主要目的是为了确保获得所需的外部质量和使用质量。

试题 5 答案

（5）D

试题 6 分析

依据 GB/T 16260—2006：用户质量要求可通过使用质量的度量、外部度量，有时是内部度量来确定为质量需求。当确认产品时，这些度量确定的需求应该作为准则来使用。获得满足用户要求的产品能常需要一个可以不断从用户角度得到反馈的迭代的软件开发方法。

试题 6 答案

（6）C

试题 7 分析

根据《软件工程术语 GB/T 11457—2006》第 2.19 条款可知：验收测试为使客户能确认是否接受系统的正式测试。

试题 7 答案

（7）B

试题 8 分析

根据 GB/T 16260《软件工程产品质量》描述：使用质量：是基于用户观点的软件产品用于指定的环境和使用周境时的质量。它测量用户在特定环境中能达到其目标的程度，而不是测量软件自身的属性。使用质量的属性分类为四个特性：有效性、生产率、安全性和满意度。

试题 8 答案

（8）D

试题 9 分析

为了确保软件的实现满足需求，至少需要下列基本文档：

（1）软件需求规格说明书

（2）软件设计说明书

（3）软件验证与确认计划

（4）软件验证和确认报告

（5）用户文档

（6）其他文档

而"项目实施计划"是属于基本文档以外的文档所要包含的部分。除基本文档以外，还应包括下列文档：

（1）项目实施计划

（2）项目进展报表

（3）项目开发各阶段的评审报表

（4）项目开发总结

试题 9 答案

（9）A

试题 10 分析

第三百三十九条 委托开发完成的发明创造,除当事人另有约定的以外,申请专利的权利属于研究开发人。研究开发人取得专利权的,委托人可以免费实施该专利。研究开发人转让专利申请权的,委托人享有以同等条件优先受让的权利。

试题 10 答案

(10) A

试题 11 分析

根据《中华人民共和国招投标法》:

对投标文件截止日期的规定:第二十四条 招标人应当确定投标人编制投标文件所需要的合理时间;但是,依法必须进行招标的项目,自招标文件开始发出之日起至投标人提交投标文件截止之日止,最短不得少于二十日。选项 A 中对投标截止时间从 3 月 4 日到 25 日,符合要求。

对评标标准相关的规定:第十九条 招标人应当根据招标项目的特点和需要编制招标文件。招标文件应当包括招标项目的技术要求、对投标人资格审查的标准、投标报价要求和评标标准等所有实质性要求和条件以及拟签订合同的主要条款。国家对招标项目的技术、标准有规定的,招标人应当按照其规定在招标文件中提出相应要求。招标项目需要划分标段、确定工期的,招标人应当合理划分标段、确定工期,并在招标文件中载明。

第三十七条 评标由招标人依法组建的评标委员会负责。依法必须进行招标的项目,其评标委员会由招标人的代表和有关技术、经济等方面的专家组成,成员人数为五人以上单数,其中技术、经济等方面的专家不得少于成员总数的 2/3。选项 B 中对评标委员会成员的人数和组成是符合要求的,但评标标准应在招标文件制定时制定。所以选项 B 不正确。

第四十一条 中标人的投标应当符合下列条件之一:

(一)能够最大限度地满足招标文件中规定的各项综合评价标准;

(二)能够满足招标文件的实质性要求,并且经评审的投标价格最低;但是投标价格低于成本的除外。 C 选项符合法规要求,正确。

对于在发布中标通行后,双方如何对合同的签订需要修改的,在双方协商征得双方同意后,可以进行相应的修改。但第四十六条规定,招标人和中标人应当自中标通知书发出之日起三十日内,按照招标文件和中标人的投标文件订立书面合同。所以 D 选项也正确。

根据以上分析,只有 B 选项不正确。

试题 11 答案

(11) B

试题 12 分析

国家标准 GB/T 16260《软件产品评价——质量特性及其使用指南》规定了软件产品的 6 个质量特性是功能性、可靠性、易用性、效率、可维护性、可移植性。

试题 12 答案

（12）A

试题 13 分析

根据《GB/T 12504—90 计算机软件质量保证计划规范》的规定：

完备性是：所有承担软件开发任务的单位，都必须按照 GB 8567—2006 的规定编制相应的文档，以保证在开发阶段结束时其文档是齐全的；

正确性是：在软件开发各个阶段所编写的文档的内容，必须真实地反映该阶段的工作且与该阶段的需求相一致；

简明性是：在软件开发各个阶段所编写的各种文档的语言表达应该清晰、准确简练，适合各种文档的特定读者；

自说明性是：指在软件开发各个阶段中的不同文档能独立表达该软件其相应阶段的阶段产品的能力。

试题 13 答案

（13）B

试题 14 分析

《中华人民共和国政府采购法》第三十一条规定：符合下列情形之一的货物或者服务，可以依照本法采用单一来源方式采购：

（一）只能从唯一供应商处采购的；

（二）发生了不可预见的紧急情况不能从其他供应商处采购的；

（三）必须保证原有采购项目一致性或者服务配套的要求，需要继续从原供应商处添购，且添购资金总额不超过原合同采购金额百分之十的。

试题 14 答案

（14）A

试题 15 分析

软件工程术语《GB/T 11457—2006》明确规定，在软件配置管理中，有功能基线、分配基线和产品基线这三种基线。

- 功能基线：最初通过的功能配置。
- 分配基线：最初通过的分配的基线。
- 产品基线：最初通过的或有条件地通过的产品配置。

试题 15 答案

（15）D

试题 16 分析

招标方式主要有两种：公开招标和邀请招标。

试题 16 答案

（16）A

试题 17 分析

依据《中华人民共和国招投标法》第三十七条 评标由招标人依法组建的评标委员会负责。

依法必须进行招标的项目，其评标委员会由招标人的代表和有关技术、经济等方面的专家组成，成员人数为五人以上单数，其中技术、经济等方面的专家不得少于成员总数的 2/3。

前款专家应当从事相关领域工作满八年并具有高级职称或者具有同等专业水平，由招标人从国务院有关部门或者省、自治区、直辖市人民政府有关部门提供的专家名册或者招标代理机构的专家库内的相关专业的专家名单中确定；一般招标项目可以采取随机抽取方式，特殊招标项目可以由招标人直接确定。

与投标人有利害关系的人不得进入相关项目的评标委员会；已经进入的应当更换。

评标委员会成员的名单在中标结果确定前应当保密。

试题 17 答案

（17）C

试题 18 分析

消防联动控制设备通常是采用直流工作电压，而按 GB 156 的规定，优先采用的直流工作电压列表中没有 18V 的，所以应优先采用 24V。

试题 18 答案

（18）C

试题 19 分析

这道题考查我们对标准和标准化常识的了解。

国家标准 GB/T 3951—83 对标准化下的定义是："在经济、技术、科学及管理等社会实践中，对重复性事物和概念，通过制定、发布和实施标准，达到统一，以获得最佳秩序和社会效益。"

标准化的重要意义是改进产品、过程和服务的适用性，防止贸易壁垒，促进技术合作。

《中华人民共和国标准化法》将标准划分为 4 个层次，既国家标准、行业标准、地方标准和企业标准。各层次之间有一定的依从关系和内在联系，形成一个覆盖全国又层次分明的标准体系。

（1）国家标准。对需要在全国范围内统一的技术要求，应当制定国家标准。国家标准由国家标准化管理委员会编制计划、审批、编号和发布。国家标准代号为 GB 和 GB/T，其含义分别为强制性国家标准和推荐性国家标准。国家标准在全国范围内适用，其他各级标准不得与之相抵触。国家标准是四级标准体系中的主体。

（2）行业标准。对没有国家标准又需要在全国某个行业范围内统一的技术要求，可以制定行业标准，是专业性、技术性较强的标准。作为对国家标准的补充，当相应的国家标准实施后，该行业标准应自行废止。行业标准由行业标准归口部门编制计划、审批、编号、发布和管理，行业标准的归口部门及其所管理的行业标准范围，由国务院行政主管部门审定。部分行业的行业标准代号如下：汽车-QC、石油化工-SH、化工-HG、石油天然气-SY、有色金属-YS、电子-SJ、机械-JB、轻工-QB、船舶-CB、核工业-EJ、电力-DL、商检-SN、包装-BB。推荐性行业标准在行业代号后加/T，如 JB/T 即为机械行业推荐性标准，不加 T 为强制性标准。

（3）地方标准。对没有国家标准和行业标准而又需要在省、自治区、直辖市范围内统一的要求，可以制定地方标准。地方标准的制定范围有：工业产品的安全、卫生要求；药品、兽药、食品卫生、环境保护、节约能源、种子等法律、法规的要求；其他法律、法规规定的要求。地方标准由省、自治区、直辖市标准化行政主管部门统一编制计划、组织制定、审批、编号和发布。地方标准在本行政区域内适用，不得与国家标准和行业标准相抵触。国家标准、行业标准公布实施后，相应的地方标准即行废止。地方标准也分强制性与推荐性。

（4）企业标准。是耐企业范围内需要协调、统一的技术要求、管理要求和工作要求所制定的标准。企业产品标准其要求不得低于相应的国家标准或行业标准的要求。企业标准由企业制定，是企业组织生产，经营活动的依据，由企业法人代表或法人代表授权的主管领导批准、发布。企业产品标准应在发布后 30 日内向政府备案。

所以，答案选 A。

试题 19 答案

（19）A

试题 20 分析

这道题考查我们对《中华人民共和国著作权法》了解与掌握。

第二条　中国公民、法人或者其他组织的作品，不论是否发表，依照本法享有著作权。

外国人、无国籍人的作品根据其作者所属国或者经常居住地国同中国签订的协议或者共同参加的国际条约享有的著作权，受本法保护。

外国人、无国籍人的作品首先在中国境内出版的，依照本法享有著作权。

未与中国签订协议或者共同参加国际条约的国家的作者以及无国籍人的作品首次在中国参加的国际条约的成员国出版的，或者在成员国和非成员国同时出版的，受本法保护。

第三条　本法所称的作品，包括以下列形式创作的文学、艺术和自然科学、社会科学、工程技术等作品：

（一）文字作品；

（二）口述作品；
（三）音乐、戏剧、曲艺、舞蹈、杂技艺术作品；
（四）美术、建筑作品；
（五）摄影作品；
（六）电影作品和以类似摄制电影的方法创作的作品；
（七）工程设计图、产品设计图、地图、示意图等图形作品和模型作品；
（八）计算机软件；
（九）法律、行政法规规定的其他作品。

试题 20 答案

（20）A

试题 21 分析

在《国家电子政务工程建设项目档案管理暂行办法》的第十六条，档案保管期限分为永久、30 年、10 年三种。电子政务项目档案保管期限为 30 年的对应《国家重大建设项目文件归档要求与档案整理规范》中的长期，保管期限为 10 年的对应短期。

试题 21 答案

（21）C

试题 22 分析

软件生存周期基本过程包括 5 个过程，这些过程供各主要参与方在软件生存周期期间使用，主要参与方是发起或完成软件产品开发、运行和维护的组织，这些主要参与方有软件产品的需方、供方、开发方、操作方和维护方。它的基本过程有：

获取过程：为获取系统、软件产品或软件服务的组织即需方而定义的活动。

供应过程：为向需方提供系统、软件产品或软件服务的组织即供方而定义的活动。

开发过程：为定义并开发软件产品的组织即开发方而定义的活动。

运作过程：为在规定的环境中为其用户提供运行计算机系统服务的组织即操作方而定义的活动。

维护过程：为提供维护软件产品服务的组织即维护方而定义的活动。

试题 22 答案

（22）B

试题 23 分析

单位作品著作权保护期为 50 年（首次发表后的第 50 年的 12 月 31 日）。

试题 23 答案

（23）D

试题 24 分析

根据《中华人民共和国合同法》第七十六条 合同生效后，当事人不得因姓名、名称的变更或者法定代表人、负责人、承办人的变动而不履行合同义务。

合同一方当事人通过资产重组分立为两个独立的法人，原法人签订的合同仍然有效。

试题 24 答案

（24）C

试题 25 分析

根据合同法，要约是希望和他人订立合同的意思表示，要约邀请是希望他人向自己发出要约的意思表示。寄送的价目表、拍卖公告、招标公告、招股说明书、商业广告等为要约邀请。商业广告的内容符合要约规定的，视为要约。承诺是受要约人同意要约的意思表示。承诺生效时合同成立。

根据以上定义，在建设工程合同的订立过程中，招标人所发布的招标公告，是一种要约邀请；投标人根据招标内容在约定期限内向招标人提交的投标文件，可以看作是一种要约。

试题 25 答案

（25）B

试题 26 分析

《国家电子政务工程建设项目档案管理暂行办法》第三章 第十九条 电子政务项目实施机构应在电子政务项目竣工验收后 3 个月内，根据建设单位档案管理规定，向建设单位或本机构的档案管理部门移交档案。需经常利用的档案，可在办理移交手续后借出。

试题 26 答案

（26）C

试题 27 分析

《中华人民共和国标准化法》第七条规定：国家标准、行业标准分为强制性标准和推荐性标准。保障人体健康，人身、财产安全的标准和法律、行政法规规定强制执行的标准是强制性标准，其他标准是推荐性标准。

试题 27 答案

（27）C

试题 28 分析

根据标准制定的机构和标准适用的范围有所不同，标准可分为国际标准、国家标准、行业标准、企业（机构）标准及项目（课题）标准。

《中华人民共和国标准化法》第六条规定：

对需要在全国范围内统一的技术要求，应当制定国家标准。国家标准由国务院标准化行政主管部门制定。对没有国家标准而又需要在全国某个行业范围内统一的技术要求，可以制定行业标准。行业标准由国务院有关行政主管部门制定，并报国务院标准化行政主管部门备案,在公布国家标准之后,该项行业标准即行废止。对没有国家标准和行业标准而又需要在省、自治区、直辖市范围内统一的工业产品的安全、卫生要求,可以制定地方标准。地方标准由省、自治区、直辖市标准化行政主管部门制定,并报国务院标准化行政主管部门和国务院有关行政主管部门备案,在公布国家标准或者行业标准之后,该项地方标准即行废止。

企业生产的产品没有国家标准和行业标准的,应当制定企业标准,作为组织生产的依据。企业的产品标准须报当地政府标准化行政主管部门和有关行政主管部门备案。已有国家标准或者行业标准的,国家鼓励企业制定严于国家标准或者行业标准的企业标准,在企业内部适用。

试题 28 答案

(28) C

试题 29 分析

合同的有效期只能是合同约定的开始日至完成日。只有在合同中未明确约定的时候,可根据合同法的规定进行处理,即合同条款空缺的法律适用条款。

试题 29 答案

(29) A

试题 30 分析

根据《招标投标法》规定,允许若干单位组成联合体对工程项目进行投标。这是工程监理投标中常用的一种分担风险的途径,便于发挥各自的优势,减少项目监理实施的风险。把监理业务转让给其他单位违反招标法的要求;向保险公司投保的方法由于缺少相关法规环境的条件很少用于工程实践;与业主组成监理联合体的说法在于迷惑答题人,可明显排除。

试题 30 答案

(30) D

第 5 章 专 业 英 语

从历年的考试试题来看，本章的考点在综合知识考试中的分数固定为 5 分，所占比例约为总分的 6.67%。考试大纲要求考生熟练阅读并准确理解相关领域的英文文献，但并没有详细的细则。

5.1 考点提炼

考试大纲对专业英语没有明确的要求，只是规定"正确阅读并理解相关领域的英文资料"。从实际考试试题来看，难度大约相当于大学英语四级，所考查的内容侧重于对专业术语的考查。

5.2 强化练习

试题 1

　　(1) is a method used in Critical Path Methodology for constructing a project schedule network diagram that uses boxes or rectangles, referred to as nodes, to represent activities and connects them with arrows that show the logical relationships that exist between them.

　　(1) A．PERT　　　　　B．AOA　　　　　C．WBS　　　　　D．PDM

试题 2

　　Changes often happen in (2) .

　　(2) A．initiating process　　　　　B．Executing process
　　　　C．Planning Process　　　　　D．Closing Process

试题 3

　　Tool for defining activities is (3) .

　　(3) A．Dependency Determination　　　　　B．Precedence Diagramming method
　　　　C．Rolling Wave Planning　　　　　D．Schedule network Templates

试题 4

　　(4) is a client/server protocol for transferring files across the Internet.

　　(4) A．POP3　　　　　B．IMAP　　　　　C．FTP　　　　　D．HTTP

试题 5

　　A test case normally consists of a unique identifier, requirement references from a design specification, events, a series of steps to follow, input, output, actual result, and ___(5)___.

(5) A. bug B. expected resul

C. test report D. traceability matrix

试题 6

The Systems Development Life Cycle (SDLC) is a process of creating or altering information systems, and the models and methodologies that people use to develop these systems. Sequential SDLC models, such as ___(6)___, focus on complete and correct planning to guide large projects and risks to successful and predictable results.

(6) A. Waterfall B. Extreme Programming

C. Spiral D. Rapid Prototyping

试题 7

In software engineering and systems engineering, ___(7)___, is a description of a system's behavior as it responds to a request that originates from outside of that system.

(7) A. black box B. business rule

C. traceability matrix D. use case

试题 8

Supervision will manage the implementation and the configuration of the different, types of project documents, not including ___(8)___.

(8) A. compile B. format C. version D. change

试题 9

The quality management plan should describe how the project management team will implement its quality ___(9)___.

(9) A. improvement B. control C. policy D. information

试题 10

Quality managemen ___(10)___.

(10) A. is another name for careful inspections

B. is inversely related to productivity

C. is primarily the responsibility of management

D. is primarily the responsibility of the workers

试题 11

Adding 5 people to a 4 person team increases the communication channels by a factor of ___(11)___.

(11) A. 3 times B. 4 times C. 5 times D. 6 times

试题 12

The project budget has been finalizeD. Additional work has been discovered that was not planned for in the budget or project scope. __(12)__ could provide the fund to cover the newly discovered work item.

（12）A．Contingency reserve　　　　B．Project profit
　　　C．Management reserve　　　　D．Special fund

试题 13

Several risk response strategies are available. __(13)__ the risk simply gives another party responsibility for its management, it does not eliminate risk.

（13）A．Avoiding　　B．Mitigating　　C．Accepting　　D．Transferring

试题 14

Schedule development can require the review and revision of duration estimates and resource estimates to create an approved __(14)__ that can serve as a baseline to track progress.

（14）A．scope statement　　　　B．activity list
　　　C．project charter　　　　　D．project

试题 15

__(15)__ means that every project has a definite beginning and a definite end.

（15）A．Project phase　B．Unique　C．Temporary　D．Closure

试题 16

Which of the following would require real-time processing? __(16)__

（16）A．Playing a computer game
　　　B．Executing a program that predicts the state of economy
　　　C．Printing labels
　　　D．Listening the music

试题 17

One tool that is useful during both analysis and design is the __(17)__, which is a pictorial representation of the items of information (entities) within the system and the relationships between these pieces of information.

（17）A．data dictionary　　　　B．dataflow diagram
　　　C．use case diagram　　　D．entity-relationship diagram

试题 18

The connection between two networks to form an internet is handled by a machine known as a __(18)__.

（18）A．bridge　　B．client　　C．router　　D．switch

试题 19

Configuration management is the process of managing change in hardware, software, firmware, documentation, measurements, etc. As change requires an initial state and next state, the marking of significant states within a series of several changes becomes important. The identification of significant states within the revision history of a configuration item is the central purpose of __(19)__ identification.

(19) A. baseline   B. value   C. cost   D. Control

试题 20

__(20)__ Development is a structured design methodology that proceeds in a sequence from one phase to the next.

(20) A. Waterfall   B. Phased   C. Prototyping   D. Parallel

试题 21

Maintenance activities include __(21)__ .

① making enhancements to software products

② developing a new software product

③ correcting problems

④ adapting products to new environments

(21) A. ①②   B. ①③④   C. ②③④   D. ①②③④

试题 22

__(22)__ operate by distributing a workload evenly over multiple back end nodes. Typically the cluster will be configured with multiple redundant load-balancing front ends.

(22) A. High-availability clusters   B. Load-balancing clusters

       C. Grid computing   D. Cloud Computing

试题 23

A PM wanted to show management, visually, how quality controls were affecting processes. The best tool to accomplish this is __(23)__ .

(23) A. Diagrams   B. Histograms

       C. Flowcharts   D. Control charts

试题 24

__(24)__ is a measurable, verifiable work poduct such as specification, feasibility study report, detail document, or working prototype.

(24) A. Milestone   B. Deliverable   C. Etc   D. BAC

试题 25

__(25)__ is the budgeted amount for the work actually completed on the schedule activity or WBS component during a given time perioD.

(25) A. Planned value   B. Earned value

       C. Actual cost   D. Cost variance

试题 26

Since RAM is only active when the computer is on, your computer uses disk to store information even when the computer is off. Which of the following is true? ___（26）___.

（26）A．When your computer is on, only RAM is used to store information.

B．When your computer is on, only disk drives are used to store information.

C．When your computer is off, only RAM is used to store information.

D．When your computer is off, only disk drives are used to store information.

试题 27

The basic unit of measure in a computer system is the ___（27）___. It is the smallest unit in computing. There are some other measures in a computer, such as Kilobyte，Megabyte, Gigabyte and so on.

（27）A．KiloByte　　　B．bit　　　C．GigaByte　　　D．MegaByte

试题 28

A ___（28）___ infected computer may lose its data.

（28）A．file　　　B．data base　　　C．virus　　　D．program

试题 29

As an operating system repeatedly allocates and frees storage space, many physically separated unused areas appear. This phenomenon is called ___（29）___.

（29）A．fragmentation　　B．compaction　　C．swapping　　D．paging

试题 30

When a bridge transmits an Ethernet frame, the Ethernet frame has ___（30）___.

（30）A．the broadcast address for the its source address

B．the bridge's LAN address for its destination address

C．the bridge's LAN address for its source address

D．none of the above

5.3 习题解答

试题 1 分析

前导图法 PDM 用于关键路径法，是用于编制项目进度网络图的一种方法，它使用方框或者长方形（被称作节点）代表活动，它们之间用箭头连接，显示彼此之间存在的逻辑关系。

试题 1 答案

（1）D

试题 2 分析

变更通常发生的阶段是。

选项 A 是启动阶段，选项 B 是执行阶段，选项 C 是计划阶段，选项 D 是收尾阶段。

因此，正确答案是 B。

试题 2 答案

（2）B

试题 3 分析

用于定义活动的工具/方法是？

选项 A 是依赖关系确定法，选项 B 是前紧关系绘图法，选项 C 是滚动式规划，选项 D 是进度网络模板。其中 A、B、D 是活动排序的方法和工具。

因此，正确答案是 C。

试题 3 答案

（3）C

试题 4 分析

用于在互联网中传送文件的客户/服务器协议是？

选项 A 是 POP3，选项 B 是 IMAP，选项 C 是 FTP，选项 D 是 HTTP。

因此，正确答案是 C。

试题 4 答案

（4）C

试题 5 分析

一个测试案例，通常由一个唯一的标识符，要求从设计规范，事件，一系列的后续步骤，输入，输出，实际的结果，和期望的结果。

A 选项：缺陷或错误；B 选项：期望的结果；C 选项：测试报告；D 选项：跟踪矩阵

试题 5 答案

（5）B

试题 6 分析

系统开发生命周期（同步）过程是一个创造或改变信息系统，以及模型和方法，依据模型按顺序开发这些系统如瀑布模型，注重完整和正确的规划指导大型项目和风险的成功和可预测的结果。

A 选项：瀑布模型；B 选项：极限编程；C 选项：螺旋模型；D 选项：快速原型

试题 6 答案

（6）A

试题 7 分析

在软件工程和系统工程，(7) 是一个用来描述系统的行为，它响应来自系统外部的请求。

A．黑盒　　　　　B．商务规则　　　　C．跟踪矩阵　　　　D．用例

试题 7 答案

（7）D

试题 8 分析

监督管理不同类型项目文件的配置管理，其中不包括 (8) 。

（8）A．编写　　　　B．格式　　　　　C．版本　　　　　　D．变更

试题 8 答案

（8）A

试题 9 分析

质量管理计划应说明项目管理团队如何来实施执行其质量 (9) 。

（9）A．改进　　　　B．控制　　　　　C．政策　　　　　　D．信息

试题 9 答案

（9）C

试题 10 分析

质量管理 (10) 。

（10）A．是仔细检查者的另一个名字　　　B．是与生产率成反比关系

　　　C．主要是管理者的责任　　　　　　D．主要是工人的责任

试题 10 答案

（10）C

试题 11 分析

增加 5 人到一个 4 人的团队，则沟通渠道是原来的 (11) 。

（11）A．3 倍确　　　B．4 倍　　　　　C．5 倍　　　　　　D．6 倍

4 人团队的沟通渠道数为：（4×3）/2=6

9 人团队的沟通渠道数为：（9×8）/2=36

36/6=6

试题 11 答案

（11）D

试题 12 分析

项目预算已经定稿。额外的工作已经发现，不是计划中的预算或项目范围。管理储备可以提供资金支付的新发现的工作项目。

A 选项：应急储备；B 选项：项目利润；C 选项：管理储备；D 选项：专项基金或资金

试题 12 答案

（12）C

试题 13 分析

以下有一些风险应对策略提供。在风险转移策略中：风险给另一方负责管理，它并没有消除风险。

A 选项：避免；B 选项：减轻；C 选项：接受；D 选项：转移

试题 13 答案

（13）D

试题 14 分析

计划进展需要对持续时间和资源的评估和修改创建一个被核准的项目计划，它可以作为基线，有助于跟踪进展。

A．范围说明　　　　　B．活动列表　　　　　C．项目章程　　　　　D．项目计划

试题 14 答案

（14）D

试题 15 分析

临时性是指每一个项目都有一个明确的开始时间和结束时间。

试题 15 答案

（15）C

试题 16 分析

下列哪项活动需要进行实时处理？

A 电脑游戏　　　　　B 预测经济形势　　　　　C 打印表格　　　　　D 听音乐

因此，正确答案是 A。

试题 16 答案

（16）A

试题 17 分析

在系统分析和设计中同样适用的工具是答案 D 实体关系图，它通过图形形式，表现系统内的实体信息以及这些信息之间的关系。

试题 17 答案

（17）D

试题 18 分析

路由器是用来链接两个网络，并使其实现互联的设备。

试题 18 答案

（18）C

试题 19 分析

配置管理是在硬件、软件、固件、文件、测量等的过程管理的变化，作为变化需要有一个初始状态和下一个状态，标识上一状态变化非常重要，配置项目需确定重要状态的修订历史记录，主要目的是基线的确定。

试题 19 答案

（19）A

试题 20 分析

本题含义可表述为，瀑布模型是一种结构化设计方法，是一个阶段接着一个阶段的顺序过程。所以应该选择 A。

试题 20 答案

（20）A

试题 21 分析

本题含义可表述为：软件维护活动包括哪些工作。

① 软件产品改进；

② 开发新的软件产品；

③ 纠正错误；

④ 修改产品以使其适应外界环境变化。

所以应该选择 B。

试题 21 答案

（21）B

试题 22 分析

负载均衡集群操作的工作量均匀分布在多个后端节点，通常情况下将在集群配置多个冗余负载均衡前端。

试题 22 答案

（22）B

试题 23 分析

项目经理要想更直观地表示出质量控制是如何影响项目进度的，最好的工具是控制图。

试题 23 答案

（23）D

试题 24 分析

可交付物是指类似于规格说明书、可行性研究报告、详细文档或可运行的原型之类的可测量和验证的工作产品。

试题 24 答案

（24）B

试题 25 分析

挣值是在给定时期内按进度活动或 WBS 部件所实际完成工作的预算值。

试题 25 答案

（25）B

试题 26 分析

本题含义可表述为，由于 RAN 只有当计算机运行时是工作的，所以当计算机关闭时使用磁盘来存储信息。所以应该选择 D（当计算机关闭后，只有磁盘被用于存储信息）。

试题 26 答案

（26）D

试题 27 分析

提问的是计算机系统中基本计量单位是什么，显然是 bit。所以应该选择 B。

试题 27 答案

（27）B

试题 28 分析

感染病毒的计算机可能会丢失数据。

试题 28 答案

（28）C

试题 29 分析

随着操作系统反复分配与释放存储空间，就会出现许多不连续的未用物理区域，这种现象称为碎片。

试题 29 答案

（29）A

试题 30 分析

当在网桥中传输以太网帧时，以太网帧有：

A．广播地址的源地址

B．该网桥的局域网地址为目的地址

C．该网桥的局域网地址为源地址

D．不在以上

本题正确选项为 D。

试题 30 答案

（30）D

第6章 监理概论

从历年的考试试题来看，本章的考点在综合知识考试中的平均分数为 3.42 分，约为总分的 4.56%。主要分数集中在监理人员和权利和义务、监理工作三种关键文件（监理大纲、监理规划、监理实施细则）和监理项目部的组织结构和监理人员的岗位职责这 3 个知识点上。

6.1 考点提炼

根据考试大纲，本章要求考生掌握以下几个方面的知识点：
1. 信息系统工程监理的概念：
（1）信息系统工程的概念。
（2）信息系统工程建设发展过程中存在的基本问题和产生原因。
（3）计算机信息系统集成资质管理制定及项目经理制度的由来。
（4）信息系统工程监理的概念。
（5）信息系统工程监理的特点、范围、内容和程序。
（6）信息系统工程监理单位资质管理与监理人员资格管理。
（7）监理人员权利和义务。
2. 信息系统工程监理的依据
（1）有关的政策、法律、法规、标准与规范的基本内容。
（2）信息系统工程项目建设合同与监理合同的主要内容。
3. 监理单位的组织建设
（1）监理单位的体系建设（业务体系、质保体系、组织体系）。
（2）监理单位风险类别及防范方法。
4. 监理工作的组织和规划。
（1）监理工作三种关键文件（监理大纲、监理规划、监理实施细则）编写的意义、依据和基本程序。
（2）监理项目部的组织结构和监理人员的岗位职责。
（3）监理大纲的主要内容。
（4）监理规划的主要内容。
（5）监理实施细则的主要内容。

6.2 强化练习

试题 1

在项目建设过程中，负责项目日常监理工作和一般性监理文件签发的是__(1)__。

(1) A．总监理工程师 B．总监理工程师代表
C．专业监理工程师 D．监理员

试题 2

某公司总监理工程师在处理建设单位与承建单位之间的合同纠纷时，考虑到其受建设单位委托，而有意规避掉部分应由建设单位承担的责任，这种行为违背了监理方__(2)__的行为准则。

(2) A．诚信 B．守法 C．科学 D．公正

试题 3

信息系统监理工程师及监理单位在项目的监理过程中必须遵循相应的法律法规，下列做法中，仅属于违反职业道德的是__(3)__。

(3) A．利用工作之便，将项目承建单位内部技术文件发送项目无关人员
B．参与被监理项目的产品采购
C．从事超出个人专业范围的监理工作
D．因未通过企业年审，篡改《信息系统工程监理资质证书》有效期

试题 4

制定进度计划过程中，常用于评价项目进度风险的方法是__(4)__。

(4) A．PERT 分析 B．关键路径分析 C．网络图分析 D．甘特图分析

试题 5

以下有关监理服务质量管理方面的叙述，不正确的是__(5)__。

(5) A．监理单位对监理服务质量的管理有两种方式，一种是以单位管理为主；另一种是以监理项目部自我管理为主
B．监理服务的质量控制方式按照时间可分为预防性控制、监督性控制、补偿性控制
C．监理服务质量的预防性控制以总监理工程师为主，监督性控制以单位质保部门为主
D．监理服务质量控制可采取文件审核、现场考察、询问、征求意见等方式进行

试题 6

监理合同是指委托人与监理单位就委托的工程项目管理内容签订的明确双方权利和义务的协议。__(6)__不属于监理单位的义务或职责利。

（6）A．合同履行过程中如需更换总监理工程师，必须首先经过委托方同意
B．不得与被监理项目的中承建单位存在隶属关系或利益关系
C．当业主方与承建单位发生争议时，监理应根据自己职能进行调解，最大程度地维护业主方的利益
D．在合同终止后，未征得有关方同意，不得泄露与本工程合同业务相关的保密资料

试题 7

下列工作属于监理工作内容的是__(7)__。

（7）A．核算工程量　　　　　　　　B．裁定合同纠纷
C．编制项目决算　　　　　　　D．代理招标

试题 8

在文件__(8)__中应该描述项目中使用的监理工具和设施。

（8）A．监理规划　　　　　　　　　B．监理工作计划
C．监理实施细则　　　　　　　D．监理专题报告

试题 9

为确保监理工作的顺利进行，应在__(9)__中对监理项目中的关键点和实施难点设置"质量控制点"。

（9）A．监理计划　　B．监理细则　　C．监理规划　　D．监理大纲

试题 10

总监理工程师的代表经授权后，可以承担的职责包括__(10)__。

①审查和处理工程变更 ②审查分包单位资质 ③调换不称职的监理人员
④参与工程质量事故调查 ⑤调解建设单位和承建单位的合同争议

（10）A．①④⑤　　B．②④⑤　　C．①②④　　D．①③④

试题 11

以下关于信息系统工程监理单位资质管理的描述，正确的是__(11)__。

（11）A．具备独立企业法人资格，且从事超过三个投资数额在500万元以上的信息系统工程项目监理的单位，即获得信息系统工程监理资质
B．通过省、自治区、直辖市信息产业主管部门资质评审的监理公司，即可获得乙级资质
C．获得监理资质的单位，由信息产业部统一领发《信息系统工程监理资质证书》
D．丙级和乙级监理单位在获得资质一年后可向评审机构提出升级申请

试题 12

信息系统项目的实施涉及到主建方、承建单位、监理单位三方，而在三方都需要采用项目管理的方法以完成其在项目实施中所肩负的责任。下图__(12)__正确表达了这种

"三方一法"的关系。

（12）

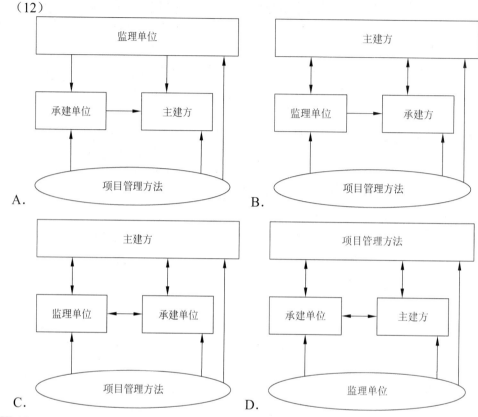

试题 13

在监理执行过程中，监理单位 __(13)__ 调换监理机构的总监理工程师人选。

(13) A. 同建设单位商议后可以

B. 和建设单位、承建单位达成一致意见后可以

C. 取得建设单位书面意见后可以

D. 不能

试题 14

信息系统工程监理活动的 __(14)__ 是控制工程建设的投资、进度、工程质量、变更处理，进行工程建设合同管理、信息管理和安全管理，协调有关单位间的工作关系，被概括为"四控、三管、一协调"。

(14) A. 中心任务　　B. 基本方法　　C. 主要目的　　D. 主要内容

试题 15

作为监理工程师，当出现情况 __(15)__ 时，应予以拒绝。

(15) A. 建设方要求对监理方进行考察

B．拟投标人在招标前向监理方询问建设信息
C．承建方在实施过程中提出的公司现场考察邀请
D．承建方在实施过程中提出的办公场所协调申请

试题 16

在监理工作过程中，项目监理机构一般不具有 __(16)__ 。

(16) A．工程建设重大问题的决策权　　B．工程建设重大问题的建议权
　　　C．工程建设有关问题的决策权　　D．工程建设有关问题的建议权

试题 17

监理单位在委托监理合同签订后应首先尽快将 __(17)__ 书面通知建设单位。
①监理项目部的组织形式　②监理细则
③总监理工程师的任命书　④监理项目部的人员构成
(17) A．①②③④　　B．①③④　　C．①②④　　D．①②③

试题 18

实施信息系统建设监理的重要目的是 __(18)__ 。

(18) A．规范业主的建设行为
　　　B．协助业主在预定的投资、进度、质量目标内建成工程项目
　　　C．控制基本建设规模
　　　D．协调工程建设各方关系

试题 19

凡质量、技术方面有法律效力的最后签证，由 __(19)__ 签署。

(19) A．投资控制工程师　　　　B．总监理工程师
　　　C．现场计量工程师　　　　D．以上都对

试题 20

监理应在 __(20)__ 阶段审查承建单位选择的分包单位的资质。

(20) A．建设工程立项　　　　B．建设工程招标
　　　C．建设工程实施准备　　D．建设工程实施

试题 21

信息工程监理的主要内容可概括为"四控三管一协调"，其中三管是指 __(21)__ 。
①组织管理　②合同管理　③信息管理　④文档管理　⑤安全管理
(21) A．①③⑤　　B．②④⑤　　C．②③⑤　　D．①④⑤

试题 22

信息系统工程建设涉及到业主、承建方和监理方，其中甲为业主方项目管理负责人，乙为承建方项目经理，丙为监理方总监理工程师，在工作中，下列①-③是关于甲、乙、丙关系的描述， __(22)__ 是正确的。
① 甲、乙、丙所代表的三方都需要采用项目管理的方法完成其在项目实施中所肩

负的责任。

②在项目监理过程中,丙要听取业主单位的意见,对于甲的意见在监理工作中要认真执行。

③在项目实施过程中,承建单位的软件配置管理工作一直是薄弱环节,乙作为项目经理非常重视,乙、丙通过沟通,决定由监理方与承建方签订合同,由监理方帮助承建单位梳理软件配置管理流程,培训相关人员。

(22) A. ①　　　　B. ①、②　　　　C. ①、③　　　　D. ①、②、③

试题 23

由于项目管理不够规范,引发了项目质量和进度方面的问题,监理方应该做的工作不包括__(23)__。

(23) A. 表明自己的观点和处理问题的态度
　　　B. 形成监理专题报告
　　　C. 必要时召开专题报告会议
　　　D. 对项目管理责任方进行处罚

试题 24

信息系统的特点决定了信息系统的监理要采取不同于其他系统的监理方式。下面有关信息监理的描述,正确的是__(24)__。

(24) A. 在信息系统实施过程中,业主需求变更的情况比较常见,为了使信息系统更好的满足业主的需求,因此在信息系统监理过程中对于业主方提出的需求变更申请要予以支持
　　　B. 由于信息系统可检查性强,因此,在信息系统监理中要加强旁站、巡视等监理手段的使用
　　　C. 信息技术更新速度较快,为了提高信息系统监理的技术水平,要鼓励信息系统集成企业从事信息系统监理工作
　　　D. 由于信息系统质量缺陷比较隐蔽,因此信息系统监理过程中要进行经常测试工作

试题 25

具有纵向职能系统和横向子项目系统的监理组织形式为__(25)__监理组织形式。

(25) A. 矩阵制　　　B. 直线制　　　C. 直线职能制　　　D. 职能制

试题 26

__(26)__不是信息化工程监理大纲的编制依据。

(26) A. 信息化工程项目概况
　　　B. 建设单位所要达到的监理目标和要求
　　　C. 信息化工程工程项目监理任务的招标文件
　　　D. 信息化工程项目监理合同

试题 27

编制监理规划的步骤为___(27)___。

① 确定监理工作内容
② 规划信息的收集与处理
③ 按照监理工作性质及内容进行工作分解
④ 项目规划目标的确认

(27) A. ②④①③　　B. ③①②④　　C. ①②③④　　D. ②①④③

试题 28

除立项阶段的立项准备、立项申请、立项审批之外，绝大部分的项目管理要素，都是项目___(28)___所要重点实施的内容。

(28) A. 业主单位　　B. 承建单位　　C. 监理单位　　D. 投资单位

试题 29

以下关于监理工程师的权利和义务的叙述，不正确的是___(29)___。

(29) A. 根据监理合同独立执行工程监理业务
　　　B. 要求监理单位支付其劳动报酬
　　　C. 向总监理工程师汇报项目情况
　　　D. 根据建设单位要求开展监理工作

试题 30

监理活动的主要内容被概括为"四控、三管、一协调"，所谓"四控"不包括___(30)___。

(30) A. 投资控制　　B. 风险控制　　C. 变更控制　　D. 进度控制

6.3 习题解答

试题 1 分析

总监理工程师代表由总监理工程师授权，负责总监理工程师指定或交办的监理工作；负责本项目的日常监理工作和一般性监理文件的签发。

试题 1 答案

（1）B

试题 2 分析

在《信息系统监理工程师暂行规定》中明确要求：从事信息系统工程监理活动，应当遵循守法、公平、公正、独立的原则。其中在监理活动中体现公平、公正、独立的原则，就是在解决建设单位与承建单位可能发生的意见不统一或纠纷时，绝不能因为监理单位是受建设单位的委托而故意偏袒建设单位，一定要坚持"一碗水端平"，该是谁的责任就由谁来承担；该维护哪方的权益，就维护那方的权益。这样做既会得到建设单位的理解和支持，也会得到承建单位的拥护和欢迎。

试题 2 答案

（2）D

试题 3 分析

根据信息系统工程监理暂行规定信部信[2002]570 号文中要求监理工程师必须履行相应的责任义务，包括保守承建单位的技术秘密和商业秘密，并不得同时从事与被监理项目相关的技术和业务；同时，根据信息系统工程监理单位资质管理办法，监理单位不得伪造、转让、出卖《信息系统工程监理资质证书》；不得转让或越级承接监理业务。对违反本条规定的，视情节轻重分别给予责令改正、停业整顿、降低资质等级、取消资质的处分。因此题中 ACD 均属于明显违反我国相关法律法规的行为。

试题 3 答案

（3）B

试题 4 分析

计划评审技术（PERT）是把各项工作的时间作为随机变量来处理，用来缩短时间、节约费用的关键所在，可用来评价项目进度风险；关键路径法是以经验数据为基础来确定各项工作的时间，以缩短时间、提高投资效益为目的；网络图是用来表示工作流程的有向、有序的网状图形，由箭线和节点组成；甘特图是一种比较简单的直观进度控制图。

试题 4 答案

（4）A

试题 5 分析

监理服务质量的控制方式可分为预防性控制、监督性控制、补偿性控制；按照控制的主体可分为单位质保部门和监理项目部，对监理单位来说，事前控制尤为重要，预防控制是单位质保部门为管理主体，控制的内容包括对监理人员的认可、监理规划、监理细则的审批、监理设施的认可等。监督性控制是控制的主要过程，以总监理工程师为主采取计划、监督、评价等方式，按照系统各项是工作进行抽样检查，检查各项监理工作是否按要求实施？是否及时、是否到位、是否有效？监理服务控制可以采取文件审核（监理规划、监理细则审批、审阅月报、抽查监理资料）、现场考察、询问、惩求意见等方式进行。

试题 5 答案

（5）C

试题 6 分析

监理单位应按照"守法、公平、公正、独立"的原则，开展信息系统工程监理工作，维护建设单位和承建单位的合法权益。在本题中，当业主方与承建单位发生争议时，监理应根据自己的职能进行调解，公正地处理，在维护建设单位利益的同时，不损害承建单位的利益。另外，监理单位没有对承建单位的选择权，但具有对承建单位的否决权。

试题 6 答案

（6）C

试题 7 分析

裁定合同纠纷属于法院或仲裁机构的工作范围；代理招标应由项目业主单位选定具有招标代理资格的机构进行；编制项目决算一般由业主单位自行或委托具有决算编制能力的单位完成。核算工程量的结果作为项目付款的主要依据，应由监理机构完成。

试题 7 答案

（7）A

试题 8 分析

监理规划在监理大纲的基础上按照监理委托合同的要求，将监理方案进一步明确和细化，一般应当包括：工程项目概况；监理的范围、内容与目标；监理项目部的组织结构与人员配备；监理依据、程序、措施及制度；监理工具和设施。

试题 8 答案

（8）A

试题 9 分析

监理实施细则的内容主要包括：

（1）工程专业的特点；

（2）监理流程；

（3）监理的控制要点及目标；

（4）监理方法及措施。

试题 9 答案

（9）B

试题 10 分析

总监理工程师代表是指经监理单位法定代表人同意，由总监理工程师书面授权，代表总监理工程师行使其部分职责和权力的项目监理机构中的监理工程师。总监理工程师代表的职责如下：

（1）负责总监理工程师指定或交办的监理工作。

（2）按总监理工程师的授权，行使授权范围内的总监理工程师的职责和权力。

总监理工程师不得将以下工作委托给总监理工程师代表：

（1）主持编写项目监理规划，审批项目监理实施细则。

（2）签发开工/复工报审表、工程暂停令、工程款支付证书及工程竣工报验单。

（3）审查签认竣工结算。

（4）调解建设单位与承包单位的合同争议，处理索赔。

（5）根据工程项目的进展情况进行人员调配，对不称职的监理人员进行调换。

试题 10 答案

（10）C

试题 11 分析

考查硬是人员信息系统工程监理单位资质管理的掌握程度。

选择 A 项错误，申请丙级资质时，典型项目达到"大于 300 万元的项目至少 2 个或者 150 万元以上的项目达到 4 个"这项要求即可；选择 B 项错误，信息产业部负责全国信息系统工程监理的行业管理工作，审批及管理甲、乙级信息系统工程监理资质；选择 D 项错误，乙级监理单位在获得资质二年后方可申请甲级的资质。

试题 11 答案

（11）C

试题 12 分析

考查应试人员对三方关系的认识。选择 C 正确。

试题 12 答案

（12）C

试题 13 分析

考查应试人员参与监理实践的情况以及基本逻辑判断的能力。选择 A 项错误，已同建设单位进行过商量并不意味着对方已经同意；选择 B 项错误，没有必要与承建单位达成一致意见；选择 D 项错误，碰到总监理工程师生病、辞职等情况时，必须调换总监理工程师，而发生这样的情况是任何组织都不可能避免的。

试题 13 答案

（13）C

试题 14 分析

信息系统工程监理活动的主要内容是"四控、三管、一协调"。

试题 14 答案

（14）D

试题 15 分析

作为监理工程师，它的职责主要是负责对信息系统工程项目进行职责内的管理与监督工作。在招投标阶段，依据《中华人民共和国招投标法》规定，在招投标阶段，建设方或评标委员会成员不得私自接触投标人或收受好处，而选项 B "拟投标人在招标前向监理方询问建设信息"，这一点就不符合相关的规定，所以作为监理工程师，应明确自己在项目中的职责与范围，不要因为自己的行为风险带来损失。

在整个招投标过程中，建设方可以对监理方进行考察，承建方对招标中不明的细节可以申请考察，在实施过程中作为承建方如果提出办公场所协调的申请，作为监理工程师应予以协调。

试题 15 答案

(15) B

试题 16 分析

监理机构对工程建设存在的任何问题都有建议权，这是无须置疑的。但是在决策权上，监理机构只有有限决策权利，如发生重大质量事故时，总监理工程师可以签发《停工令》，责令承建单位停工进行整改，但是在许多重大问题监理机构无决策权，例如，碰到要变更计划工期等问题时，监理必须争得建设单位和承建单位的同意后，方可实施变更处理。选择 A 正确

试题 16 答案

(16) A

试题 17 分析

一般来说，监理单位应于委托监理合同签订后 10 个工作日内将监理项目部的组织形式、人员构成及对总监理工程师的任命书书面通知建设单位。当总监理工程师需要调整时，监理单位应征得建设单位同意并书面通知承建单位；当专业监理工程师需要调整时，总监理工程师应书面通知建设单位和承建单位。

试题 17 答案

(17) B

试题 18 分析

实施信息系统建设监理的重要目的是协助业主在预定的投资、进度、质量目标内建成工程项目。

试题 18 答案

(18) B

试题 19 分析

实施、开发单位工程进度款的支付申请必须有质监方面的认证意见，这既是质量控制的需要，也是投资控制的需要。凡质量、技术方面有法律效力的最后签证，只能由总监理工程师一人签署。专业质量监理工程师和现场质检员可在有关质量、技术方面的原始凭证上签署，最后由项目总监理工程师核签后方才有效。

试题 19 答案

(19) B

试题 20 分析

分包单位应当在工程建设开始建设之前进行确定，而监理针对分包单位只是进行相关的审查，所以也就会在准备工程实施的阶段，选项 C 正确。

试题 20 答案

(20) C

试题 21 分析

监理活动的主要内容被概括为"四控、三管、一协调"。

三管是指：信息系统工程合同管理；信息系统工程信息管理；信息系统工程安全管理。

试题 21 答案

（21）C

试题 22 分析

（1）甲、乙、丙所代表的三方都需要采用项目管理的方法完成其在项目实施中所肩负的责任。这是正确的。

（2）在项目监理过程中，丙要听取业主单位的意见，对于甲的意见在监理工作中要认真执行。监理虽然受业主的委托，但其角色是公正的第三方，因此对于业主单位的错误意见，监理方不应采纳和执行。所以是不正确的。

（3）在项目实施过程中，承建单位的软件配置管理工作一直是薄弱环节，乙作为项目经理非常重视，乙、丙通过沟通，决定由监理方与承建方签订合同，由监理方帮助承建单位梳理软件配置管理流程，培训相关人员。在有关监理单位的权利和义务的规定中明确指出：不得与被监理项目的承建单位存在隶属关系和利益关系。如果监理方帮助承建单位梳理软件配置管理流程并收取报酬，则违反了这条规定。所以是不正确的。

试题 22 答案

（22）A

试题 23 分析

除非在签订的合同中有明确规定，否则监理方无权"对项目管理责任方进行处罚"。

试题 23 答案

（23）D

试题 24 分析

在信息系统实施过程中，需求变更是不可避免的，但是需求变更应以其可行性为基础，对其有效控制非常重要，否则将会导致工期、成本、质量不断扩大，对工程的成功影响较大。因此，作为监理方，对业主方提出的需求变更申请要有自己的看法和决定，不能因为需求变更是业主提出来的就一定同意，由此而损害开发方的利益或者影响项目质量。

信息应用系统是逻辑产品，是开发人员智力的结晶，与其他工程相比，其质量缺陷比较隐蔽，可检查性比较弱。因此，信息系统监理过程中要进行经常性的测试工作。

根据《信息系统工程监理暂行规定》第二十条第三款规定："不得同时从事与被监理项目相关的技术和业务"。而且根据《信息系统工程监理资质等级评定条件》规定，信息系统集成企业不得从事信息系统监理工作。

试题 24 答案

（24）D

试题 25 分析

从规模和性质上讲，监理公司与生产经营型企业有所不同，因而其内部的组织结构也较为简单，一般有直线制、职能制、直线职能制和矩阵制。

（1）直线制组织结构最典型的特征就是没有职能部门。由于没有职能部门，只有一个上级，形式简单，命令统一，隶属关系明确，职责清楚，决策迅速。但是，由于没有职能分工，要求总监理工程师和每个项目组的领导都必须精通各种职能分工的工作，因此要求总监理工程师的能力很全面，必须是"全能"人物，容易造成个人管理的弊端。

（2）职能制组织结构最典型的特征就是既有职能部门，也有项目组。监理人员既属于某个项目组，也属于某个职能部门，职能部门能领导属于该部门的监理人员。由于职能部门的分工清楚，所以专业化程度提高了，管理效率就提高了。但是，可能出现一个下级有多个上级的状况，多头指挥，容易矛盾。

（3）直线职能制组织结构最典型的特征是既有职能部门，也有项目组，监理人员既属于某个项目组，也属于某个职能部门，但职能部门不能直接领导项目组人员，需要通过总监理工程师才能进行沟通协调。只有一个上级可以发布指令（与职能制相区别），又有多个职能部门存在（与直线制相比较）。这种组织结构兼有直线领导、统一指挥、职责清楚和管理专业化的优点。但是，由于职能部门不能直接给项目组下达命令，所以沟通信息不畅，容易产生矛盾。

（4）矩阵制组织结构最典型的特征就是职能部门和项目组纵横交叉，呈棋盘状。监理人员可以从一个项目转到另一个项目，具有较大机动性和适应性，有利于业务能力的提高和复杂问题的解决。但是，这种组织形式容易出现扯皮推诿的现象。

试题 25 答案

（25）A

试题 26 分析

监理大纲的编制依据有：
- 工程项目的监理招标文件
- 国家、部委、项目所在地的政策法规文件
- 工程项目涉及的标准规范
- 信息化工程项目概况
- 建设单位所要达到的监理目标和要求
- 其他参考文件

而监理合同是在监理大纲之后编制的。监理大纲是在建设单位选择合适的监理单位时，监理单位为了获得监理任务，在项目监理招标阶段编制的项目监理单位案性文件。显然 D 选项是错误的。

试题 26 答案
（26）D

试题 27 分析
编制监理规划的步骤

（1）规划信息的收集与处理

所谓规划信息，就是指与监理规划相关的信息，如所监理的信息系统工程项目的情况（一般由建设单位提供）、承建单位（可能还包括设计单位、分包单位）的情况、建设单位的情况、监理委托合同所规定的各项监理任务等信息，在编制监理规划以前，应该广泛收集相关的监理信息，在整理和消化这些材料的基础上开始着手编制项目监理规划。

（2）项目规划目标的确认

依据上一步收集到的项目规划信息，来确定项目规划的目标，并对目标进行识别、排序和量化，为下一步确定监理工作做准备。

（3）确定监理工作内容

在对监理规划目标进行确认的基础上，具体确定监理单位应该做的工作。在这里，监理工作的工作内容、工作程序和工作要求等，都将得到确定。确定的依据一方面来自于上边所确定的监理规划目标，另一方面来自于监理委托合同。

（4）按照监理工作性质及内容进行工作分解

紧承上一步，在对监理工作进行初步确认的基础上，对监理工作进行细分，确定不同小组的责任，以此来确定各自的监理任务。

试题 27 答案
（27）A

试题 28 分析
除立项阶段的立项准备、立项申请、立项审批之外，绝大部分的项目管理要素，都是项目承建单位所要重点实施的内容。因为工程项目的实施方是承建方即承建单位。

试题 28 答案
（28）B

试题 29 分析
监理工程师权利和义务：

- 根据监理合同独立执行工程监理业务
- 保守承建单位的技术秘密和商业秘密
- 不得同时从事与被监理项目相关的技术和业务活动

在《信息系统工程师暂行规定》中明确要求：从事信息系统工程监理活动，应当遵循守法、公平、公正、独立的原则。其中在监理活动中体现公平、公正、独立的原则，就是在解决建设单位与承建单位可能发生的意见不统一或纠纷时，绝不能因为监理单位是受建设单位的委托而故意偏袒建设单位，一定要坚持"一碗水端平"，该是谁的责任就由谁来承担；该维护哪方的权益，就维护那方的权益。

试题 29 答案
（29）D

试题 30 分析
监理活动的主要内容被概括为"四控、三管、一协调"。

（1）四控

信息系统工程质量控制；

信息系统工程进度控制；

信息系统工程投资控制；

信息系统工程变更控制。

（2）三管

信息系统工程合同管理；

信息系统工程信息管理；

信息系统工程安全管理。

（3）一协调

在信息系统工程实施过程中协调有关单位及人员间的工作关系。

显然，"四控"中没有风险控制。

试题 30 答案
（30）B

第 7 章 质 量 控 制

从历年的考试试题来看，本章的考点在综合知识考试中的平均分数为 6.08 分，约为总分的 8.11%。主要分数集中在以下 5 个方面：
（1）质量控制概论：质量控制原则、质量控制目标、质量控制的内容。
（2）质量保证体系：三方质量保证体系。
（3）项目验收：项目验收的步骤、项目验收的程序、需要提交的文档。
（4）质量事故：质量事故的原因、质量事故的处理。
（5）质量控制点：质量控制点的设置原则。
（6）质量控制工具：各种质量控制工具的特点、功能和使用。

7.1 考点提炼

据考试大纲的要求，本章主要考查的知识点如下：
（1）信息系统工程质量的概念及质量控制的意义。
（2）影响信息系统工程质量的因素。
（3）协同质量控制的概念以及业主方、承建方、监理方三方在协同质量控制中的作用。
（4）质量控制点的含义、作用和设置原则。
（5）工程招标及准备阶段质量控制的要点及方法。
（6）工程设计阶段质量控制的要点及方法。
（7）工程实施阶段质量控制的要点及方法。
（8）工程验收质量控制的要点及方法。

7.2 强化练习

试题 1

下述对信息系统工程质量控制的描述，正确的是__(1)__。
① 信息系统工程项目的实体质量是由设计质量唯一决定的
② 只有严格控制好每个阶段的工程质量，才有可能保证工程项目的实体质量
③ 设置质量控制点的目的就是将工程质量总目标分解为各控制点的分目标，以便通过对各控制点分目标的控制，来实现对工程质量总目标的控制

④ 建设单位、承建单位和监理单位三方协同的质量管理体系是信息工程项目成功的重要因素

（1）A. ①、②　　　　B. ①、②、③、④　　C. ②、③、④　　D. ②

试题 2

监理和完善质量保证体系是监理单位组织建设的关键内容之一，根据你对监理和完善质量保证体系的理解，图 7-1 中①②③表示的内容分别是__(2)__。

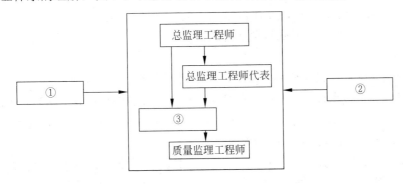

图 7-1　质量保证体系

（2）A. 专家组、业务单位、质量控制组
　　　B. 监理单位质量保证体系、质量控制组、专家组
　　　C. 专家组、质量控制组、承建单位质量保证体系
　　　D. 监理单位质量保证体系、专家组、质量控制组

试题 3

监理工程师在设置质量控制点时应遵循一定的原则，__(3)__是错误的原则。

（3）A. 质量控制点应放置在工程项目建设活动中的关键时刻和关键部位
　　　B. 质量控制点应根据监理机构的资源状况进行设置
　　　C. 保持控制点设置的灵活性和动态性
　　　D. 选择的质量控制点应该易于纠偏

试题 4

在软件开发项目实施阶段质量控制工作中，监理机构针对开发项目实施方案应审核的内容是__(4)__。

① 实施方案与法律、法规和标准的符合性
② 工程实施的组织机构
③ 实施方案与合同、设计方案和实施计划的符合性
④ 实施方案的合理性和可行性

（4）A. ①、②、③、④　　　　　　　　　　B. ①、③
　　　C. ①、③、④　　　　　　　　　　　　D. ②、③、④

试题 5

一个投资额为 3000 万的大型信息化软件开发项目,承建单位计划投入 100 人,其中包括测试工程师 30 人。需求分析完成并通过确认后,监理方对承建单位提交的测试工作计划进行了评审,以下做法不正确的是__(5)__。

(5) A. 审核测试计划中对软件测试的资源投入、时间安排等的合理性与可行性
  B. 审查测试计划中软件测试环境能否满足测试工作的需要
  C. 抽查测试计划中测试用例是否正确
  D. 审查所进行的测试类型能否满足测试需求

试题 6

工程质量是工程建设的核心,是决定整个信息系统工程建设成败的关键,也是一个系统是否成功的最根本标志。监理工程师对工程质量控制的目标是__(6)__;信息工程质量必须在工程__(7)__加以保证;监理方在质量控制监理过程中,做法正确的是__(8)__。__(9)__不是选择质量控制点应考虑的内容。

(6) A. 实现合同要求   B. 维护参与建设的各方利益
  C. 保证技术法规执行   D. 维护社会公共利益

(7) A. 开发之前   B. 开发之后
  C. 可行性研究过程中   D. 设计与实现过程中

(8) A. 监理单位对承建单位的人员、设备、方法、环境等因素进行全面的质量监察,督促承建单位的质量保证体系落实到位,监理单位对承建单位的投入人员有否决权
  B. 对工期紧任务重的项目,监理方应该采取灵活处理方式,在项目建设方、承建方协商一致的前提下,监理方应该支持承建方在需求确认之前进行开发工作
  C. 如果没有第三方测试机构的测试评估,监理公司可以独立承担验收测试工作,并出具测试报告,作为系统验收的依据之一
  D. 信息系统工程建设全过程实施质量控制,以质量预控为重点,做好技术总体方案、系统集成方案、开发/测试计划、培训计划等的审核

(9) A. 关键工序   B. 隐蔽工程
  C. 实施中的薄弱环节   D. 实施

试题 7

质量控制是指信息系统工程实施过程中在对信息系统质量有重要影响的关键时段进行质量__(10)__。在信息工程建设中,监理质量控制最关键的因素是__(11)__。在进行控制点设置时,__(12)__不是设置质量控制点应遵守的一般原则。

(10) A. 检查、确认
   B. 确认、决策及采取措施

C. 确认、采取措施、使用质量控制工具和技术
D. 检查、确认、决策、采取措施、使用质量控制工具和技术

(11) A. 在合同谈判时，建设单位充分利用其优势地位，争取到更多的有利条款
B. 选择优秀的项目承建单位
C. 充分发挥监理的作用，在整个项目过程中对承建单位的项目建设质量进行严格控制
D. 承建单位尽可能多的投入资源，从承建单位中选择优秀的技术人员承担本项目建设

(12) A. 选择的质量控制点应该突出重点，质量控制点都应放置在工程项目建设活动中的关键时刻和关键部位，以利于监理工程师开展质量控制工作
B. 选择的质量控制点应该易于纠偏，有利于监理工程师及时发现质量偏差，同时有利于承建单位控制管理人员及时制定纠偏措施
C. 质量控制点设置要有利于参与工程建设的三方共同从事工程质量的控制活动
D. 保持控制点设置的灵活性和动态性，质量控制点设置并不是一成不变的，必须根据工程进展的实际情况，对已设立的质量控制点应随时进行必要的调整或增减

试题 8
在工程质量统计分析方法中，寻找影响质量主次因素的方法一般采用 __(13)__ 。
(13) A. 排列图法　　B. 因果分析图法　　C. 直方图法　　D. 控制图法

试题 9
如果承建单位项目经理由于工作失误导致采购的设备不能按期到货，施工合同没有按期完成，则建设单位可以要求 __(14)__ 承担责任。
(14) A. 承建单位　　B. 监理单位　　C. 设备供应商　　D. 项目经理

试题 10
信息系统建设过程中暴露出各种问题，虽然不是主流，但也不容忽视，针对①~⑤的描述，项目建设过程中普遍存在 __(15)__ 的问题。
① 系统质量不能满足应用的基本需求
② 没有采用先进技术
③ 项目文档不全甚至严重缺失
④ 系统存在着安全漏洞和隐患
⑤ 工程进度拖后延期
(15) A. ①、②、③、④、⑤　　　　　　B. ①、③、④、⑤
　　　C. ①、②、③、⑤　　　　　　　　D. ①、②、③、④

试题 11

关于隐蔽工程与重新检验的说法不正确的是 __(16)__ 。

(16) A. 监理工程师未能按规定时间提出延期要求，又未按时参加验收，承建单位可自行组织验收，该检验应视为监理工程师在场情况下进行的验收

B. 监理工程师没有参加验收，当其对某部分的工程质量有怀疑，不能要求承建单位对已经隐蔽的工程进行重新检验

C. 无论监理工程师是否参加了验收，当其对某部分的工程质量有怀疑，均可要求承建单位对已经隐蔽的工程进行重新检验

D. 重新检验表明质量不合格，承建单位承担由此发生的费用和工期损失

试题 12

监理工程师在审核参与投标企业近期承建工程的情况时，在全面了解的基础上，应重点考核 __(17)__ 。

(17) A. 建设优质工程的情况

B. 在工程建设中是否具有良好的信誉

C. 质量保证措施的落实情况

D. 与拟建工程相似或接近的工程

试题 13

信息系统工程质量管理包括下述的 __(18)__ 。

① 质量保证体系的执行与完善　② 软件开发质量保证
③ 质量策划　④ 项目风险控制

(18) A. ①、②、③、④　　　　　　　B. ②、③、④
C. ①、②、④　　　　　　　　　D. ①、②、③

试题 14

监理工程师对承建单位提交的总体技术方案进行质量审核应侧重于 __(19)__ 。

(19) A. 各专业技术方案的实现是否符合国家或国际标准

B. 技术、经济分析和比较

C. 用户要求的使用功能和合同规定的质量要求是否得到满足

D. 承建单位的包括人员、成本和知识等资源投入能否保证实施任务完成

试题 15

旁站监理人员实施旁站监理时，如发现实施单位存在违反工程建设强制性标准的行为，首先应 __(20)__ 。

(20) A. 责令实施单位立即整改　　　　B. 立即下达工程暂停令
C. 立即报告总监理工程师　　　　D. 立即报告业主代表

试题 16

质量手册、程序文件和 __(21)__ 属于质量管理体系文件。

(21) A. 质量计划　　　B. 质量目标　　　C. 质量方针　　　D. 质量记录

试题 17

质量因素为"4M1E"指的是__(22)__。

(22) A. 人、机器、原材料、方法、环境
　　　B. 人、机器、方法、成本、政策
　　　C. 人、原材料、方法、成本、环境
　　　D. 外部因素和内部因素

试题 18

关于监理质量控制，不正确的是__(23)__。

(23) A. 对所有的隐蔽工程在进行隐蔽以前进行检查和办理签认
　　　B. 对重点工程要派监理人员驻点跟踪监理
　　　C. 对各软件开发过程进行质量保证并对开发结果进行确认测试
　　　D. 对工程主要部位、主要环节及技术复杂工程加强检查

试题 19

建设项目设备采购方案最终需要获得__(24)__的批准。

(24) A. 建设单位　　　　　　　　　　B. 总集成单位
　　　C. 监理单位　　　　　　　　　　D. 设备供应单位

试题 20

在关键部位或关键工序施工过程中，监理人员在现场进行的监督活动称为__(25)__。

(25) A. 旁站　　　B. 巡视　　　C. 检查　　　D. 见证

试题 21

工程监理人员发现信息工程设计不符合相关工程质量标准或者合同约定的质量要求时，__(26)__。

(26) A. 向承建单位发"停工令"
　　　B. 有权自行改正后通知承建单位
　　　C. 应当报告建设单位后自行改正
　　　D. 应当报告建设单位要求承建单位改正

试题 22

总监理工程师对专业监理工程师已同意承包人覆盖的隐蔽工程质量有怀疑，指示承包人剥露取样并进行试验，试验结果表明该部位的施工质量虽满足行业规范的要求，但未达到合同约定的标准。此时应判定该隐蔽工程__(27)__。

工程质量控制是为了保证工程质量符合__(28)__、规范标准所采取的一系列措施、方法和手段。

(27) A. 质量合格　　　　　　　　　　B. 须重新修复

C．合同工期顺延但不补偿费用　　　　D．合同工期顺延并追加合同价款
（28）A．工程合同　　B．质量目标　　C．质量计划　　D．质量手册

试题 23

在质量控制中，动态掌握质量状态，判断项目建设过程的稳定性应采用　(29)　。

（29）A．直方图法　　B．因果分析图法　　C．排列图法　　D．控制图法

试题 24

在 PDCA 循环中，P 阶段的职能包括　(30)　等。

（30）A．确定质量改进目标，制定改进措施
　　　B．明确质量要求和目标，提出质量管理行动方案
　　　C．采取应急措施，解决质量问题
　　　D．规范质量行为，组织质量计划的部署和交底

试题 25

设计质量有两层意思，首先设计应　(31)　，其次设计必须遵守有关的技术标准、规范和规程。

（31）A．满足项目建议书要求
　　　B．满足业主所需的功能和使用价值
　　　C．受经济、资源、技术、环境等因素制约
　　　D．受项目质量目标和水平的限制

试题 26

设备开箱检查，应检查　(32)　各项并做好记录。
① 箱号、箱数以及包装情况
② 设备的名称、型号和规格
③ 设备的技术文件、资料及专用工具
④ 设备有无缺损件、表面有无损坏和锈蚀等
⑤ 设备性能、参数等

（32）A．①②③④⑤　　B．①②③④　　C．②③④⑤　　D．①③④⑤

试题 27

监理应在　(33)　阶段审查承建单位选择的分包单位的资质。

（33）A．建设工程立项　　　　　　　B．建设工程招标
　　　C．建设工程实施准备　　　　　D．建设工程实施

试题 28

在施工过程中，承包人应对自己采购的材料设备质量进行严格的控制，当承包人采购的材料设备与标准或者设计要求不符时，　(34)　的做法是错误的。

（34）A．监理工程师可以拒绝验收
　　　B．承建单位承担由此发生的费用

C. 承建单位可暂时存放这些材料设备于现场，并按照监理工程师的要求重新采购符合要求的产品

D. 由此造成工期延误不予顺延

试题 29

工程产品质量没有满足某个规定的要求，就称之为 __(35)__ 。

(35) A. 质量事故　　　B. 质量不合格　　　C. 质量问题　　　D. 质量通病

试题 30

测试是信息系统工程质量监理最重要的手段之一，这是由信息系统工程的特点所决定的，测试结果是判断信息系统工程质量最直接的依据之一。在整个质量控制过程中，可能存在承建单位、监理单位、建设单位以及公正第三方测试机构对工程的测试。各方的职责和工作重点有所不同，下面关于各方进行测试工作的描述，__(36)__ 是不正确的。

(36) A. 承建单位在项目的实施过程中，需要进行不断的测试，主要是保证工程的质量和进度

B. 监理单位要对承建单位的测试计划、测试方案、测试结果进行监督评审，对测试问题改进过程进行跟踪，对重要环节，监理单位自己也要进行抽样测试

C. 在重要的里程碑阶段或验收阶段，一般需要委托第三方测试机构对项目进行全面、系统的测试，为了保证第三方测试机构的独立公证性，监理方对第三方测试机构的测试计划和测试方案不能进行干涉

D. 建设单位对系统也要进行测试工作，主要是验证系统是否满足业务需求

7.3 习题解答

试题 1 分析

这是一道关于信息系统工程质量控制有关概念的试题。

1. 实体质量与工作质量

信息系统工程质量分为两个层次：

(1) 工程项目实体质量。任何工程项目都是由分项目工程、分部工程和单项工程所组成。而工程项目的建设，则是通过一道道工序来完成。工程项目的质量是在工序中创造的。所以，工程项目的实体质量包含工序质量、分项工程质量、分部工程质量和单项工程质量；而单项工程的质量又包括计算机设备、系统软件及设备安装工程本身的质量。只有严格控制好每个阶段的工程质量，才有可能保证工程项目的实体质量。

(2) 工作质量（过程质量、设计质量）。工作质量是指参与工程建设者和开发者，为了保证工程项目的质量所从事工作的水平和完善程度。工作质量包括：社会工作质量，如社会调查、市场预测、质量回访和保修服务等；生产过程工作质量，如政治工作质量、

管理工作质量、技术工作质量和后勤工作质量等。工程项目质量的好坏是决策、计划、设计、施工和开发等单位各方面、各环节工作质量的综合反映，而不是单纯靠质量检验检查出来的。要保证工程项目的质量，就要求有关部门和人员精心工作，对决定和影响工程质量的所有因素严加控制，即通过提高工作质量来保证和提高工程项目的质量。

两者之间的关系是：工作质量影响实体质量，实体质量依赖工作质量。要注意的是，这里的影响并不是"唯一决定"的意思，实体质量除了受工作质量影响之外，还受其他因素的影响。

2. 三方协同的质量管理体系

信息系统工程是由建设单位、承建单位和监理单位共同完成的，高质量、低成本、按时完成工程项目是三方的共同目标。信息系统工程的质量控制目标也应该由建设单位、承建单位和监理单位共同完成，三方都应该建立各自的质量控制体系，而整个项目的质量控制过程是由建设单位的质量控制过程、承建单位的质量控制过程和监理单位的质量控制过程所组成的。

承建单位是信息系统工程的实施方，城建单位的质量控制体系能否有效运行是整个项目质量保障的关键。信息系统工程的质量控制体系应以承建单位的质量控制体系为主体。

建设单位作为工程建设的投资方和用户方，也应该建立较完整的质量控制体系，这也是项目成功的关键因素之一。

虽然建设单位、承建单位各有自己的质量控制体系，但每一种体系在实际的运行过程中都不可能尽善尽美，双方的理解也不可能完全一致。监理单位作为信息系统工程的监督管理方，既要按照自己的质量控制体系从事监理活动，还要对承建单位的质量控制体系进行监督，对建设单位的质量控制体系进行指导，使之能够在工程建设过程中得到有效的实施。

三方协同的质量控制体系是信息系统工程成功的重要因素，但三方质量控制活动的侧重点也有所不同。建设单位侧重于可行性研究、需求分析、工程招标、测试和验收阶段的质量控制，承建单位侧重于开发、实施过程的质量过程，而监理单位则是代表建设单位对承建单位的质量控制活动进行监督和管理，并协助、指导建设单位进行自身的质量控制活动。通过监理单位的监督、控制、管理和协调，建设单位和承建单位可以充分发挥各自质量控制手段和方法的长处，从而达到最优质量控制的效果。

信息系统工程只有通过建设单位、承建单位和监理单位既相互独立又紧密结合的共同的质量控制，项目的质量目标才有可能实现。

3. 质量控制点

质量控制点是指对信息系统工程的重点控制对象或重点建设进程实施有效的质量控制而设置的一种质量管理模式。设置质量控制点的目的就是将工程质量总目标分解为各控制点的分目标，以便通过对各控制点分目标的控制，来实现对工程质量总目标的控制。

在信息系统工程的不同阶段，依据工程项目的具体情况，可设置不同的质量控制点，一般可分为工程招投标及准备阶段的质量控制点、设计阶段的质量控制点、实施阶段的质量控制点和验收阶段的质量控制点。

在信息系统工程建设过程中设置不同阶段的质量控制点，有以下几方面的作用：

（1）设置质量控制点，将工程总目标分解为各控制点的分目标，以便通过对各控制点分目标的控制，来实现对工程质量总目标的控制。

（2）由于质量控制点目标单一，且干扰因素便于测定，有利于监理工程师和承建单位的质量控制人员制定、实施纠偏措施和控制对策。

（3）通过对下层质量控制点质量目标的实现，对上层质量控制点质量目标提供保证，从而可以保证上层质量控制点质量目标的实现，直到信息系统工程质量总目标的最终实现。

（4）有利于监理工程师和承建单位的质量控制人员检测分项控制目标，计算分项控制目标与实际标值的偏差。

（5）有利于监理工程师和承建单位的质量控制人员及时分析和掌握质量控制点所处的环境因素，易于分析各种干扰条件对有关分项目标产生的影响及其影响程度的测定。

试题 1 答案

（1）C

试题 2 分析

作为一个企业，监理单位也应依据国际质量标准，遵照下列步骤建立和完善其质量保证体系：

（1）动员、组织准备、培训、学习；

（2）质量体系策划；

（3）编写质量体系文件；

（4）培训内部审核员；

（5）质量体系试运行；

（6）内部质量体系审核；

（7）管理评审；

（8）质量体系认证前的准备；

（9）质量体系认证过程；

（10）质量体系的进一步改进和完善。

监理单位的质量保证体系的结构如图 7-2 所示。

其中监理单位质量保证体系对监理项目质量是一种约束，专家组提供强有力的指导，通过监理项目的质量控制组的执行来保障项目的监理质量。

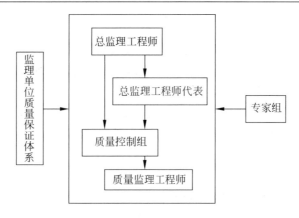

图 7-2 监理单位的质量保证体系

试题 2 答案

（2）D

试题 3 分析

信息系统工程建设过程中设置质量控制点时，应遵循下列原则：

（1）质量控制点应设置在信息系统工程的关键时刻和关键部位，有利于控制影响系统质量目标的关键因素。例如，对于一个电子商务项目，交易安全至关重要，监理单位可以把交易安全作为一个质量控制点，制定详细的交易安全监理方案。

（2）质量控制点应设置在系统质量目标偏差易于测定的关键活动或关键时刻，有利于监理工程师及时发现质量偏差，也有利于承建单位质量控制人员及时制定纠偏措施。例如，在采用快速原型法开发大型应用软件时，如果将原型评测作为一个质量控制点，就会起到事半而功倍的效果，此时发现系统原型有问题，很容易纠正。但如果事后发现原型有问题，解决的成本会非常大，将会出现事倍而功半的局面。

（3）信息系统工程建设单位、承建单位和监理单位可根据各自的质量控制特点建立不同的质量控制点。例如，建设单位侧重于阶段成果的质量控制，可按工程阶段设置质量控制点。承建单位侧重于技术方面的质量控制，可设置关键技术的质量控制点。建设单位和承建单位的质量控制点均应作为监理单位的质量控制点，另外，监理单位还可根据监理特点设置自己的质量控制点。三方可根据项目的具体情况，协商确定共同的质量控制点，并制定各自的质量控制措施。

（4）对于那些规模大、工期长、影响因素多、目标干扰严重的大型信息系统工程项目，质量控制点的设置并不是一成不变的，应具有相应的灵活性和动态性，可根据项目进展中发现的新问题，对已设立的质量控制点随时进行必要的调整，以达到对信息系统工程总目标的全过程、全方位的控制。

试题 3 答案

（3）B

试题 4 分析

在软件开发项目实施阶段质量控制工作中,监理机构针对开发项目实施方案应审核的内容大致如下:

(1) 确保该实施方案可以实现业主单位的所有功能与非功能需求;
(2) 确保该实施方案能够满足业主单位提出的质量、进度和投资控制目标;
(3) 实施方案应符合有关的标准和规范、法律和法规;
(4) 实施方案与合同、设计方案和实施计划的符合性;
(5) 质量保证措施的合理性、可行性;
(6) 系统架构设计是否进行了充分论证,是否合理;
(7) 网络安全方案是否进行了充分论证,是否严密;
(8) 所选择的开发平台和开发工具是否合理;
(9) 所采用技术的成熟性与先进性分析,新技术的风险分析是否充分;
(10) 工程实施的组织机构是否具有相应的资质。

审查测试方案时,应重点审查方案的有效性与可行性。

试题 4 答案

(4) A

试题 5 分析

软件测试的生命周期包括测试计划、测试设计与实现、测试执行和测试总结等 5 个环节。软件项目的测试计划是描述测试目的、范围、方法和软件测试的重点等的文档。对于验证软件产品的可接受程度编写测试计划文档是一种有用的方式。详细地测试计划可以帮助测试项目组之外的人了解为什么和怎样验证产品。依据特定的项目,在一个测试计划中可能包括下面项目:

(1) 标题;
(2) 软件标识,包括版本/发布版本号;
(3) 目录;
(4) 文档的目的和阅读人群;
(5) 测试的对象;
(6) 软件产品概述;
(7) 相关文档列表,例如需求规格、设计文档和其他测试计划等;
(8) 有关的标准和法规;
(9) 可追溯的需求;
(10) 有关的命名约定和标识约定;
(11) 软件项目的相关的所有部门和成员/联系信息/职责;
(12) 测试项目组和人员/联系信息/职责;
(13) 假设和依赖;

（14）项目风险分析；

（15）测试优先级和重点；

（16）范围和测试限制；

（17）测试描述－根据测试类型、特征、功能、过程、系统、模块等分类；

（18）输入等价类分类描述、边界值分析、错误分类；

（19）测试环境－软、硬件、操作系统、其他需要的软件、数据配置、与其他系统的接口；

（20）测试环境有效性分析－测试环境的不同和产品系统对测试有效性的影响；

（21）测试环境建立和配置问题；

（22）软件移植性考虑；

（23）软件配置管理过程；

（24）测试数据建立需求；

（25）系统日志描述/错误日志/其他的能力和工具，例如屏幕捕获工具、这对于描述 bug 和报告 bug 是很有用的；

（26）讨论任何测试人员用来发现 bug 或跟踪 bug 的硬件、软件工具；

（27）测试自动化－采用的理由和描述；

（28）采用的测试工具、包括版本、补丁等；

（29）测试脚本/测试代码维护过程和版本控制；

（30）跟踪和解决－工具和步骤

（31）用于项目的测试度量标准；

（32）报告需求和测试交付产品；

（33）软件入口和出口标准；

（34）初期确定的测试周期和标准；

（35）测试暂停和重启标准；

（36）人员分配；

（37）人员岗前培训；

（38）测试地点/场所；

（39）测试项目组之外可用的资源和他们的作用、职责、交付、联系人和协调等问题；

（40）与所有权相关的级别、分类、安全和许可问题；

（41）公开的一些问题。

测试用例不是测试计划中包含的内容，应当在测试设计与实现环境中体现。

试题 5 答案

（5）C

试题 6 分析

在监理工作中要进行严格的质量控制，是保证项目成功的基本要素之一。监理工程师对工程质量控制的目标是实现合同要求。

要保证信息系统工程项目的质量，首先要保证设计的质量。但仅有设计质量是不够的，还要保证实施过程的质量，项目的质量才能得到保证。

A 选项中监理单位对承建单位的投入人员有否决权是不正确的说法。B 选项中，不论工期任务如何重，在需求确认之前都不能进行开发工作，因为需求没有确认，开发所做的工作很有可能会与业主的要求不一致而作废或返工，反而会造成工期的拖延。C 选项中，监理单位不能作为独立的测试方进行验收测试，监理公司只能出具监理报告。

质量控制点是指对信息系统工程项目的重点控制对象或重点建设进程实施有效的质量控制而设置的一种管理模式。

试题 6 答案

(6) A　　(7) D　　(8) D　　(9) D

试题 7 分析

信息系统的质量控制主要从质量体系控制、实施过程控制以及单元控制入手，通过阶段性评审、评估，以及实时测试等手段尽早地发现质量问题，找出解决问题的方法，最终达到工程的质量目标。因此质量控制是指信息系统工程实施过程中在对信息系统质量有重要影响的关键时段进行质量检查、确认、决策及采取相应措施。

- 检查：通过测试等方法检查该阶段实施过程及其结果的质量状况。
- 确认：在对质量状况进行分析的基础上，分别对成绩、事故及事故预兆进行确认。
- 决策：处理事故，例如决定是否返工，是否需要组织专门的小组负责解决和纠正质量问题。
- 采取措施：通过采取适当措施之后使不合格项达到预定要求；采取过程调整等预防措施以防止进一步质量问题的发生。

本题的 4 个选项看起来都有正确的地方，其实这也是单选题的一种出题方式，这样的题不能使用排除法来确定哪项是正确答案，而是要从所有的 4 个选项中选出最贴切的一项。在本题的 4 个选项中，为了"选择优秀的承建单位"相对于质量是第一重要的。否则如果选择了一个很糟糕的项目承建单位，再采取其他选项中给出的措施，恐怕效果有限。

试题 7 答案

(10) D　　(11) B　　(12) A

试题 8 分析

排列图的全称是"主次因素排列图"，也称为 Pareto 图，它是用来寻找影响产品质量的各种因素中主要因素的一种方法，由此可以用来确定质量改进的方向。它将经济学上 80/20 原则用到管理领域，区分"关键的少数"和"次要的多数"，从而抓住关键因素，解决主要问题。

因果分析图法是利用因果分析图来系统整理分析某个质量问题（结果）与其产生原因之间关系的有效工具。因果分析图也称特性要因图，又因其形状常被称为树枝图或鱼刺图。

直方图法即频数分布直方图法，它是将收集到的质量数据进行分组整理，绘制成频数分布直方图，用以描述质量分布状态的一种分析方法，所以又称质量分布图法。

控制图又称管理图。它是在直角坐标系内画有控制界限，描述生产过程中产品质量波动状态的图形。利用控制图区分质量波动原因，判明生产过程是否处于稳定状态的方法称为控制图法。

试题 8 答案

（13）A

试题 9 分析

在信息工程建设中，每一方都有自己的责任、义务要承担相应的工作但是无论如何不会由于另外一方的出现而分担自己的责任，因此，承建单位自己的工作失误当然要由承建单位来承担责任。

试题 9 答案

（14）A

试题 10 分析

信息工程项目往往以保守取胜，因此没有采用先进技术不是问题。而其他选项都是信息系统建设工程中普遍存在的问题。

试题 10 答案

（15）B

试题 11 分析

对隐蔽工程的检验是保证工程质量的重要环节，是监理为控制工程质量行驶的权利。隐蔽工程和工程的隐蔽部位经承包人的自检确认具备覆盖条件后的 24 小时内，承包人应通知监理人进行检查，通知应按规定的格式说明检查地点、内容和检查时间，并附有承包人自检记录和必要的检查资料。监理人应按通知约定的时间派员到场进行检查，在监理人员确认质量符合《技术条款》要求，在检查记录上签字后，承包人才能进行覆盖。若监理人未及时进行检查，可能延误工期和给承包人造成停工、窝工等损失，承包人理应得到赔偿。对隐蔽工程或工程的隐蔽部位按有关条款规定进行检查并覆盖后，若监理人事后对质量有怀疑，可要求承包人对已覆盖的部位进行钻孔探测以致揭开重新检验，承包人应遵照执行。其重新检查所需增加的费用和工期延误，按相关条款项规定的相同原则划分责任。监理工程师没有参加验收可能有多方面原因，当其对某部分的工程质量有怀疑，均可要求承建单位对已经隐蔽的工程进行重新检验。重新检验表明质量不合格，承建单位应承担由此发生的费用和工期损失。

试题 11 答案

（16）B

试题 12 分析

本题的 4 个选项都有正确的地方，但是，与"与拟建工程相似或接近的工程"应该是最重要的，因为即便承建单位的资质很高，信誉很好，质量保障措施很到位，但是对方没有承担这类项目的经验，若承担这样的项目也是会有很大风险的。

试题 12 答案

（17）D

试题 13 分析

信息系统工程质量管理和一般的质量保证活动一样，是确保软件产品从诞生到消亡为止的所有阶段的质量活动。即为了确定、达到和维护需要的软件质量而进行的所有有计划、有系统的管理活动。质量策划、质量保证体系的执行与完善、软件开发质量保证都是质量管理的内容，而项目风险控制不属于质量管理范畴。

试题 13 答案

（18）D

试题 14 分析

对承建单位提交的总体技术方案进行质量审核时应侧重于：

（1）确保总体方案已包括了建设单位的所有需求；
（2）要满足建设单位所提出质量、工期和造价等工程目标；
（3）总体方案要符合有关规范和标准；
（4）质量保证措施的合理性、可行性；
（5）方案要合理可行，不仅要有明确的实施目标，还要有可操作的实施步骤；
（6）对整个系统的体系结构、开发平台和开发工具的选择、网络安全方案等要充分论证；
（7）对总体设计方案中有关材料和设备进行比较，在价格合理基础上确认其符合要求。

试题 14 答案

（19）C

试题 15 分析

在信息网络工程中，对于重点部位、关键部位或工序的施工，监理机构应对其施工质量实施旁站监理。旁站监理一般遵循如下的程序：

（1）实施旁站监理的各分项工程，承建单位应提前 24 小时向项目监理部申报施工申请，总监理工程师确认准备工作就绪后，签认申请表，并安排好旁站监理人员实施旁站监理。

（2）旁站监理人员在施工现场跟班监督，及时发现和处理旁站监理过程中出现的质量问题，如实准确地做好旁站监理记录。凡旁站监理人员和施工企业现场质检人员未在旁站监理记录上签字的，不得进行下一道工序施工。

（3）旁站监理人员实施旁站监理时，发现施工企业有违反工程建设强制性标准行为的，应责令施工企业立即整改；发现其施工活动已经或者可能危及工程质量的，应当及时向监理工程师或总监理工程师报告，由总监理工程师下达局部暂停施工指令或者采取其他应急措施。

（4）应旁站监理的关键部位、关键工序施工，凡没有实施旁站监理或者没有旁站监理记录的，监理工程师或者总监理工程师不得在相应文件上签字。

试题 15 答案

（20）A

试题 16 分析

质量管理体系文件由五个层次和四个类别构成。

所谓五个层次，即质量方针和目标、质量手册、程序文件、策划运行和控制所需的文件、记录等五个方面的文件；所谓四个类别，即与管理有关的文件、与产品和服务有关的文件、与作业有关的文件、与产品和服务有关的法律法规等。

试题 16 答案

（21）D

试题 17 分析

质量因素为"4M1E"指的是人，材料，机器、方法和环境。

试题 17 答案

（22）A

试题 18 分析

C 是错误的，是承建方的责任。

试题 18 答案

（23）C

试题 19 分析

编制设备采购方案，要根据建设项目的总体规划和相关设计文件的要求，采购的设备必须符合设计要求，设备采购方案最终需要获得建设单位的批准。

试题 19 答案

（24）A

试题 20 分析

旁站：在关键部位或关键工序施工过程中，由监理人员在现场进行的监督活动。

巡视：监理人员对正在施工的部位或工序在现场进行的定期或不定期的监督活动。

检验：项目监理机构利用一定的检查或检测手段，在承包单位自检的基础上，按照一定的比例独立进行检查或检测的活动。

见证：由监理人员现场监督某工序全过程完成情况的活动。

试题 20 答案

（25）A

试题 21 分析

工程监理人员发现信息工程设计不符合相关工程质量标准或者合同约定的质量要求时，应当报告建设单位要求承建单位改正。

试题 21 答案

（26）D

试题 22 分析

在信息工程项目中，应当依据合同来满足用户的需求，只有在合同没有对相关内容进行约定时，例如，质量要求没有在合同中明确，则可以根据合同法的有关规定通过协议补缺或规则补缺进行处理。

工程质量控制是指致力于满足工程质量要求，也就是为了保证工程质量满足工程合同、规范标准所采取的一系列措施、方法和手段。工程质量要求主要表现为工程合同、设计文件、技术规范标准规定的质量标准。合同是建设单位和施工单位进行工程管理的依据，是双方共同的约定，也是工程质量的要求。

试题 22 答案

（27）B　　（28）A

试题 23 分析

A 主要用于把握偏差情况。B 主要用来分析和说明各种因素和原因如何导致或者产生各种潜在的问题和后果。C 主要是确定质量问题是由哪些主要因素导致的。A、B、C 都是静态分析法，D 需要用统计方法来分析判断项目建设过程的稳定性，及时发现项目建设过程中的异常现象，查明各类设备的实际精度，为评定产品质量提供依据。

试题 23 答案

（29）D

试题 24 分析

PDCA 循环又叫戴明环，是美国质量管理专家戴明博士首先提出的，它是全面质量管理所应遵循的科学程序。全面质量管理活动的全部过程，就是质量计划的制订和组织实现的过程，这个过程就是按照 PDCA 循环，不停顿地周而复始地运转的。

PDCA 是英语单词 Plan（计划）、Do（执行）、Check（检查）和 Action（处理）的第一个字母，PDCA 循环就是按照这样的顺序进行质量管理，并且循环不止地进行下去的科学程序。

全面质量管理活动的运转，离不开管理循环的转动，这就是说，改进与解决质量问题，赶超先进水平的各项工作，都要运用 PDCA 循环的科学程序。不论提高产品质量，还是减少不合格品，都要先提出目标，即质量提高到什么程度，不合格品率降低多少？就要有个计划；这个计划不仅包括目标，而且也包括实现这个目标需要采取的措施；计划制定之后，就要按照计划进行检查，看是否达到预期效果，有没有达到预期的目标；通过检查找出问题和原因；最后就要进行处理，将经验和教训制订成标准、形成制度。

PDCA 循环作为全面质量管理体系运转的基本方法，其实施需要搜集大量数据资料，并综合运用各种管理技术和方法。

各级质量管理都有一个 PDCA 循环，形成一个大环套小环，一环扣一环，互相制约，互为补充的有机整体。在 PDCA 循环中，一般来说，上一级的循环是下一级循环的依据，下一级的循环是上一级循环的落实和具体化。每个 PDCA 循环，都不是在原地周而复始运转，而是像爬楼梯那样，每一循环都有新的目标和内容，这意味着质量管理，经过一次循环，解决了一批问题，质量水平有了新的提高。

PDCA 循环的 4 个阶段在具体工作中又进一步化为 8 个步骤。P 阶段有 4 个步骤：

（1）分析现状，找出所存在的质量问题。对找到的问题要问三个问题：这个问题可不可以解决；这个问题可不可以与其他工作结合起来解决；这个问题能不能用最简单的方法解决而又能达到预期的效果。

（2）找出产生问题的原因或影响因素。

（3）找出原因（或影响因素）中的主要原因（影响因素）。

（4）针对主要原因制定解决问题的措施计划。措施计划要明确采取该措施的原因（Why）、执行措施预期达到的目的（What）、在哪里执行措施（Where）、由谁来执行（Who）、何时开始执行和何时完成（When），以及如何执行（How），通常简称为要明确 5W1H 问题。

D（执行）阶段有 1 个步骤：

（5）按制定的计划认真执行。

C（检查）阶段有 1 个步骤：

（6）检查措施执行的效果。

A（处理）阶段有 2 个步骤：

（7）巩固提高，就是把措施计划执行成功的经验进行总结并整理成为标准，以巩固提高。

（8）把本工作循环没有解决的问题或出现的新问题，提交下一工作循环去解决。

试题 24 答案

（30）B

试题 25 分析

设计的质量有两层意思。

首先，设计应满足业主所需的功能和使用价值，符合业主投资的意图，而业主所需的功能和使用价值，又必然要受到经济、资源、技术、环境等因素的制约，从而使项目的质量目标与水平受到限制。

其次，设计都必须遵守有关技术标准、规范和规程，这是保证设计质量的基础。而信息系统工程不仅要满足设计的需要，更要以科学求实的精神保证所提交设计报告的准确性、及时性，为设计的安全、合理提供必要的条件。

试题 25 答案

（31）B

试题 26 分析

设备安装前，应开箱检查验收，检查包装是否良好，要对设备进行全面外观检查并清点零部件，是否有碰损和缺件，检查设备型号、规格符合设计要求，设备无损伤、附件、备件齐全，核实后并做记录，同时要清点随机文件是否齐全。设备开箱时有关各方必须同时到场，并在记录上签字。有关设备的性能和参数是不能靠开箱检查能查出来的，而是要实际运行设备才能检查出来。

试题 26 答案

（32）B

试题 27 分析

监理工作按工程建设阶段来分，可根据合同规定分别监理、组织或参与以下的工作：

1. 建设前期阶段

（1）进行建设项目的可行性研究。监理单位应该在项目可行性研究报告的编制等方面为信息系统工程的建设单位提供必要的帮助。这样做，对监理单位后期介入工程监理会很有利。

（2）参与设计任务书的编制。监理单位如果能够参与这部分的工作，将会对工程本身的了解加深，会为后期的监理工作打下一个比较好的基础。

2. 设计阶段

（1）提出设计要求，组织设计方案竞赛和评选。这部分工作，可以由建设单位自行完成，也可以由监理单位协助进行。

（2）协助选择设计单位，设计合同并组织实施。

（3）审查设计和概（预）算。

3. 实施招标阶段

（1）准备与发送招标文件、协助评审投标书，提出决标意见。

（2）协助建设单位与承建单位签订承建合同。监理单位参与承建合同的签订，对以后开展监理工作大有裨益。因为这样，监理单位会对工程情况更加了解，做起监理工作相对来说也就比较容易了。

4. 实施阶段

（1）协助建设单位与承建单位编写开工报告。开工报告很重要，监理单位应该协助建设单位与承建单位，编写好开工报告。

（2）确认承建单位选择的分包单位，审查分包单位的资质。

（3）审查承建单位提出的实施组织设计、实施技术方案和实施进度计划，提出修改意见。实施设计和方案事关整个工程的成败，对此，监理单位应该有足够的认识，应该严格审核，保证以后工程实施的顺利进行。

（4）审查承建单位提出的材料和设备清单及其所列的规格与质量。监理单位应该对相关设备的生产厂商及其产品有一定的了解，然后在建设单位和承建单位提供的相关资料的基础上，对相关的材料和设备的规格和质量进行审核，看其是否满足合同或国家相关规定的要求。

（5）督促、检查承建单位严格执行工程承建合同和工程技术标准。这是监理单位在项目实施过程中的工作重点，监理单位应该从进度控制、投资控制和质量控制三个方面，对整个项目的实施进行全面和细致的监理。

（6）调解建设单位与承建单位之间的争议。在项目实施的过程中，建设单位和承建单位之间会因为工程的实施情况而出现一些矛盾，对此，监理单位应该加强沟通与协调，尽可能地理顺双方的争议。

（7）检查工程使用的材料、产品和设备的质量，检查安全防护措施。

（8）检查工程进度和实施质量，验收分部分项工程，签署工程付款凭证。

（9）督促整理合同文件和技术档案资料。

（10）组织设计单位和实施单位进行竣工初步验收，提出竣工验收报告。

（11）审查工程结算。在项目完结之后，监理单位应该对信息系统工程项目的结算情况进行审查。

要注意的是，试题选项中增加了一个"建设工程实施准备"阶段，这是对实施阶段的进一步细分，显然，审查有关资格应该在具体实施之前进行，也就是在准备阶段进行。

试题 27 答案

（33）C

试题 28 分析

对于承包人采购材料设备的，应按照如下方式处理：

（1）承包人负责采购材料设备的，应按照专用条款约定及设计和有关标准要求采购，并提供产品合格证明，对材料设备质量负责。承包人在材料设备到货前 24 小时通知监理工程师清点。

（2）承包人采购的材料设备与设计或标准要求不符时，承包人应按监理工程师要求的时间运出施工场地，重新采购符合要求的产品，承担由此发生的费用，由此延误的工期不予顺延。

（3）承包人采购的材料设备在使用前，承包人应按监理工程师的要求进行检验或试验，不合格的不得使用，检验或试验费用由承包人承担。

（4）监理工程师发现承包人采购并使用不符合设计和标准要求的材料设备时，应要求承包人负责修复、拆除或重新采购，由承包人承担发生的费用，由此延误的工期不予顺延。

（5）承包人需要使用代用材料时，应经监理工程师认可后才能使用，由此增减的合同价款双方以书面形式议定。

(6) 由承包人采购的材料设备，发包人不得指定生产厂或供应商。

试题 28 答案

(34) C

试题 29 分析

根据我国有关质量、质量管理和质量保证方面的国家标准的定义，凡工程产品质量没有满足某个规定的要求，称为质量不合格。而没有满足某个预期的使用要求或合理的期望（包括与安全性的要求）称为质量缺陷。

在建设工程中，若工程（分部或分项）出现了不符合国家或行业现行有关技术标准、设计文件及合同中对质量的要求，称为工程质量缺陷。工程质量缺陷可分为 3 种：

(1) 致命缺陷：根据判断或经验，对使用、维护产品与此有关的人员可能造成为危害或不安全状况的缺陷，或可能损坏最终产品的基本功能的缺陷。

(2) 严重缺陷：指尚未达到致命缺陷的程度，但显著地降低工程预期性能的缺陷。

(3) 轻微缺陷：指未显著降低工程产品预期性能的缺陷，或偏离标准但轻微影响产品的有效使用或操作的缺陷。

工程质量事故的定义为：由于工程质量不合格或质量缺陷，而引发或造成一定的经济损失，工期延误或危及人的生命安全和社会正常秩序的事件，称为工程质量事故。

试题 29 答案

(35) B

试题 30 分析

测试是信息系统工程质量控制的主要手段之一，也是在将系统交付给业主之前所必须完成的步骤。目前，信息系统的正确性证明尚未得到根本的解决，测试仍是发现系统错误（缺陷）的主要手段。

在整个质量控制过程中，可能存在承建单位、监理单位、建设单位和专业测试机构的出于不同目的的测试。

承建单位在项目的实施过程中，需要进行不断的测试，主要是保证工程的质量和进度。

监理单位要对承建单位的测试计划、测试方案、测试结果进行监督评审，对测试问题改进过程进行跟踪，对重要环节，监理单位自己也要进行抽样测试，监理单位的测试是为了检查和确认系统质量。监理方对所有的测试计划和测试方案都要进行审查，无论测试的实施者是谁。

建设单位对系统也要进行测试工作，主要是验证系统是否满足业务需求。

专业测试机构的测试是为了给信息系统工程作出客观的质量评价。在重要的里程碑阶段或验收阶段，一般需要委托第三方测试机构对项目进行全面、系统的测试。

试题 30 答案

(36) C

第 8 章 进 度 控 制

从历年的考试试题来看，本章的考点在综合知识考试中的平均分数为 5.5 分，约为总分的 7.33%。

8.1 考点提炼

根据考试大纲，进度控制部分需要考查的知识点如下：
（1）进度控制的概念和一般步骤。
（2）信息系统工程进度控制的目标与范围。
（3）影响进度的主要因素。
（4）进度控制各阶段的工作任务。
（5）进度控制三种技术手段（图标法、网络图计划法、香蕉曲线法）的优缺点、作用以及在进度控制中的作用。
（6）进度控制的基本程序和主要措施。
（7）进度控制计划管理各阶段监理的主要内容。

从历年考试试题来看，进度控制的考点主要有以下 4 个：
（1）进度控制概论：影响进度的因素、进度计划；进度控制的目的和内容、方法和措施、原则和依据。
（2）网络图法：时差、关键路径、工期的计算和调整。
（3）甘特图：甘特图的用途、甘特图与 PERT 图的比较。
（4）曲线法：S 曲线和香蕉曲线的使用。

8.2 强化练习

试题 1

对 8-1 所示的箭线图，理解正确的是 __(1)__ 。

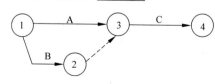

图 8-1 箭线图

（1）A．活动 A 和 B 可以同时进行；只有活动 A 和 B 都完成后，活动 C 才开始
　　　B．活动 A 先于活动 B 进行；只有活动 A 和 B 都完成后，活动 C 才开始
　　　C．活动 A 和 B 可以同时进行；A 完成后 C 即可开始
　　　D．活动 A 先于活动 B 进行；A 完成后 C 即可开始

试题 2

对费用和进度进行权衡，确定如何在尽量少增加费用的前提下最大限度地缩短项目时间，称为　(2)　。

（2）A．快速跟进　　　　　　　　　　B．赶进度
　　　C．资源平衡　　　　　　　　　　D．资源日历

试题 3

图 8-2 右侧是单代号网络图（单位为工作日），左侧是图例。在确保安装集成活动尽早开始的前提下，软件开发活动可以推迟　(3)　个工作日。

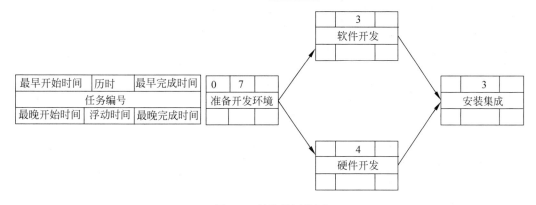

图 8-2　单代号网络图

（3）A．0　　　　　　　　　　　　　　B．1
　　　C．2　　　　　　　　　　　　　　D．4

试题 4

在图 8-3 的进度控制的作业程序①②③④环节中，依次进行进度控制的监理角色分别为　(4)　。

（4）A．①监理工程师，②总监理工程师，③监理工程师，④总监理工程师
　　　B．①监理工程师，②监理工程师，③监理工程师，④总监理工程师
　　　C．①总监理工程师，②总监理工程师，③监理工程师，④总监理工程师
　　　D．①总监理工程师，②监理工程师，③监理工程师，①总监理工程师

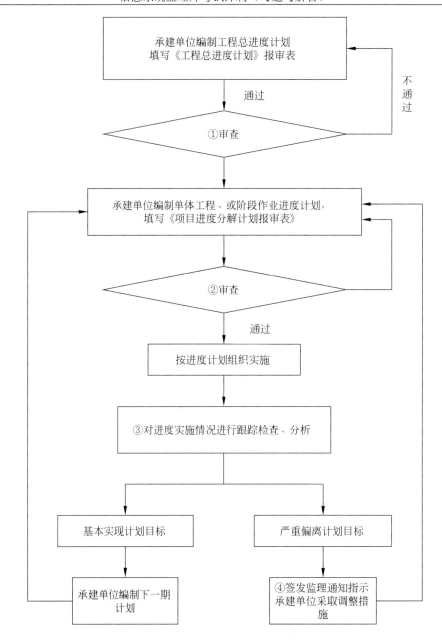

图 8-3 进度控制的作业程序

试题 5

信息系统承建单位必须按批准的施工进度计划组织施工,接受监理单位对进度的检查和监督。如果工程实际进度与计划进度不符时,__(5)__。

(5)A. 承建单位不能修改进度计划

B. 承建单位应该修改进度计划并报建设单位同意后执行
C. 承建单位应该按监理单位的要求，及时采取措施，实现进度计划安排
D. 总监理工程师应该分析偏离程度，如果出现严重偏离，总监理工程师应该及时做出延长工期的决定

试题 6

关于进度计划，以下__(6)__的描述是不正确的。

(6) A. 编制和实施进度计划是承建单位的责任
B. 编制和实施进度计划是监理单位的责任
C. 监理机构可以对实施进度计划提出变更请求
D. 监理机构对实施进度计划进行审查和批准

试题 7

在工程网络计划中，工作 M 的最早开始时间为第 16 天，其持续时间为 5 天。该工作有三项紧后工作，它们的最早开始时间分别为第 25 天、第 27 天和第 30 天，最迟开始时间分别为第 28 天、第 29 天和第 30 天。则工作 M 的总时差为__(7)__天。

(7) A. 5 B. 6 C. 7 D. 9

试题 8

进度控制应该遵循的原则有__(8)__。
① 工程进度控制的依据是建设工程施工合同所约定的工期目标
② 发挥经济杠杆的作用，用经济手段对工程进度加以影响和制约
③ 以质量预控为重点，对工程施工全过程实施质量控制
④ 在确保工程质量和安全的原则下，控制工程进度

(8) A. ①、②、④   B. ①、③、④
    C. ①、②、③   D. ①、②、③、④

试题 9

某软件工程项目各开发阶段工作量的比例如表 8-1 所示。

表 8-1 各开发阶段工作量的比例

需求分析	概要设计	详细设计	编码	测试
0.29	0.13	0.17	0.10	0.31

假设当前已处于编码阶段，3000 行程序已完成了 1200 行，则该工程项目开发进度已完成的比例是__(9)__。

(9) A. 29%   B. 45%   C. 59%   D. 63%

试题 10

项目进度计划的制订是一个迭代的过程，如果起始和结束的日期不合实际，则项目可能无法按计划完成。为了对进度变更进行控制，项目经理可以制订__(10)__。

(10) A. 进度变更计划　　　　　　　　B. 进度管理计划
　　　C. 进度风险计划　　　　　　　　D. 进度成本计划

试题 11

在信息工程建设过程中进度控制是一种循环性的活动，一个完整的进度控制过程大致可以分为 (11)；信息系统工程实施进度计划应由 (12) 负责编制；作为对整个项目的建设进度进行控制的基线，在制定项目进度计划的过程中应当遵循一些基本原则，而 (13) 的描述是不正确的；监理工程师在检查工程网络计划执行过程中，如果发现某工作进度拖后。判断受影响的工作一定是该工作的 (14)。

(11) A. 编制进度计划、实施进度计划、检查调整进度计划、分析总结进度计划
　　　B. 编制进度计划、实施进度计划、检查进度计划、调整进度计划
　　　C. 编制进度计划、实施进度计划、变更进度计划、检查进度计划
　　　D. 编制进度计划、实施进度计划、检查进度计划、总结进度计划

(12) A. 建设单位　　　　　　　　　　B. 总监理工程师
　　　C. 现场监理工程师　　　　　　　D. 承建单位

(13) A. 对所有大事及其期限做出说明
　　　B. 全部进度必须体现时间的紧迫性
　　　C. 确切的工作程序能够通过工作网络图得以详细说明
　　　D. 项目进度计划的详细程度与项目投资额度成正比

(14) A. 平行工作　　B. 后续工作　　C. 先行工作　　D. 紧前工作

试题 12

某项目发生了进度延误，于是项目经理在项目关键路径上增加了资源，但是工期仍然未能有效缩短，其可能的原因是 (15)。

(15) A. 关键活动的历时总是固定不变的
　　　B. 关键活动所配置的资源数量总是充足的
　　　C. 关键路径上的活动是不依赖于资源的
　　　D. 资源的增加可能会导致额外问题的产生从而降低效率

试题 13

在下列内容中，不属于实施阶段进度控制任务的是 (16)。

(16) A. 审查实施单位的施工组织设计
　　　B. 审查实施单位的实施进度计划
　　　C. 督促实施单位提交质量保证计划
　　　D. 预防并处理好工期拖期处理

试题 14

监理工程师在实施阶段进行进度控制的依据是 (17) 实施进度计划。

(17) A. 承建单位编制并批准的

B．建设单位编制并批准的
C．监理单位制定并由承建单位认可的
D．承建单位提交并经建设单位批准的

试题 15
工程进度控制是监理工程师的主要任务之一，其最终目的是确保项目　(18)　。
(18) A．实施过程中应用动态控制原理
　　　B．按预定的时间完成或提前完成
　　　C．进度控制计划免受风险因素的干扰
　　　D．各承建单位的进度关系得到协调

试题 16
在信息工程建设实施阶段，监理工程师进度控制的工作内容包括　(19)　。
(19) A．审查承建单位调整后的实施进度计划
　　　B．编制实施总进度计划和子项工程实施进度计划
　　　C．协助承建单位确定工程延期时间和实施进度计划
　　　D．按时提供实施条件并适时下达开工令

试题 17
工程建设计阶段进度控制的任务包括　(20)　。
(20) A．协助建设单位编制项目总进度计划
　　　B．协助承建单位编制项目总进度计划
　　　C．协助承建单位编制单项工程施工进度计划
　　　D．协助建设单位确定合理的设计时限要求

试题 18
以下关于关键路径的叙述，　(21)　是不正确的。
(21) A．如果关键路径中的一个活动延迟，将会影响整个项目计划
　　　B．关键路径包括所有项目进度控制点
　　　C．如果有两个或两个以上的路径长度一样，就有可能存在多个关键路径
　　　D．关键路径可随项目的进展而改变

试题 19
进度控制是信息化工程项目监理的关键要素之一，以下有关进度控制的说法，不正确的是　(22)　。
(22) A．对影响进度的各种因素都要由监理师进行控制
　　　B．抓好关键线路的进度控制
　　　C．在工程建设的早期就应当编制进度监理计划
　　　D．在审核项目进度计划时要充分考虑各阶段工作之间的合理搭接

试题 20

施工网络图 8-4 中，若结点 0 和 6 分别表示起点和终点，则关键路径为 __(23)__ 。

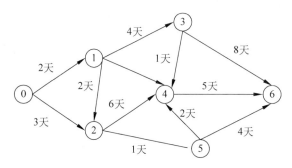

图 8-4 某工程进度网络图

(23) A．0→1→3→6　　　　　　　　　　B．0→1→4→6
　　　C．0→1→2→4→6　　　　　　　　　D．0→2→5→6

试题 21

某分项工程双代号网络计划如图 8-5 所示，其关键线路有 __(24)__ 条。

(24) A．2　　　　　B．3　　　　　C．4　　　　　D．5

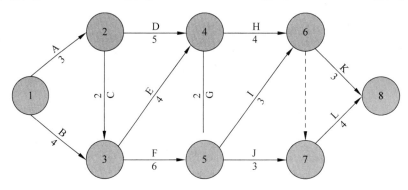

图 8-5 某分项工程双代号网络计划

试题 22

在网络计划工期优化过程中，当出现两条独立的关键线路时，如果考虑对质量的影响，优先选择的压缩对象应是这两条关键线路上 __(25)__ 的工作组合。

(25) A．资源消耗量之和最小　　　　　　B．直接费用率之和最小
　　　C．持续时间之和最长　　　　　　　D．间接费用率之和最小

试题 23

某工程计划图如图 8-6 所示，弧上的标记为作业编码及其需要的完成时间（天），作业 E 最迟应在第 __(26)__ 天开始。

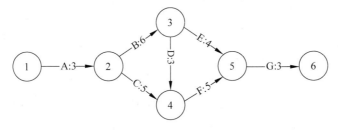

图 8-6 某工程计划图

（26）A．7 B．9 C．12 D．13

试题 24

已知网络计划中工作 M 有两项紧后工作，这两项紧后工作的最早开始时间分别为第 15 天和第 18 天，工作 M 的最早开始时间和最迟开始时间分别为第 6 天和第 9 天，如果工作 M 的持续时间为 9 天，则工作 M __（27）__。

（27）A．总时差为 3 天 B．自由时差为 1 天
　　　C．总时差为 2 天 D．自由时差为 2 天

试题 25

在某工程网络计划中，已知工作 N 的总时差和自由时差分别为 4 天和 2 天，监理工程师检查实际进度时发现该工作的持续时间延长了 5 天，说明此时工作 N 的实际进度 __（28）__。监理工程师按监理合同要求对设计工作进度进行监控时，其主要工作内容有 __（29）__。

（28）A．既不影响总工期，也不影响其后续工作的正常进行
　　　B．不影响总工期，但将其紧后工作的开始时间推迟 5 天
　　　C．将其后续工作的开始时间推迟 5 天，并使总工期延长 3 天
　　　D．将其后续工作的开始时间推迟 3 天，并使总工期延长 1 天

（29）A．编制阶段性设计进度计划
　　　B．定期检查设计工作实际进展情况
　　　C．协调设计各专业之间的配合关系
　　　D．建立健全设计技术经济定额

试题 26

在某工程网络计划执行过程中，如果某项非关键工作实际进度拖延的时间超过其总时差，则 __（30）__。

（30）A．网络计划的计算工期不会改变
　　　B．该项工作的总时差不变
　　　C．该项工作的自由时差不变
　　　D．网络计划中关键线路改变

试题 27

某视频监控项目需要布 51 个监控点,承建方计划分三组(组内人员入场时间、分工各有不同)同时实施,项目经理提交了按时间顺序实施的进度计划交由监理审核:挖基坑、立桩需要 17 天(a),设备采购到货需要 15 天(b),设备安装需要 8.5 天(每组安装 1 套设备需要 0.5 天)(c),模块测试需要 8.5 天(每组测试 1 套设备需要 0.5 天)(d),系统联调需要 2 天(e),验收需要 2 天(f)。监理审核后认为,采用__(31)__并行施工策略,实际工期最短,是__(32)__天。

(31) A. a 和 b B. a 和 b 和 c
　　　C. a 和 b 和 c 和 d D. a 和 b、c 和 d
(32) A. 38　　　　B. 28　　　　C. 30　　　　D. 29.5

试题 28

当采用 S 曲线比较法时,如果实际进度点位于计划 S 曲线的右侧,则该点与计划 S 曲线的垂直距离表示实际进度比计划进度__(33)__。

(33) A. 超前的时间 B. 拖后的时间
　　　C. 超额完成的任务量 D. 拖欠的任务量

试题 29

在软件项目管理中可以使用各种图形工具来辅助决策,下面对 Gannt 图的描述不正确的是__(34)__。

(34) A. Gannt 图表现各个活动的顺序和它们之间的因果关系
　　　B. Gannt 图表现哪些活动可以并行进行
　　　C. Gannt 图表现了各个活动的起始时间
　　　D. Gannt 图表现了各个活动完成的进度

试题 30

在进度计划实施中,若某工作的进度偏差小于或等于该工作的__(35)__,此偏差将不会影响总工期。

(35) A. 自由时差 B. 紧前工作最迟完成时间
　　　C. 总时差 D. 紧后工作最早开始时间

8.3 习题解答

试题 1 分析

箭线图法是用箭线表示活动、节点表示事件的一种网络图绘制方法,它有 3 个基本原则:

(1) 网络图中每个事件必须有唯一的代号。
(2) 任两项活动的紧前事件和紧随事件代号至少有一个不相同,节点代号沿箭线方向越来越大。

（3）流入（流出）同一节点的活动，均有共同的后继活动（或前序活动）。

为了绘图的方便，人们引入了一种额外的、特殊的活动，叫做虚活动。它不消耗时间，在网络图中由一个虚箭线表示，如图 8-1 中的虚线。

在图 8-1 中，活动 A 和 B 可以同时进行；只有活动 A 和 B 都完成后，活动 C 才能开始。

试题 1 答案

（1）A

试题 2 分析

赶工也叫赶进度：通过权衡成本与进度，确定如何以最小的成本来最大限度地压缩进度。赶工的例子包括：批准加班、增加额外资源或支付额外费用，从而加快关键路径上的活动。赶工只适用于那些通过增加资源就能缩短持续时间的活动。赶工并非总是切实可行的，它可能导致风险或成本的增加。

快速跟进：把正常情况下按顺序执行的活动或阶段并行执行。例如，在大楼的建筑图纸尚未全部完成前就开始建地基。快速跟进可能造成返工和风险增加。它只适用于能够通过并行活动来缩短工期的情况。

试题 2 答案

（2）B

试题 3 分析

本题目其实就是考查我们的自由时差的概念理解，也就是求软件开发活动的自由时差。

自由时差：也称"自由浮动时间"，就是不延误同一网络路线上任何直接后继活动最早开始时间的条件下，计划活动可以推迟的时间。FF（自由时差）= 后续工作的最早 ES − 本工作的 EF

根据此题的网络图，我们可以正向推导出各个活动的最早开始时间（ES）和最早完成时间（EF），如图 8-7 所示。

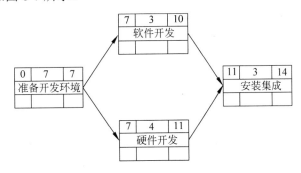

图 8-7 单代号网图（含 ES 和 EF）

所以，软件开发活动的自由时差为：安装集成的 ES-软件开发的 EF=11–10=1 天。

试题 3 答案

（3）B

试题 4 分析

我们首先介绍监理工程师的工作职责：

（1）编制监理规划中本专业部分以及本专业监理实施细则；

（2）按专业分工并配合其他专业对工程进行巡检、现场督导、监理测试或确认见证数据，负责本专业的测试审核、单元工程验收，对本专业的子系统工程验收提出验收意见；

（3）审核系统实施方案中的本专业部分；

（4）负责审核承建单位提交的涉及本专业的计划、方案、申请、变更，并向总监理工程师提出报告；

（5）负责核查本专业进场设备、配件、材料的原始凭证、检测报告等质量证明文件及其实物的质量情况，根据实际情况有必要时对进场设备、产品进行检验；

（6）负责本专业工程量的核定，审核工程量的数据和原始凭证；

（7）负责本专业监理资料的收集、汇总及整理，参与编写监理日志、监理月报。

由此可知，"审查"与"签发"这样的工作应由总监理工程师来担任，而对进度实施情况进行跟踪检查、分析的工作是由监理工程师来担任的。

试题 4 答案

（4）C

试题 5 分析

在项目实施过程中，必须定期对项目的进展进行测量，找出偏离计划之处，将其反馈到有关的控制子过程中。如果工程实际进度与计划进度不符时，承建单位必须根据项目的进展情况，对进度计划进行必要的修改，并报监理单位，经过同意后，承建单位应该按监理单位的要求，及时采取措施，实现进度计划安排。

监理单位在收到承建单位的申请进度变更的计划后，首先应该由监理工程师分析偏离程度，如果出现严重偏离，应由总监理工程师批准延长工期的决定。

试题 5 答案

（5）C

试题 6 分析

进度计划是根据实际条件和合同要求，以拟建项目的竣工投产或交付使用时间为目标，按照合理的顺序安排的实施日程。其实质是把各活动的时间估计值反映在逻辑关系图上，通过调整，使得整个项目能在工期和预算允许的范围内最好地安排任务。进度计划也是物资、技术资源供应计划编制的依据，如果进度计划不合理，将导致人力、物力使用的不均衡，影响经济效益。

显然，编制和实施进度计划是承建单位的责任，监理机构应该做的是对进度实施的审查、监督和控制。

试题 6 答案

（6）B

试题 7 分析

一般来说，不在关键路径上的活动时间的缩短，不能缩短整个工期。而不在关键路径上的活动时间的延长，可能导致关键路径的变化，因此可能影响整个工期。

活动的总时差是指在不延误总工期的前提下，该活动的机动时间。活动的总时差等于该活动最迟完成时间与最早完成时间之差，或该活动最迟开始时间与最早开始时间之差。

活动的自由时差是指在不影响紧后活动的最早开始时间前提下，该活动的机动时间。活动自由时差的计算应按以下两种情况分别考虑：

（1）对于有紧后活动的活动，其自由时差等于所有紧后活动最早开始时间减本活动最早完成时间所得之差的最小值。例如，假设活动 A 的最早完成时间为 4，活动 A 有 2 项紧后活动，其最早开始时间分别为 5 和 7，则 A 的自由时差为 1。

（2）对于没有紧后活动的活动，也就是以网络计划终点节点为完成节点的活动，其自由时差等于计划工期与本活动最早完成时间之差。

需要指出的是，对于网络计划中以终点节点为完成节点的活动，其自由时差与总时差相等。此外，由于活动的自由时差是其总时差的构成部分，所以，当活动的总时差为零时，其自由时差必然为零，可不必进行专门计算。

在本题中，M 的最早完成时间 EF=21；然后关键在于求 M 的 LF；注意 M 有三项紧后工作，那么 M 的最迟完成时间 LF=MIN（紧后工作的 LS）=28，从而 M 的总时差=LF−EF=28−21=7 天。

试题 7 答案

（7）C

试题 8 分析

信息工程监理进度控制的总目标就是信息工程项目最终投入运行的计划时间，工程进度控制的依据是建设工程施工合同所约定的工期目标。根据工程项目的质量、成本和进度目标，明确工程各阶段的进度控制要求，制定工程项目规划。

在工程项目全过程中，要采用动态管理和主动预控的方法进行进度控制。在掌握第一手实际数据的前提下，采用实际值与计划值比较的方法进行检查、评价。运用行政的方法进行控制，发挥经济杠杆的作用，用经济手段对工程进度加以影响和制约。在确保工程质量和安全的原则下，控制工程进度。

显然，以质量预控为重点，对工程施工全过程实施质量控制不是进度控制应该遵循的原则。

试题 8 答案

（8）A

试题 9 分析

这是一道很简单的计算题。

0.29+0.13+0.17+0.10×1200÷3000 = 0.63

试题 9 答案

（9）D

试题 10 分析

项目进度计划的制订是一个迭代的过程，如果起始和结束的日期不合实际，则项目可能无法按计划完成。为了对进度变更进行控制，项目经理可以制订进度管理计划。事实上，在项目管理过程中，其他三个计划通常都是没有的。所有进度问题，都应该在进度管理计划中得到体现。

试题 10 答案

（10）B

试题 11 分析

进度控制的基本思路是，比较实际状态和计划状态之间的差异，并作出必要的调整，使项目向有利的方向发展，其目的是确保项目时间目标的实现。

项目进度控制的全过程是一种循环性的例行活动，其中包括编制计划、实施计划、检查、比较与分析、确定调整措施和修改计划。从而形成了一个封闭的循环系统，进度控制过程就是这种封闭循环中不断运行的过程。一个完整的进度控制过程大致可以分为4 个阶段，先后顺序是：编制进度计划、实施进度计划、检查调整进度计划、分析总结进度计划。

信息工程项目建设的进度计划由承建单位制定，监理单位在此基础上制定相应的监理进度控制计划。

项目进度计划的详细程度与很多因素有关，如项目的复杂程度、时间的紧迫性、环境、甲方的实际情况等等，而不是投资大的就做得详细些，投资少计划就粗。

某个工作进度被拖后，受影响的只能是其后续工作。

试题 11 答案

（11）A （12）D （13）D （14）B

试题 12 分析

当项目的实际进度滞后于计划进度时，首先就应该发现问题、分析问题根源，并找出妥善的解决方法，从而使项目朝着有利的方向发展。对于项目进度压缩的方法主要有：

（1）赶工。通过权衡成本与进度，确定如何以最小的成本来最大限度地压缩进度。赶工的例子包括：批准加班、增加额外资源或支付额外费用，从而加快关键路径上的活动。赶工只适用于那些通过增加资源就能缩短持续时间的活动。赶工并非总是切实可行的，它可能导致风险和/或成本的增加。

（2）快速跟进。把正常情况下按顺序执行的活动或阶段并行执行。例如，在大楼的建筑图纸尚未全部完成前就开始建地基。快速跟进可能造成返工和风险增加。它只适用于能够通过并行活动来缩短工期的情况。

通常可用以下一些方法缩短活动的工期。

（1）投入更多的资源以加速活动进程。

（2）指派经验更丰富的人去完成或帮助完成项目工作。

（3）减小活动范围或降低活动要求。

（4）通过改进方法或技术提高生产效率。

题目中描述着"于是项目经理在项目关键路径上增加了资源，但是工期仍然未能有效缩短"，对于所有项目来说，并不要以为单纯在关键路径上增加资源就能有效缩短项目工期，而需要考虑所增加的资源是否符合当前项目的实际情况，比如在项目的后期增加人力资源，这时可能因为新增加的人员对项目不熟悉，而需要频繁去向原有团队成员了解、获知项目的情况，这样就增加了项目沟通的成本，还有可能会影响到原有人员的工作效率，反而增加了成本而没有达到预期的效果。所以答案选择 D 选项。

试题 12 答案

（15）D

试题 13 分析

实施阶段的进度控制任务有：

（1）按合同要求，适时发布开工令，确保按时开工，以此计算施工工期。

（2）审查和批准所有承包商、供货商按合同要求提交的各自的总进度计划及年、季、月实施进度计划，此计划必须符合项目总进度计划和里程碑计划的要求。

（3）将承包商、供货商提交的总进度计划合成为项目实施总进度计划。

（4）严格控制关键线路上的关键工序、关键的分部分项工程和单项工程的工期。

（5）定期检查施工单位的实时进度是否与原定计划相符。

（6）协调建设项目各参与方的计划安排，尽可能减少相互间的干扰，努力实现各方的均衡生产。

（7）协调和控制材料、设备按计划供货，使其与总进度计划相吻合。

（8）控制并及时处理设计变更，适时调整进度计划，严格控制和处理工期延误，督促和优化投入资源，保障里程碑计划的实现。

（9）及时组织单项工程验收，使已完成单项工程尽早投入使用，督促下个工序能及时进行。

质量保证计划应该在计划阶段提交，而不是实施阶段。

试题 13 答案

（16）C

试题 14 分析

监理工程师在实施阶段进行进度控制的依据应该是承建单位提交的经过监理审核同意并经建设单位批准的计划。

试题 14 答案

（17）D

试题 15 分析

工程进度控制是指对工程项目建设各阶段的工作内容、工作程序、持续时间和衔接关系根据进度总目标及资源优化配置的原则编制计划并付诸实施，然后在进度计划的实施过程中经常检查实际进度是否按计划要求进行，对出现的偏差情况进行分析，采取补救措施或调整、修改原计划后再付诸实施，如此循环，直到建设工程竣工验收交付使用。A、C、D 都是进度控制的次要目标，所以最佳答案是 B。

试题 15 答案

（18）B

试题 16 分析

"审查承建单位调整后的实施进度计划"是监理工程师进度控制的工作内容；"编制实施总进度计划和子项工程实施进度计划"是承建单位应当承担的工作；"协助承建单位确定工程延期时间和实施进度计划"中的"实施进度计划"不是监理的工作内容；"按时提供实施条件并适时下达开工令"是项目监理前期的工作，而本题给出的条件是"在信息工程建设实施阶段"。

试题 16 答案

（19）A

试题 17 分析

进度控制是指对工程项目的各建设阶段的工作程序和持续时间进行规划、实施、检查、调整等一系列活动的总称。进度控制的范围为对工程建设全过程的控制，也包含对分项目、分系统的控制。

在工程建设的不同阶段，监理实施进度控制的任务也不一样。本题所考查的是在设计阶段，监理实施进度控制的任务。在项目设计阶段，监理进行进度控制的主要内容如下：

（1）根据工程总工期的要求，协助建设单位确定合理的设计时限要求。

（2）根据设计阶段性输出，由粗而细的制定项目进度计划，为项目进度控制提供前提和依据。

（3）协调、监督各承建（设计）方进行整体性设计工作，使集成项目能按计划要求进行。

（4）提请建设单位按合同要求向承建单位及时、准确、完整的提供设计所需要的基础资料和数据。

(5) 协调各有关部门,保证设计工作顺利进行。

试题 17 答案

(20) D

试题 18 分析

关键路径法是在制定进度计划时使用的一种进度网络分析技术。关键路径法沿着项目进度网络图的路线进行正向和反向分析,从而计算出所有计划活动理论上的最早开始与完成时间、最迟开始与完成时间,不考虑任何资源限制。由此计算出来的最早开始与完成时间、最晚开始与完成时间不一定是最终的项目进度计划,它们仅仅指明计划活动在给定的活动持续时间、逻辑关系、时间提前与滞后量,以及其他已知约束条件下应当安排时间段的长短。

关键路径不会随项目的进展而改变,除非改变关键活动的持续时间或其他条件。

试题 18 答案

(21) D

试题 19 分析

显然,A 是不正确的。影响进度的因素很多,包括人的因素、材料和设备的因素、方法和技术的因素、资金因素、环境因素等,这些对项目的进度造成影响的干扰因素是方方面面的,监理工程师不可能也没有必要对各种因素都要进行控制。

试题 19 答案

(22) A

试题 20 分析

关键路径法(Critical Path Method,CPM)是借助网络图和各活动所需时间(估计值),计算每一活动的最早或最迟开始和结束时间。CPM 法的关键是计算总时差,这样可决定哪一个活动有最小时间弹性。

CPM 算法的核心思想是将 WBS 分解的活动按逻辑关系加以整合,统筹计算出整个项目的工期和关键路径。

在网络图中(AOE)的某些活动可以并行地进行,所以完成工程的最少时间是从开始顶点到结束顶点的最长路径长度,称从开始顶点到结束顶点的最长路径为关键路径(临界路径),关键路径上的活动为关键活动。

为了找出给定的 AOE 网络的关键活动,从而找出关键路径,先定义几个重要的量:

$V_e(j)$、$V_l(j)$:顶点 j 事件最早、最迟发生时间。

$e(i)$、$l(i)$:活动 i 最早、最迟开始时间。

从源点 V_1 到某顶点 V_j 的最长路径长度,称为事件 V_j 的最早发生时间,记做 $V_e(j)$。$V_e(j)$ 也是以 V_j 为起点的出边 $<V_j, V_k>$ 所表示的活动 a_i 的最早开始时间 $e(i)$。

在不推迟整个工程完成的前提下,一个事件 V_j 允许的最迟发生时间,记做 $V_l(j)$。显然,$l(i) = V_l(j) - (a_i$ 所需时间$)$,其中 j 为 a_i 活动的终点。满足条件 $l(i) = e(i)$ 的活动为关键活动。

求顶点 V_j 的 $V_e(j)$ 和 $V_l(j)$ 可按以下两步来做：

（1）由源点开始向汇点递推

$$\begin{cases} V_e(l) = 0 \\ V_e(j) = \text{MAX}\{V_e(i) + d(i,j)\}, <V_i, V_j> \in E_1, 2 \leqslant j \leqslant n \end{cases}$$

其中，E_1 是网络中以 V_j 为终点的入边集合。

（2）由汇点开始向源点递推

$$\begin{cases} V_l(n) = V_e(n) \\ V_l(j) = \text{MIN}\{V_l(k) - d(j,k)\}, <V_j, V_k> \in E_2, 2 \leqslant j \leqslant n-1 \end{cases}$$

其中，E_2 是网络中以 V_j 为起点的出边集合。

由此，我们可以求出关键路径是 0→1→2→4→6，正确答案是 C。

试题 20 答案

（23）C

试题 21 分析

根据试题 20 的分析，可以求出关键线路共有 4 条，分别是 1→2→3→5→7→8，1→2→3→4→5→7→8，1→2→3→5→6→7→8，1→2→3→4→5→6→7→8。

事实上，如果单独为了考试，读者觉得试题 20 分析中的数学方法难以理解，也可以采用观察法。在网络图中，从起点到终点的长度最长的那条路径就是关键路径。首先列出网络图中所有路径，然后逐条求出其长度，就可以得出关键路径。

试题 21 答案

（24）C

试题 22 分析

在项目计划管理中，仅仅满足于编制出进度计划，并以此来进行资源调配和工期控制是远远不够的，还必须依据各种主、客观条件，在满足工期要求的同时，合理安排时间与资源，力求达到资源消耗合理和经济效益最佳这一目的，这就是进度计划的优化。优化的内容包括时间优化、缩短工期，时间-成本优化。

1．时间优化

工期优化包括两方面内容：一是网络计划的计算工期超过要求工期，必须对网络计划进行优化，使其计算工期满足要求工期，且保证因此而增加的费用最少；二是网络计划的计算工期远小于要求工期，也应对网络计划进行优化，使其计算工期接近于要求工期，以达到节约费用的目的。一般前者最为常见。

2．时间—成本优化

CPM 方法是解决时间—成本优化的一种较科学的方法。它包含两个方面的内容，一是根据计划规定的期限，规划最低成本；二是在满足成本最低的要求下，寻求最佳工期。

缩短工期的单位时间成本可用如图 8-8 的公式计算。

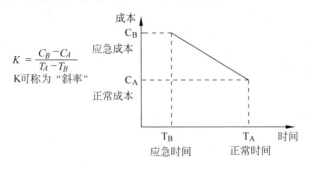

图 8-8 计算公式

时间—成本优化的步骤是：
（1）求关键路径；
（2）对关键路径上的工作寻找最优化途径；
（3）对途径中 K 值小的工作进行优化；
（4）在优化时，要考虑左邻右舍。

网络计划调整的基本方法包括改变后续工作之间的逻辑关系，或直接压缩后续工作的持续时间。应用这两个方法的前提条件是工程质量与成本目标必须同时得到充分保证。

试题 22 答案

（25）B

试题 23 分析

显然，关键路径为 ABDFG，工期为 20 天。而 E 的持续时间为 4 天，G 的持续时间为 3 天，因此，E 最迟应在第 20–3–4=13 天开始。

试题 23 答案

（26）D

试题 24 分析

总时差是指不延误总工期的前提下，工作的机动时间。工作的总时差等于工作的两个完成时间之差，或等于工作的两个开始时间之差。工作的总时差也等于其紧后工作总时差的最小值与该工作自由时差之和。自由时差是指不延误紧后工作开工的前提下，工作的机动时间，等于"该工作的紧后工作的最早开始时间"–"该工作最早完成时间"所得之差，最小值工作的自由时差一定小于或等于其总时差。在考虑总时差时可以让紧后工作按最迟开始时间开工，借用紧后工作的松弛时间。而在考虑自由时差时，必须保证紧后工作按最早时间开工。

试题 24 答案

（27）A

试题 25 分析

已知工作 N 的总时差和自由时差分别为 4 天和 2 天,而工作的持续时间延长了 5 天。

延长的天数−总时差=总工期延长的天数

这里,5−4=1。

延长的天数−自由时差=后续工作的开始时间推迟的天数

这里,5−2=3。

"编制阶段性设计进度计划"是在设计开始之前应当完成的任务,"协调设计各专业之间的配合关系"是组织协调方面的事情;"建立健全设计技术经济定额"与投资和成本有关。

试题 25 答案

(28) D (29) B

试题 26 分析

关键路径上的活动持续时间决定了项目的工期,关键路径上所有活动的持续时间总和就是项目的工期。关键路径上的任何一个活动都是关键活动,其中任何一个活动的延迟都会导致整个项目完工时间的延迟。当某项非关键工作实际进度拖延的时间超过其总时差时,该项目的关键路径就会改变。

试题 26 答案

(30) D

试题 27 分析

在(31)题中,b 和 c 是不能并行的,排除掉 B 和 C,剩下 D 可以有两组并行任务,所以选 D,a 和 b 并行,c 和 d 并行。根据这个 D 选项,只有 a 结束后,c 才可以开始,只有 e 结束后,f 才能开始。则工程计划图如图 8-9 所示。

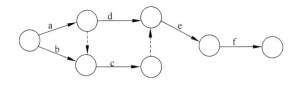

图 8-9 工程计划图

在(32)题中,根据(31)绘制的工程计划图,关键路径为 a-c-e-f,但是在实际实施过程中,应该是先安装一套设备,再测试一套设备,也就是说 d 在 c 结束后 0.5 天完成,所以实际工期最短为:17+8.5+0.5+2+2=30 天。

试题 27 答案

(31) D (32) C

试题 28 分析

S 曲线法表示工程的进度随时间的变化关系。通过对比实际曲线与计划曲线,判断工程进度是否正常，如图 8-10 所示。

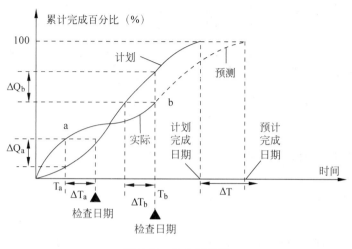

图 8-10　S 曲线示例

如果实际进度点位于 S 曲线的右侧，该点与计划 S 曲线的垂直距离表示实际进度与计划进度拖后。

试题 28 答案

（33）D

试题 29 分析

Gantt 图（甘特图）以水平线段表示任务的工作阶段；线段的起点和终点分别对应着任务的开工时间和完成时间；线段的长度表示完成任务所需的时间。图 8-11 是一个甘特图的例子。

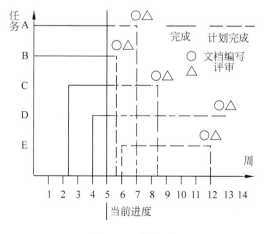

图 8-11　甘特图

从甘特图上可以很清楚地看出各子任务在时间上的对比关系。在甘特图中，每一任务完成的标准，不是以能否继续下一阶段任务为标准，而是以必须交付应交付的文档与通过评审为标准。因此，在甘特图中，文档编制与评审是软件开发进度的里程碑。

甘特图的优点是标明了各任务的计划进度和当前进度，能动态地反映软件开发进展情况。缺点是难以反映多个任务之间存在的复杂的因果和逻辑关系。

试题 29 答案

（34）A

试题 30 分析

当出现进度偏差时，应分析该偏差对后续工作及总工期的影响，主要包括以下几方面：

（1）分析产生进度偏差的工作是否为关键活动。若出现偏差的工作是关键活动，则无论其偏差大小，对后续工作及总工期都会产生影响，必须进行进度计划更新；若出现偏差的工作为非关键活动，则需根据偏差值与总时差和自由时差的大小关系，确定其对后续工作和总工期的影响程度。

（2）分析进度偏差是否大于总时差。如果工作的进度偏差大于总时差，则必将影响后续工作和总工期，应采取相应的调整措施；若工作的进度偏差小于或等于该工作的总时差，表明对总工期无影响；但其对后续工作的影响，需要将其偏差与其自由时差相比较才能做出判断。

（3）分析进度偏差是否大于自由时差。如果工作的进度偏差大于该工作的自由时差，则会对后续工作产生影响，如何调整应根据后续工作允许影响的程度而定；若工作的进度偏差小于或等于该工作的自由时差，则对后续工作无影响，进度计划可不进行调整更新。

试题 30 答案

（35）C

第 9 章 投 资 控 制

从历年的考试试题来看,本章的考点在综合知识考试中的平均分数为 3.08 分,约为总分的 4.11%。

9.1 考点提炼

根据考试大纲,本章主要考查以下知识点:
(1)信息系统投资控制的基础知识与方法。
(2)信息系统工程资源计划、成本估算。
(3)成本与成本管理的概念,项目成本失控的原因。
(4)信息系统工程建设项目费用的构成。
(5)影响工程成本的主要因素。
(6)信息系统工程成本控制的基本措施。
(7)成本控制工程概预算的类型、特点、存在的问题,工程成本估算的方法(工具),概预算审核的方法。
(8)信息系统工程计量的概念、工程价款结算及付款控制的方法和工程款支付的流程。
(9)信息系统工程成本结算的概念和意义、工程竣工结算报表的结构和工程竣工结算审核的内容。

从历年考试试题来看,投资控制的考点主要有以下 3 个:
(1)投资控制概论:投资控制的原则。
(2)挣值分析:影响进度的因素、进度计划;进度控制的目的和内容、方法和措施、原则和依据。
(3)净现值与投资决策:净现值的计算、投资回收期、投资回报率、投资决策、可行性研究、项目投资的各种组成成分。

9.2 强化练习

试题 1

在项目实施中间的某次周例会上,监理工程师小王用表 9-1 向大家通报了目前的进度。根据这个表格,目前项目的进度__(1)__。

表 9-1 项目进度表

活 动	计 划 值	完成百分比	实 际 成 本
基础设计	20,000 元	90%	10,000 元
详细设计	50,000 元	90%	60,000 元
测试	30,000 元	100%	40,000 元

（1）A．提前于计划 7%　　　　　　　B．落后于计划 18%

　　　C．落后于计划 7%　　　　　　　D．落后于计划 7.5%

试题 2

某监理工程师正在负责某政府的一个大项目，采用自下而上的估算方法进行成本估算，一般而言，他首先应该　(2)　。

（2）A．确定一种计算机化的工具，帮助其实现这个过程

　　　B．利用以前的项目成本估算来帮助其实现

　　　C．识别并估算每一个工作包或细节最详细的活动成本

　　　D．向这个方向的专家咨询，并将他们的建议作为估算基础

试题 3

在某项目进行的第三个月，累计计划费用是 25 万元人民币，而实际支出为 28 万元，以下关于这个项目进展的叙述，正确的是　(3)　。

（3）A．提供的信息不全，无法评估

　　　B．由于成本超支，项目面临困难

　　　C．项目将在原预算内完成

　　　D．项目计划提前

试题 4

某软件公司项目 A 的利润分析如表 9-2 所示，设贴现率为 10%，第二年的利润现值是　(4)　元。

表 9-2 某软件公司项目 A 的利润分析表

利 润 分 析	第零年	第一年	第二年	第三年
利润值		￥889,000	￥1,139,000	￥1,514,000

（4）A．1,378,190　　B．949,167　　C．941,322　　D．922,590

试题 5

某企业年初从银行借款 200 万元，年利率为 3%。银行规定每半年计息一次并计复利。若企业向银行所借的本金和产生的利息均在第三年末一次性向银行支付，则支付额为　(5)　。

（5）A．218.69　　　B．238.81　　　C．218.55　　　D．218.00

试题 6

某软件企业 2004 年初计划投资 1000 万人民币开发以套中间件产品,预计从 2005 年开始,年实现销售收入 1500 万元,年市场销售成本 1000 万元。该产品的系统分析员张工根据财务总监提供的贴现率,制作了如表 9-3 所示的产品销售现金流量表。根据表中的数据,该产品的动态投资回收期是__(6)__年,投资回报率是__(7)__。

表 9-3 产品销售现金流量表

年　　度	2004	2005	2006	2007	2008
投资	1000	-	-	-	-
成本	-	1000	1000	1000	1000
收入	-	1500	1500	1500	1500
净现金流量	-1000	500	500	500	500
净现值	-925.23	428.67	369.92	367.51	340.29

(6) A. 1　　　　　　B. 2　　　　　　C. 2.27　　　　　　D. 2.73

(7) A. 42%　　　　　B. 44%　　　　　C. 50%　　　　　　D. 100%

试题 7

图 9-1 是一项布线工程计划和实际完成的示意图,2009 年 3 月 23 日的 PV、EV、AC 分别是__(8)__。

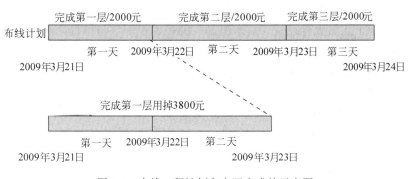

图 9-1 布线工程计划和实际完成的示意图

(8) A. PV=4000 元、EV=2000 元、AC=3800 元
　　B. PV=4000 元、EV=3800 元、AC=2000 元
　　C. PV=3800 元、EV=4000 元、AC=2000 元
　　D. PV=3800 元、EV=3800 元、AC=2000 元

试题 8

甲公司生产急需 5000 个零件,承包给乙工厂进行加工,每个零件的加工费预算为 20 元,计划 2 周(每周工作 5 天)完成。甲公司负责人在开工后第 9 个工作日的早上到

乙工厂检查进度,发现已完成加工 3600 个零件,支付款项 81000 元。经计算, __(9)__ 。

(9) A. 该项目的费用偏差为-18000 元
    B. 该项目的进度偏差为-18000 元
    C. 该项目的 CPI 为 0.80
    D. 该项目的 SPI 为 0.90

试题 9

根据以下布线计划及完成进度表 9-3,在 2010 年 6 月 2 日完工后对工程进度和费用进行预测,按此进度,完成尚需估算(ETC)为 __(10)__ 。

表 9-3 布线计划及完成进度表

	计划开始时间	计划结束时间	计划费用	实际开始时间	实际结束时间	实际完成费用
1 号区域	2010 年 6 月 1 日	2010 年 6 月 1 日	10000 元	2010 年 6 月 1 日	2010 年 6 月 2 日	18000 元
2 号区域	2010 年 6 月 2 日	2010 年 6 月 2 日	10000 元			
3 号区域	2010 年 6 月 3 日	2010 年 6 月 3 日	10000 元			

(10) A. 18000 元   B. 36000 元   C. 20000 元   D. 54000 元

试题 10

项目经理王某对其负责的系统集成项目进行了成本估算和进度安排,根据团队成员的情况分配了任务,并制定出计划执行预算成本的基准。由于公司高层领导非常重视该项目,特地调配了几名更有经验(薪水更高)的技术骨干参与项目,这种变化对项目绩效造成的最可能影响是 __(11)__ 。

(11) A. 正的成本偏差 CV,正的进度偏差 SV
    B. 负的成本偏差 CV,正的进度偏差 SV
    C. 正的成本偏差 CV,负的进度偏差 SV
    D. 负的成本偏差 CV,负的进度偏差 SV

试题 11

若净现值为负数,表明该投资项目 __(12)__ 。

(12) A. 投资回报率小于零,不可行
    B. 投资回报率大于零,可行
    C. 投资报酬率不一定小于零,因此也有可能是可行方案
    D. 投资报酬率没有达到预定的贴现率,不可行

试题 12

已知某拟建项目财务净现金流量如表 9-4 所示,则该项目的静态投资回收期是 __(13)__ 年。进行该项目财务评价时,如果动态投资回收期 Pt 小于计算期 n,则有财务净现值 __(14)__ 。

表 9-4 某拟建项目财务净现金流量

时间	1	2	3	4	5	6	7	8	9	10
净现金流量（万元）	-1200	-1000	200	300	500	500	500	500	500	700

(13) A. 5.4　　　　　　B. 5.6　　　　　　C. 7.4　　　　　　D. 7.6

(14) A. FNPV<0，项目不可行　　　　B. FNPV>0，项目可行

　　　C. FNPV<0，项目可行　　　　　　D. FNPV>0，项目不可行

试题 13

某信息化施工项目一共要进行 30 天，预算总成本 60 万元，其中 5 万元为管理成本，40 万元为物料使用费，其余为人工成本。按照管理计划，每 5 天进行一次挣值分析以评价项目绩效。在第 5 天绩效评价时计算得到 CPI（绩效评价指数）为 0.95，则说明在前 5 天的施工中，实际成本①预算成本；如果要使下一次绩效评价时 CPI 为 1，且人工、物料使用成本不能改变，以免影响施工质量，则在这两次绩效评价间，每天平均可花费的管理成本为②元。上述①和②依次序应该填写　(15)　假设所有成本按照天数平均分配，工程进度不存在延时或提前情况）。

(15) A. ①低于②614 元　　　　　　B. ①高于②614 元

　　　C. ①低于②1052 元　　　　　　D. ①高于②1052 元

试题 14

某公司按照项目核算成本，在针对某化工厂信息化咨询项目中，需进行 10 天的驻场研究，产生成本如下：①公司管理费用的项目分摊成本；②咨询顾问每人每天出差补贴 500 元，入工资结算；③顾问如需进入生产车间，每人额外增加健康补助 100 元/天。按照成本类型分类，上述三类成本应分别列入　(16)　。

(16) A. ①间接成本②间接成本③可变成本

　　　B. ①间接成本②直接成本③可变成本

　　　C. ①直接成本②直接成本③固定成本

　　　D. ①直接成本②间接成本③固定成本

试题 15

某 ERP 软件开发项目共有 12 个模块，项目经理对软件进行了成本预算，预算每个模块的开发成本为 5 万元，按照项目管理计划，每月开发一个模块，12 个月完成开发工作。在项目进行到第 3 个月底的时候，项目经理对照计划，发现刚完成了 2 个模块的开发工作，经统计，实际花费的成本为 15 万元。若按照目前的绩效情况，到所有模块开发完成时预计花费的总成本为　(17)　。

(17) A. 90 万　　　　　B. 75 万　　　　　C. 70 万　　　　　D. 66.7 万

试题 16

　(18)　技术是确定为了完成项目工作所需的资源和技能水平的最佳方法。

(18) A. 预测　　　　　B. 挣值　　　　　C. 专家判断　　　D. 帕累托图

试题 17

某项目的利润分析如表 9-5 所示，贴现率为 10%，则第二年结束时的利润总额的净现值为__(19)__。

表 9-5 利润分析表

利润分析	第 0 年	第 1 年	第 2 年	第 3 年
利润值		110000	121000	123000

(19) A. 231000　　　B. 200000　　　C. 220000　　　D. 210000

试题 18

如果挣值 EV 是 300 万元，实际成本 AC 是 350 万元，计划值 PV 是 375 万元。进度执行指数显示__(20)__。

(20) A. 仅以原始计划速率的 86% 进行项目
　　　B. 正在以原始计划速率的 93% 进行项目
　　　C. 正在以原始计划速率的 107% 进行项目
　　　D. 仅以原始计划速率的 80% 进行项目

试题 19

在下列各项原则中，属于投资控制原则的有__(21)__。
①投资最小化原则　②全面成本控制原则　③动态控制原则　④目标管理原则
⑤责、权、利相结合的原则

(21) A. ①、②、③　　　　　　　　　B. ②、④、⑤
　　　C. ②、③、④、⑤　　　　　　　D. ①、③、④、⑤

试题 20

监理投资控制是指在整个项目实施阶段开展的管理活动，力求使项目在满足__(22)__要求的前提下，项目__(23)__投资不超过计划投资。

(22) A. 质量和安全　　　　　　　　　B. 质量和进度
　　　C. 安全和进度　　　　　　　　　D. 质量和造价

(23) A. 概算　　　　B. 估算　　　　C. 预算　　　　D. 实际

试题 21

项目成本控制的一种重要方法是挣值分析法，挣值管理（Earned Value Management）是综合了项目范围、进度计划和资源、测量项目绩效的一种方法，如图 9-2 所示，当出现__(24)__时，说明工程滞后。

(24) A. SV>0　　　　B. SV<0　　　　C. CV>0　　　　D. CV<0

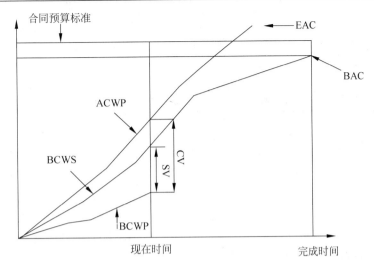

图 9-2 挣值分析法

试题 22

某投资项目建设期为 3 年，在建设期第一年贷款 100 万元，第二年贷款 300 万元，第三年贷款 100 万元，贷款年利率为 6%。该项目在建设期中的贷款利息应为__(25)__万元（用复利法计算）。

(25) A. 62.18　　　　B. 60.00　　　　C. 46.27　　　　D. 30.00

试题 23

在项目财务评价中，当__(26)__时，项目方案可行。

(26) A. 财务净现值≤0　　　　　　B. 财务净现值<0
　　　C. 财务净现值≥0　　　　　　D. 财务净现值=0

试题 24

某监理工程师对甲、乙、丙三个投资方案进行投资决策分析，已知三个方案的建设期和经营期均相同，且投资的时间点均相同，投资额度不同，监理工程师通过计算获得甲方案的净现值为 8.95 万，现值指数为 1.08；乙方案的净现值为 10.8 万，现值指数为 1.03；丙方案的净现值为 9 万，现值指数为 1.05 。正确的决策应该是__(27)__。

(27) A. 选择甲方案　　B. 选择乙方案　　C. 选择丙方案　　D. 都不选

试题 25

下列指标中，属于贴现指标的是__(28)__。

(28) A. 投资回收期　　B. 投资利润率　　C. 内部收益率　　D. 剩余收益

试题 26

应用系统开发所需要的成本和资源估算属于可行性研究中的__(29)__研究内容。

(29) A. 技术可行性　　B. 经济可行性　　C. 社会可行性　　D. 法律可行性

试题 27

根据某信息系统建设工程的有关数据（见表 9-6），可知该项目的静态投资回收期为 __(30)__ 年。

表 9-6 某信息系统建设工程的有关数据

年份	1	2	3	4	5	6
净现金流量（百万元）	-100	-200	100	250	200	200

(30) A．3.4 　　B．4.8 　　C．3.8 　　D．3.2

试题 28

在进行建设项目财务评价时，__(31)__ 是财务内部收益率的基准判据。

(31) A．社会贴现率 　　　　　　B．行业平均投资利润率
　　 C．行业平均资本金利润率 　　D．行业基准收益率

试题 29

项目经理小张对自己正在做的一个项目进行成本挣值分析后，画出了如图 9-3 所示的一张图，当前时间为图中的检查日期。根据该图小张分析：该项目进度 __(32)__ ，成本 __(33)__ 。

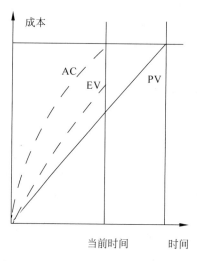

图 9-3 挣值分析

(32) A．正常 　　B．落后 　　C．超前 　　D．无法判断
(33) A．正常 　　B．超支 　　C．节约 　　D．无法判断

试题 30

表 9-7 为同时开展的 4 个项目在某个时刻的计划值 PV、实际成本 AV 和挣值 EV，该时刻成本超出最多的项目和进度最为落后的项目分别是 __(34)__ 。

表 9-7 个项目的争值分析

项目	PV	AC	EV	CV	SPI
1	10000	11000	10000		
2	9000	7200	6000		
3	8000	8000	8000		
4	10000	7000	5000		

（34）A. 项目 1，项目 1 　　　　　　B. 项目 3，项目 2
　　　 C. 项目 4，项目 4 　　　　　　D. 项目 2，项目 4

9.3　习题解答

试题 1 分析

挣值分析的原理适用于任何行业的任何项目，它针对每个工作包和控制账户，计算并监测以下 3 个关键指标：

（1）计划价值。计划价值（Planned Value，PV）是为某活动（或 WBS 组成部分）的预定工作进度而分配且经批准的预算。计划价值应该与经批准的特定工作内容相对应，是项目生命周期中按时段分配的这部分工作的预算。PV 的总和有时被称为绩效测量基准（Performance Measurement Baseline，PMB）。项目的总计划价值又被称为完工预算（Budget At Completion，BAC）。

（2）挣值。挣值（Earned Value，EV）是项目活动（或 WBS 组成部分）的已完成工作的价值，用分配给该工作的预算来表示。挣值应该与已完成的工作内容相对应，是该部分已完成工作的经批准的预算。EV 的计算必须与 PMB 相对应，且所得的 EV 值不得大于相应活动（或 WBS 组成部分）的 PV 预算值。EV 这个词常用来描述项目的完工百分比。项目管理团队应该为每个 WBS 组成部分制定进展测量准则，用于考核正在实施的工作。既要监测 EV 的增量，以判断当前的状态，又要监测 EV 的累计值，以判断长期的绩效趋势。

（3）实际成本。实际成本（Actual Cost，AC）是为完成活动（或 WBS 组成部分）的工作，而实际发生并记录在案的总成本。它是为完成与 EV 相对应的工作而发生的总成本。AC 的计算口径必须与 PV 和 EV 的计算口径保持一致（例如，都只计算直接工时数，或者都只计算直接成本，或都计算包含间接成本在内的全部成本）。AC 没有上限，为实现 EV 所花费的任何成本都要计算进去。

在以上 3 个指标值计算出来后，还需要监测实际绩效与基准之间的偏差，这种偏差主要体现在进度和成本上。

（1）进度偏差。进度偏差（Schedule Variance，SV）是项目进度绩效的一种指标，计算方法是 SV=EV–PV。SV 可用来表明项目是否落后于基准进度。当 SV>0 时，表示进度提前；当 SV<0 时，表示进度延误；当 SV=0 时，表示实际进度与计划进度一致。由于当项目完工时，全部的计划价值都将实现（即成为挣值），所以 SV 最终将等于零。

（2）成本偏差。成本偏差（Cost Variance，CV）是项目成本绩效的一种指标，计算方法是 CV=EV−AC。项目结束时的 CV，就是 BAC 与实际总成本之间的差值。由于 CV 指明了实际绩效与成本支出之间的关系，所以非常重要。当 CV<0 时，表示成本超支；当 CV>0 时，表示成本结余；当 CV=0 时，表示实际消耗成本等于预算值。

还可以将 SV 和 CV 转化为效率指标，以便将项目的成本和进度绩效与任何其他项目作比较，或在同一项目组合内的各项目之间进行比较。偏差和指数都能说明项目的状态，并为预测项目成本与进度结果提供依据。

（1）进度绩效指数。进度绩效指数（Schedule Performance Index，SPI）是比较项目已完成进度与计划进度的一种指标，计算方法是 SPI = EV/PV。当 SPI<1.0 时，说明已完成的工作量未达到计划要求；当 SPI >1.0 时，则说明已完成的工作量超过计划。由于 SPI 测量的是项目总工作量，所以还需要对关键路径上的绩效进行单独分析，以确认项目是否将比计划完成日期提早或延迟完工。

（2）成本绩效指数。成本绩效指数（Cost Performance Index，CPI）是比较已完成工作的价值与实际成本的一种指标，计算方法是 CPI = EV/AC。当 CPI<1.0 时，说明已完成工作的成本超支；当 CPI>1.0 时，则说明到目前为止成本有结余。

在本题中，项目的挣值 EV、PV 及 SPI 计算如下：

EV = 20000×90%+50000×90%+30000×100% = 93000 元。

PV = 20000+50000+30000 = 100000 元。

SPI = EV/PV = 93000/100000 = 93%。

落后于进度计划：1−93% = 7%。

试题 1 答案

（1）C

试题 2 分析

编制项目成本估算需要进行三个主要步骤：

（1）识别并分析成本的构成科目。该部分的主要工作就是确定完成项目活动需要物质资源（人，设备，材料）的种类。制作项目成本构成科目后，会形成资源需求和会计科目表，说明工作分解结构中各组成部分需要资源的类型和所需的数量。这些资源将通过企业内部分派或采购得到。会计科目表对项目成本（如人工、日常用品、材料）进行监控的任何编码系统。项目会计科目表通常基于所在组织的会计科目表。项目会计科目表的分类有可能在项目团队以外（财务或会计部门）完成。

（2）根据已识别的项目成本构成科目，估算每一科目的成本大小。根据上面形成的资源需求，考虑项目需要的所有资源的成本。估算可以用货币单位表示，也可用工时、人月、人天、人年等其他单位表示。有时候，同样技能的资源来源不同，其对项目成本的影响也不同。例如：建筑项目队伍需要熟悉当地的建筑法规。这类知识通常可以通过使用当地人而基本不付任何代价来获取。然而，如果当地缺乏特殊的或具有专门施工技术和经验的人力资源，则支付报酬聘请一位咨询人员可能是了解当地建筑法规最有效的方式。估算时还需要考虑通货膨胀以及货币的时间效应等。

（3）分析成本估算结果，找出各种可以相互替代的成本，协调各种成本之间的比例关系。计划的最终作用是要优化管理，所以在通过对每一成本科目进行估算而形成的总成本上，应对各种成本进行比例协调，找出可行的低成本的替代方案，尽可能地降低项目估算的总成本。例如原拟租赁设备使用时间较长且可以用于其它项目团队时，可以通过公司固定资产采购并将折旧分摊到多个项目团队来降低本项目团队的成本；非关键岗位上，可以用技能级别较低的人员来替代技能级别较高的人员，从而降低人员成本。在这个步骤通常和项目优化结合起来考虑，常见的优化方法有：工期优化、费用优化和资源优化三种。工期优化见进度管理部分。资源优化如资源平衡技术等。无论如何降低项目成本估算值，项目的应急储备和管理储备都不应被裁减。

试题 2 答案

（2）C

试题 3 分析

累计计划费用是 25 万元人民币，而实际支出为 28 万元，在这种情况下，成本是否超支需要看实际的完成工作量。因此，本题所给参数不全，无法判断是否超出预算。

试题 3 答案

（3）A

试题 4 分析

因为贴现率为 10%，则第 2 年的贴现系数为 $1/(1+10\%)^2=1/1.21$。因此，第 2 年的利润现值为 1139000/1.21=941322 元。

试题 4 答案

（4）C

试题 5 分析

根据复利公式进行计算

$$F_n = P \times (1+r)^n$$

式中 F_n 为 n 年末的终值，P 为 n 年初的本金，r 为年利率，$(1+r)^n$ 为到 n 年末的复利因子。

由于是每半年计息一次，所以 $n=6$，只是要注意的是：r 与 n 是相对应的，因此 r 也应该化为半年的利率，$r=1.5\%$，代入公式计算得到 $F_n=218.69$。

试题 5 答案

（5）A

试题 6 分析

所谓投资回收期，是指投资回收的期限，也就是用投资方案所产生的净现金收入回收初始全部投资所需的时间。对于投资者来讲，投资回收期越短越好，从而减少投资的风险。

计算投资回收期时，根据是否考虑资金的时间价值，可分为静态投资回收期（不考虑资金时间价值因素）和动态投资回收期（考虑资金时间价值因素）。投资回收期从信息系统项目开始投入之日算起，即包括建设期，单位通常用"年"表示。

1. 静态投资回收期

根据投资及净现金收入的情况不同，投资回收期的计算公式分以下几种：

第一种情况，项目在期初一次性支付全部投资 P，当年产生收益，每年的净现金收入不变，为收入 B 减去支出 C（不包括投资支出），此时静态投资回收期 T 的计算公式为

$$T = \frac{P}{B-C}$$

例如，一笔 1000 元的投资，当年收益，以后每年的净现金收入为 500 元，则静态投资回收期 $T=1000/500=2$ 年。

第二种情况，项目仍在期初一次性支付投资 P，但是每年的净现金收入由于生产及销售情况的变化而不一样，设 t 年的收入为 B_t，t 年的支出为 C_t，则能够使得下面公式成立的 T 即为静态投资回收期。

$$P = \sum_{t=0}^{T}(B_t - C_t)$$

第三种情况，如果投资在建设期 m 年内分期投入，t 年的投资假如为 P_t，t 年的净现金收入仍为 $B_t - C_t$，则能够使得下面公式成立的 T 即为静态投资回收期。

$$\sum_{t=0}^{m} P_t = \sum_{t=0}^{T}(B_t - C_t)$$

2. 动态投资回收期法

第四种情况，如果将 t 年的收入视为现金流入 CI，将 t 年的支出以及投资都视为现金流出 CO，即第 t 年的净现金流量为 $(CI-CO)_t$，并考虑资金的时间价值，则动态投资回收期 T_p 的计算公式，应满足

$$\sum_{t=0}^{T_p}(CI-CO)_t(1+i_0)^{-t} = 0$$

式中：i_0 为折现率，在财务绩效评价时，i_0 取行业的基准收益率，有时，i_0 也取社会折现率，现行有关部门规定的社会折现率通常为 12%。

动态投资回收期的计算常采用列表计算，现在一般都使用 Excel 电子表中提供的相应函数进行计算。计算动态投资回收期的实用公式为

$Tp =$（累计净现金流量折现值开始出现正值的年份数–1）+

(1–上年累计净现金流量折现值/当年净现金流量折现值)

动态投资回收期的计算公式表明，在给定的折现率 i_0 下，要经过 T_P 年，才能使累计的现金流入折现值抵消累计的现金流出折现值，投资回收期反映了投资回收的快慢。

投资回收期指标直观、简单，尤其是静态投资回收期，表明投资需要多少年才能回收，便于为投资者衡量风险。投资者关心的是用较短的时间回收全部投资，减少投资风险。但是，投资回收期指标最大的缺点是没有反映投资回收期以后方案的情况，因而不能全面反映项目在整个寿命期内真实的经济效果。所以投资回收期一般用于粗略评价，需要和其他指标结合起来使用。

在本题中，第 3 年累计折现值开始大于 0，所以

动态投资回收期 = (3–1)+(1–(428.67+396.92+367.51–925.93)/367.51) = 2.27

投资收益率反应企业投资的获利能力，其计算公式为：

投资收益率 = 1/动态回收期×100%

在本题中，1/2.27×100% = 44%。

试题 6 答案

（6）C （7）B

试题 7 分析

本题的 PV 具体是指在 2009 年 3 月 23 日前完成第一层和完成第二层的预算成本是 2000+2000=4000 元。

根据实际完成的示意图可知，到 2009 年 3 月 23 日前实际完成工作仅仅只完成了第一层，那么对应计划的预算成本是"完成第一层 2000 元"。从而挣值 EV 为 2000 元。

根据实际完成的示意图可知"完成第一层用掉 3800 元"，也就是说，AC 为 3800 元。

试题 7 答案

（8）A

试题 8 分析

根据试题的条件可知，项目的总预算为 5000×20=100000 元，计划工期为 2×5=10 天，平均每天加工 500 个零件，花费 10000 元。到第 9 天早上检查时，发现已完成加工 3600 个零件，支付款项 81000 元。则前面 8 天的 PV=80000 元，AC=81000 元，EV=3600×20=72000 元。因此：

SV = EV–PV = 72000–80000 = –8000 元。

CV = EV–AC = 72000–81000 = –9000 元。

SPI = EV/PV = 72000/80000 = 0.90。

CPI = EV/AC = 72000/81000 = 0.89。

试题 8 答案

（9）D

试题 9 分析

预测技术包括在预测当时的时间点根据已知的信息和知识，对项目将来的状况做出

估算和预测。根据项目执行过程中获得的工作绩效信息产生预测、更新预测、重新发布预测。工作绩效信息是关于项目的过去绩效和在将来能影响项目的信息，如完成时估算和完成时尚需估算。

根据挣值技术涉及的参数，包括 BAC、截止目前为止的实际成本（AC）和累加 CPI 效率指标来计算 ETC 和 EAC。BAC 等于计划活动、工作包和控制账目或其他 WBS 组件在完成时的总 PV。计算公式为：BAC = 完工时的 PV 总和

预测技术帮助评估完成计划活动的工作量或工作费用，即 EAC。预测技术可帮助决定 ETC，它是完成一个计划活动、工作包或控制账目中的剩余工作所需的估算。虽然用以确定 EAC 和 ETC 的挣值技术可实现自动化并且计算起来非常神速，但仍不如由项目团队手动预测剩余工作的完成成本那样有价值或精确。基于项目实施组织提供的完工尚需估算进行 ETC 预测技术是：

（1）基于新估算计算 ETC。ETC 等于由项目实施组织确定的修改后的剩余工作估算。该估算是一个独立的、没有经过计算的，对于所有剩余工作的完成尚需估算；该估算考虑了截止到目前的资源绩效和生产率，它是比较精确的综合估算。另外，也可通过挣值数据来计算 ETC，两个典型公式如下：

如果当前的偏差被看作是非典型的，并且项目团队预期在以后将不会发生这种类似偏差时，ETC 等于 BAC 减去截止到目前的累加挣值，计算公式为：ETC = BAC–V

如果当前的偏差被看作是可代表未来偏差的典型偏差时，ETC 等于 BAC 减去累加 EV 后除以累加成本绩效指数，计算公式为：ETC = (BAC–EV)/CPI

EAC 是根据项目绩效和定性风险分析确定的最可能的总体估算值。EAC 是在既定项目工作完成时，计划活动、WBS 组件或项目的预期或预见最终总估算。基于项目实施组织提供的完工估算进行 EAC 预测的一种技术是：

EAC 等于截止到目前的实际成本加上由实施组织提供的新 ETC。如果过去的执行情况显示原先的估算假设有根本性的缺陷，或由于条件发生变化假设条件不再成立时，EAC = AC+ETC。

另外，还有一个预测指标，称为完工绩效指数（To Complete Performance Index，TCPI），表示剩余预算每单位成本所对应的工作价值，计算公式为：TCPI = (BAC–EV)/(BAC–AC)

在本题中，要求"按此进度"，也就是将当前进度当作未来进度的代表，即采用 ETC=(BAC–EV)/CPI 来计算 ETC。根据表 11-2，有 BAC=10000+10000+10000 = 30000 元，AC=18000 元，EV=10000 元。因此：ETC = (BAC–EV)/CPI = (30000–10000)/(10000/18000) = 36000 元

试题 9 答案

（10）B

试题 10 分析

在项目的执行过程中，项目团队的可用资源或将影响到项目的进度、成本、质量等。

在项目的开始,项目经理王某已经根据项目与资源需求情况进行成本估算与进度安排,通过评审后形成了进度与成本基准,也叫基线,所谓基线指一个(或一组)配置项在项目生命周期的不同时间点上通过正式评审而进入正式受控的一种状态。所有的变更都将遵循标准的整合变更流程来进行。

在制定进度计划时,根据 WBS 分解,在估算活动资源时,就估算出要完成各项活动所需要的材料、人员、设备和用品的各类和数量了,这里当然也包含了完成活动所需的人力资源,同时根据估算活动资源时也估算出了完成活动的成本。在项目的执行过程中,由于领导的重视,调配了技术骨干来参与项目,我们都知道,技术骨干类人员的各种待遇要比初级的技术人员高,因为骨干技术人员与初级技术人员在完成同一活动时,无论在技术上、还是经验上都较初级类技术人员要强,效率要高,时间上也花得更少,所以,因为这个调配,不得不增加项目团队的人力资源支出,但进度上将在原计划的基准上要加快许多。所以与原基准对比,将出现成本的超支,进度的超前。也就是说负的成本偏差 CV,正的进度偏差 SV。

试题 10 答案

(11) B

试题 11 分析

净现值(NPV)是指项目在寿命期内各年的净现金流量,按照一定的折现率折现到期初时的现值之和,其表达式为

$$NPV = \sum_{t=0}^{n}(CI-CO)_t(1+i_0)^{-t}$$

式中 NPV 为净现值;$(CI-CO)_t$ 为第 t 年的净现金流量,其中 CI 为现金流入,CO 为现金流出。i_0 为折现率。

净现值表示在规定的折现率 i_0 的情况下,方案在不同时点发生的净现金流量,折现到期初时,整个寿命期内所能得到的净收益。如果项目的净现值等于零,表示正好达到了规定的基准收益率水平;如果项目的净现值大于零,则表示除能达到规定的基准收益率之外,还能得到超额收益;如果净现值小于零,则表示方案达不到规定的基准收益率水平。

因此,用净现值指标评价单个项目绩效的准则是:若 NPV≥0,则是经济合理的;若 NPV<0 则方案应予否定。在有多个备选方案的互斥选择决策中,应选择净现值是正者中的最大者。

显然,净现值的大小与基准折现率 i_0 有很大关系,当 i_0 变化时,NPV 也随之变化,呈非线性关系。

一般情况下,同一净现金流量的净现值随着折现率 i 的增大而减小,故基准折现率 i_0 定得越高,能被接受的方案越少。

NPV 之所以随着 i 的增大而减小,是因为一般投资项目正的资金流入(如收益)总是发生在负的现金流出(如投资)之后,使得随着折现率的增加,正的现金流入折现到

期初的时间长,其现值减小得多,而负的现金流出折现到期初的时间短,相应现值减小得少,这样现值的代数和就减小。

试题 11 答案

(12) A

试题 12 分析

在本题中,投资是 2200 万元,累计到第 7 年的时候为 2000 万元(200+300+500+500+500=2000),此时尚未收回投资。累计到第 8 年的时候为 2500 万元(已超过投资额),因此,收回投资的时间应该在 7 到 8 年之间,具体计算是 7+200/500=7.4。

动态回收期 = (累计净现金流量开始出现正值年份数–1)+(上年累计净现金流量的绝对值/当年净现金流量)

运用投资回收期判断投资项目是否可行的准则是:只有当项目的投资回收期小于项目的寿命期,投资项目才是可以接受的。题目中"动态投资回收期 Pt 小于计算期 n",项目是可行的。因此可选择的只有 B、C 两个选项。又由于"FNPV<0,项目可行"是错误的,因此正确答案为 B。

试题 12 答案

(13) C (14) B

试题 13 分析

根据题意,BAC 为 60 万元,其中 5 万元为管理成本,40 万元为物料与人工成本。管理成本不属于直接成本。应分摊到整个项目中(其中管理成本每天为 1666 元,人工与物料成本每天为 18333 元)。题目假设所有成本按照天数平均分配,则平均每天的花费为 20000 元。

进行挣值分析有 3 个参数,其中 3 个参数是 PV,AC,EV;4 个指标分别是 SV,CV,SPI,CPI;其中 SV<0,或 SPI<1 表示进度滞后,CV<0,或 CPI<1 表示成本超支。

在第 5 时进行挣值分析,得到 PV=20000×5=100000 元;EV=100000 元;AC=EV/CPI=105263 元;

CPI=0.95 表示当前成本超支;为了保证在下一次绩效评价时 CPI=1(也即 TCPI=1),也就是说回到正常的预设值上,那就得压缩(节约)费用,但题目明确规定不能节约人工、物料费用,所以只能节约使用管理成本。得使用 TCPI(完工绩效指数)来进行预测。

公式 TCPI=(BAC–EV)/(BAC–AC)=(600000–100000)/(600000–105263)=500000/494737

要想 TCPI=1,就需要分母与分子相等,得到差约为 5264 元;5 天来平均花费,折算到每天为 1052 元,表示这 1052 元已经提前被开支了,所以现在的管理成本只有 1666–1052=614 元可以开销了。

试题 13 答案

(15) B

第 9 章 投资控制

试题 14 分析

间接成本：来自一般管理费用科目或几个项目共同担负的项目成本所分摊给本项目的费用，就形成了项目的间接成本，如税金、额外福利和保卫费用等。

直接成本：直接可以归属于项目工作的成本。如项目团队差旅费、工资、项目使用的物料及设备使用费等。

可变成本：随着生产量、工作量或时间的变化而变的成本为可变成本。可变成本又称为变动成本。

固定成本：不随生产量、工作量或时间的变化而变化的非重复成本。

试题 14 答案

（16）B

试题 15 分析

根据题目可得出：EV=10 万元，AC=15 万元，BAC=60 万元。

CPI=EV/AC=10/15=2/3

ETC=(BAC–EV)/CPI =(60–10)/(2/3)=75 万元

EAC=AC+ETC=15+75=90 万

试题 15 答案

（17）A

试题 16 分析

预测技术：预测技术包括在预测当时的时间点根据已知的信息和知识，对项目将来的状况做出估算和预测。

挣值技术：挣值技术是将已完成工作的预算成本（挣值），按原先分配的预算值进行累加获得的累加值与计划工作的预算成本（计划值）和已完成工作的实际成本（实际值）进行比较。这个技术对成本控制、资源管理和生产特别有用。

专家判断法技术是确定为了完成项目工作所需的资源和技能水平的最佳方法。他们的判断和专长可运用于任何技术的细节。

帕累托图：排列图也被称为帕累托图，是按照发生频率大小顺序绘制的直方图。示有多少结果是由已确认类型或范畴的原因所造成的。项目团队应首先采取措施纠正造成最多数量缺陷的问题。

试题 16 答案

（18）C

试题 17 分析

依据现值公式：$P=F/(1+i)^n$

则第一年的利润现值是 110000/1.1=100000（元）；

第二年的利润现值是 121000/1.21=100000（元）；

则第二年结束时的利润总额净现值为 PV1+PV2=100000+100000=200000 元

试题 17 答案

（19）B

试题 18 分析

SPI=EV/PV=300/375=0.8。即仅以原始计划速率的 80% 进行项目。

试题 18 答案

（20）D

试题 19 分析

信息系统工程项目进行投资控制时，应遵循以下基本原则：

（1）投资最优化原则。信息工程项目投资控制的根本目的在于通过各种成本管理手段，在保证项目进度和质量的前提下不断降低信息工程项目成本，从而实现目标成本最优化的要求。在实行成本最优化原则时，应注意降低成本的可能性和合理的成本最优化，一方面挖掘各种降低成本的能力，一方面挖掘各种降低成本的能力，使可能性变为现实；另一方面要从实际出发，制定通过主观努力可能达到的合理的最优成本水平。

（2）全面成本控制原则。全面成本管理是所有承建单位、项目参与人员和全过程的管理，也称为"三全"管理。项目成本的全员控制有一个系统的实质性内容，包括各承建单位、建设单位、监理单位等的责任，应防止成本控制"人人有责，人人不管"现象的出现。项目成本的全过程控制要求成本控制工作要随着项目实施进展的各个阶段连续进行，既不能疏漏，又不能时紧时松，应使信息工程项目成本自始至终置于有效的控制之下。

（3）动态控制原则。信息工程项目是一次性的，成本控制应强调项目的中间控制，即动态控制，因此实施准备阶段的成本控制是根据实施组织设计的具体内容确定成本目标、编制成本计划、制订成本控制的方案，为今后的成本控制做好准备；在实施阶段，根据已经制订的成本控制方案进行动态纠偏，并根据项目的实施情况调整成本控制方案；而竣工阶段的成本控制，由于成本盈亏已基本定局，即使发生了偏差，也已来不及纠正。

在监理过程中，不能简单地把成本控制仅仅理解为将信息工程项目实际发生的成本控制在计划投资的范围内，而应该认识到，成本控制与质量控制和进度控制是同时进行的，它是针对整个信息工程项目目标系统所实施的控制活动的一个组成部分，在实现成本控制的同时需要兼顾质量和进度目标。

（4）目标管理原则。目标管理的内容包括目标的设定和分解，目标的责任到位和执行，检查目标的执行结果，评价目标和修正目标，形成目标管理的计划、实施、检查和处理循环，即 PDCA 循环。

（5）责、权、利相结合的原则。在项目实施过程中，承建单位、建设单位和监理单位在肩负成本监督控制责任的同时，享有成本监督控制的权力，同时承建单位的项目经理要对各小组在成本控制中的业绩进行定期的检查和考评，实行有奖有罚。只有真正做好责、权、利相结合的成本控制，才能收到预期的效果。

试题 19 答案

（21）C

试题 20 分析

质量、进度与投资是项目建设管理中的三个要素，互相制约着，因此在涉及其中的一个因素时，都要考虑另外两个因素的制约。

概算是指涉及概算，是在调研和初步涉及阶段为了控制造价进行的；预算是指承建单位在工程实施设计后做的，承建单位做投标预算进行投标；所以项目的实际投资时不能超过预算（也就是计划投资）。

试题 20 答案

（22）B　　（23）D

试题 21 分析

挣值法评价曲线的横坐标表示时间，纵坐标则表示费用。图中 BCWS（PV）曲线为计划工作量的预算费用曲线，表示项目投入的费用随时间的推移在不断积累，直至项目结束达到它的最大值，所以曲线呈 S 形状，也称为 S 曲线。ACWP（AC）已完成工作量的实际费用，同样是进度的时间参数，随项目推进而不断增加的，也是呈 S 形的曲线。利用挣值法评价曲线可进行费用进度评价，图 9-2 所示的项目，CV<0，SV<0，这表示项目执行效果不佳，即费用超支，进度延误，应采取相应的补救措施。

试题 21 答案

（24）B

试题 22 分析

按照复利计算公式，分别计算三笔贷款的利息，然后累加得出该项目在建设期中的贷款利息。

$M = M1 + M2 + M3 = 100 \times (1+0.06)^3 + 300 \times (1+0.06)^2 + 100 \times (1+0.06) - (100+300+100) = 62.18$

试题 22 答案

（25）A

试题 23 分析

现值的概念是在动态过程中评估资金使用的合理性，即把一个时期内各工程阶段的资金折算成现值的方法评估不同方案对投资控制的效果。财务净现值≥0，说明按此方案的收益为正值，财务盈利。

试题 23 答案

（26）C

试题 24 分析

在本题中，甲、乙、丙三个方案的净现值都为正，说明三个方案都是可行的。

现值指数是投资方案经营期各年末净现金流入量的总现值与建设期各年初投资额总现值之比。

现值指数分析与净现值分析一样，都考虑到了货币的时间价值，所不同的是现值指数是以相对数表示，便于在不同投资额的方案之间进行对比。在该题中甲、乙、丙三个方案的现值指数都大于 1，说明三个方案都是可行的。但甲方案的现值指数最大，因而是最优方案。

试题 24 答案

（27）A

试题 25 分析

净现值、内部收益率和盈利指数是投资项目评估中的三种贴现指标。

试题 25 答案

（28）C

试题 26 分析

所谓可行性研究，是指在进行项目投资、工程建设之前的准备性研究工作。它是经济活动中经常使用的一种决策程序和手段，也是投资前的必要环节。

可行性研究通常可分为四个阶段：

第一阶段，机会可行性研究，也称为投资机会鉴定。在这一阶段包括粗略的市场调查和预测，寻找某一地区或某一范围内的投资机会并初步估算投资费用。

第二阶段：初步可行性研究。在投资机会研究的基础上，进一步较为系统地研究投资机会的可行性，包括对市场的进一步考察分析等。

第三阶段：详细可行性研究，也称技术经济可行性研究。这是确定一个投资项目是否可行的最终研究阶段。包括市场近期、远期需求，资源、能源、技术协作落实情况，最佳工艺流程及其相应设备，厂址选择及厂区布置，设计组织系统和人员培训，建设投资费用，资金来源及偿还办法，生产成本，投资效果等。

第四阶段：形成可行性研究报告。

显然，应用系统开发所需要的成本和资源估算属于可行性研究中的经济可行性研究内容。

试题 26 答案

（29）B

试题 27 分析

在本题中，我们把试题中的表格增加一栏"累计净现金流量"，如表 9-8 所示。

表 9-8　修改后的现金流量表

年份	1	2	3	4	5	6
净现金流量（百万元）	-100	-200	100	250	200	200
累计净现金流量	-100	-300	-200	50	250	450

从表 9-8 中可以看出，在第 4 年的时候，累计净现金流量出现正值。因此：

静态投资回收期 = 4−1＋200/250 = 3.8 年

计算出的静态投资回收期应与行业或部门的基准投资回收期进行比较，若小于或等于行业或部门的基准投资回收期,则认为项目是可以考虑接受的,否则不可行。

静态投资回收期可以在一定程度上反映出项目方案的资金回收能力,其计算方便,有助于对技术上更新较快的项目进行评价。但它不能考虑资金的时间价值,也没有对投资回收期以后的收益进行分析,从中无法确定项目在整个寿命期的总收益和获利能力,不能正确反映投资方式不同对项目的影响。

试题 27 答案

(30) C

试题 28 分析

财务基准收益率是项目财务内部收益率指标的基准和判据,是项目在财务上是否可行的最低要求,也用作计算财务净现值的折现率。也就是说,只有当一个项目的财务内部收益率大于行业基准内部收益率时,才能被认为项目的财务盈利能力是可以满足要求的,值得对其进行投资。

根据《投资项目可行性研究指南》的相关规定,如果有行业发布的本行业基准收益率,即以其作为项目的基准收益率;如果没有行业规定,则由项目评价人员设定。

试题 28 答案

(31) D

试题 29 分析

从图 9-3 可以看出,在当前时间,AC>EV,即 CV<0,表示项目进展到当前时间时,实际支出的成本大于预算支出的成本,因此成本超支;EV>PV,即 SV>0,表示项目的实际进度超过预算进度,即进度超前。

试题 29 答案

(32) C   (33) B

试题 30 分析

根据 CV 和 SPI 的计算公式(CV = EV–AC,SPI – EV/PV),我们把题目的表格填写完整,如表 9-9 所示。

表 9-9 填写完整的 4 个项目参数

项目	PV	AC	EV	CV	SPI
1	10000	11000	10000	-1000	1
2	9000	7200	6000	-1200	0.67
3	8000	8000	8000	0	1
4	10000	7000	5000	-2000	0.5

因此,成本超出最多的是项目 4,进度最为落后的也是项目 4。

试题 30 答案

(34) C

第 10 章 变 更 控 制

从历年的考试试题来看，本章的考点在综合知识考试中的平均分数为 2.25 分，约为总分的 3%。在变更控制方面，主要考查变更的处理流程。

10.1 考点提炼

根据考试大纲，本章主要考查以下知识点：
（1）工程变更的概念。
（2）影响工程变更的主要因素。
（3）工程变更对工程的影响。
（4）工程变更控制的基本原则。
（5）变更控制的工作程序。
（6）需求变更确立的原则和需求变更的管理控制程序。
（7）进度变更确立的原则和进度变更的管理控制程序。
（8）成本变更确立的原则和成本变更的管理控制程序。
（9）合同变更确立的原则和合同变更的管理控制程序。

10.2 强化练习

试题 1
变更是项目干系人常常由于项目环境或者是其他各种原因要求对项目的范围基准等进行修改。如某项目由于行业标准变化导致变更，这属于__(1)__。
（1）A．项目实施组织本身发生变化
　　 B．客户对项目、项目产品或服务的要求发生变化
　　 C．项目外部环境发生变化
　　 D．项目范围的计划编制不周密详细

试题 2
项目变更贯穿于整个项目过程的始终，监理工程师应让项目干系人（特别是业主）认识到__(2)__。
（2）A．在项目策划阶段，变更成本较高
　　 B．在项目执行阶段，变更成本较低

C．在项目编码开始前，变更成本较低

D．在项目策划阶段，变更成本较低

试题 3

项目规模小并且与其他项目的关联度小时，变更的提出与处理过程可在操作上力求简便和高效。关于小项目变更，不正确的说法是__(3)__。

（3）A．对变更产生的因素施加影响以防止不必要的变更并减少无谓的评估

B．应明确变更的组织与分工合作

C．变更流程也要规范化

D．对变更的申请和确认，既可以是书面的也可以是口头的，以简化程序

试题 4

一项新的国家标准出台，某监理工程师意识到新标准中的某些规定将导致其目前负责一个项目必须重新设定一项技术指标，他首先应该__(4)__。

（4）A．撰写一份书面的变更请求

B．召开一次变更控制委员会会议，讨论所面临的问题

C．通知受到影响的项目干系人将采取新的项目计划

D．修改项目计划和 WBS，以保证该项目产品符合新标准

试题 5

希赛公司承担了某市政府门户网站建设项目，与该市信息中心签订了合同。在设计页面的过程中，经过多轮讨论和修改，页面在两周前终于得到了信息中心的认可，项目进入开发实施阶段。然而，信息中心本周提出，分管市领导看到页面设计后不是很满意，要求重新设计页面。但是，如果重新设计页面，可能会影响项目工期，无法保证网站按时上线。在这种情况下，监理工程师最恰当的做法是__(5)__。

（5）A．坚持原设计方案，因为原页面已得到客户认可

B．让开发方加班加点，抓紧时间修改页面

C．向业主方领导争取网站延期上线，重新设计页面

D．评估潜在的工期风险，再决定采取何种应对措施

试题 6

某公司最近承接了一个大型信息系统项目，项目整体压力较大，对这个项目中的变更，可以使用__(6)__等方式提高效率。

①分优先级处理　②规范处理　③整批处理　④分批处理

（6）A．①②③　　　　B．①②④　　　　C．②③④　　　　D．①③④

试题 7

合同变更控制系统规定合同修改的过程，包括__(7)__。

①文书工作　②跟踪系统　③争议解决程序　④合同索赔处理

（7）A．①②③　　　　B．②③④　　　　C．①②④　　　　D．①③④

试题 8

在变更控制中,"变更初审"的目的是__(8)__。

(8) A. 确保评估所需信息准备的必要性
    B. 在干系人间就提出供评估的变更信息达成共识
    C. 以项目基准为评估依据
    D. 对变更实施进行监控

试题 9

进度变更的控制活动包括__(9)__。

(9) A. 判断项目进度的当前状态,对造成进度变更的因素施加影响,查明进度是否已经改变,在实际变更出现时对其进行调整
    B. 判断项目进度的当前状态,对造成成本变更的因素施加影响,查明进度是否已经改变,在实际变更出现时对其进行管理
    C. 判断项目进度的当前状态,对造成进度变更的因素施加影响,查明进度是否已经改变,在实际变更出现时对其进行管理
    D. 判断项目进度的当前状态,对造成进度变更的因素施加影响,查明进度改变的原因,在实际变更出现时对其进行调整

试题 10

某软件开发项目进度紧迫,在设计方案还没完成前,项目经理改变计划,停止设计工作,要求项目组成员立即转入代码编写。监理工程师认为,__(10)__。

(10) A. 项目经理的行为不妥,须 CCB 批准后方可改变计划
     B. 项目经理有权改变流程,不需审批
     C. 这种行为属于赶工,项目经理可直接安排实施
     D. 这种行为属于快速跟进,项目经理有权决定

试题 11

在项目中实施变更应以__(11)__为依据。

(11) A. 项目干系人的要求   B. 项目管理团队的要求
     C. 批准的变更请求   D. 公司制度

试题 12

以下关于变更控制委员会(CCB)的描述错误的是__(12)__。

(12) A. CCB 也称为配置控制委员会,是配置项变更的监管组织
     B. CCB 任务是对建议的配置项变更作出评价、审批以及监督已批准变更的实施
     C. CCB 组织可以只有一个人
     D. 对于所有项目,CCB 包括的人员一定要面面俱到,应涵盖变更涉及的所有团体,才能保证其管理的有效性

试题 13

小王是某软件开发公司负责某项目的监理工程师,该项目已经完成了前期的工作进入实现阶段,但用户提出要增加一项新的功能,小王应该 (13) 。

(13) A. 立即实现该变更
　　 B. 拒绝该变更
　　 C. 通过变更控制过程管理该变更
　　 D. 要求客户与开发方领导协商

试题 14

下列选项中,属于变更控制委员会主要任务的是 (14) 。

(14) A. 提出变更申请　　　　　　B. 评估变更影响
　　 C. 评价、审批变更　　　　　D. 实施变更

试题 15

项目进行过程中,客户要求进度提前,围绕变更管理,监理工程师的以下做法,正确的是 (15) 。

(15) A. 进度变更和整体变更应一步到位,不要反复迭代
　　 B. 进度变更对成本、人力资源的影响,可在变更实施时再进行评价
　　 C. 先要求提出变更申请,走进度变更流程,然后根据变更后的新基线再进行相关的成本、人力资源等的变更
　　 D. 只要变更内容正确,即可执行变更

试题 16

变更控制是对 (16) 的变更进行标识、文档化、批准或拒绝,并控制。

(16) A. 详细的 WBS 计划　　　　B. 项目基线
　　 C. 项目预算　　　　　　　　D. 明确的项目组织结构

试题 17

通常,项目变更控制过程涉及到负责批准或拒绝变更请求的变更控制委员会。下列关于变更控制委员会的描述中,错误的是 (17) 。

(17) A. 在一些大的复杂的项目中,可能会有多个变更控制委员会,他们负有不同的职责
　　 B. 变更控制委员会的角色和职责应在变更控制和配置控制过程中予以明确定义
　　 C. 变更控制委员会的角色和职责应取得所有关键项目干系人的认可
　　 D. 变更控制委员会更新项目计划、任务清单和时间表,以反映变更对已做或在做工作的影响

试题 18

变更控制首要完成的任务是 (18) 。

(18) A. 分析变更的必要性和合理性，确定是否实施变更
B. 记录变更信息，填写变更控制单
C. 做出更改，并交上级审批
D. 修改相应的软件配置项（基线），确立新的版本

试题 19

下列关于变更控制的说法中，表述不正确的是__(19)__。

(19) A. 对项目变更目标要有明确的界定
B. 任何变更都要得到建设单位、监理单位和承建单位三方的书面确认
C. 变更控制中要选择冲击最小的方案
D. 为了避免项目变更影响项目实施人员的情绪，要把变更信息控制在领导层和项目关键人员范围内

试题 20

下列关于工程变更监控的表述正确的有__(20)__。
① 不论从哪一方提出设计变更均应征得建设单位同意
② 任何工程变更必须由设计单位出具变更方案
③ 不论哪一方提出工程变更，均应由总监理工程师签发《工程变更单》
④ 工程变更由实施单位负责控制
(20) A. ①、③　　　B. ①、③、④　　　C. ①、②、③　　　D. ③

试题 21

基线可作为软件生存期中各开发阶段的一个质量检查点。当采用的基线发生错误时，可以返回到最近和最恰当的__(21)__上。

(21) A. 配置项　　　B. 程序　　　C. 基线　　　D. 过程

试题 22

下列关于设计变更的说法中，表述正确的是__(22)__。

(22) A. 设计变更主要在实施阶段出现，与设计阶段的质量控制工作无关
B. 任何设计变更均必须得到建设单位同意并办理书面变更手续
C. 任何设计变更均须报请原设计单位审批
D. 国家有关政策法规的变化不会引起设计变更

试题 23

以下有关变更控制方面的描述，不正确的是__(23)__。

(23) A. 任何变更都要得到三方（建设单位、监理单位和承建单位）的书面确认，严禁擅自变更
B. 承建单位或建设单位是变更的申请者，监理方不能提出变更申请
C. 承建单位提出变更申请，一般应首先递交监理初审，同意后再与业主协商确定变更方法

D. 工程变更建议书应在预计可能变更的时间之前 14 天提出。在特殊情况下，工程变更可不受时间的限制

试题 24

对于信息系统工程项目的变更，__(24)__ 是监理不应采取的处理措施。

(24) A. 了解工程变更的实际情况

B. 三方在工程变更单上予以签认

C. 对业主提出的任何变更提议给予支持

D. 对变更范围、内容、实施难度与各方沟通后进行评价

试题 25

对于承建单位提出的工程变更申请，总监理工程师在签发意见之前，应就工程变更引起的进度改变和费用增减 __(25)__ 。

(25) A. 进行分析比较，并指令承建单位实施

B. 要求承建单位进行比较分析，以供业主审批

C. 要求承建单位与业主单位进行协商

D. 与业主单位和承建单位进行协商

试题 26

变更控制过程中，对于需求变更的确立，监理人员必须遵守的规则是 __(26)__ 。

① 每一项目变更必须用变更申请单提出，它包括对需要批准的变更的描述以及该项变更在计划、流程、预算、进度或可交付的成果上可能引起的变更。

② 在准备审批变更申请单前，监理工程师必须与总监理工程师商议所有提出的变更。

③ 变更至少应获得项目各方责任人的口头同意。

④ 变更申请单批准以后，必须修改项目整体计划，使之反映出该项变更，并且使该变更单成为这个计划的一部分。

(26) A. ①②③④　　　B. ①②③　　　C. ①②④　　　D. ①③④

试题 27

总监理工程师在签发《工程变更单》之前，应就工程变更引起的工期改变及费用的增减与 __(27)__ 进行协商，力求达到双方都能同意的结果。

(27) A. 咨询单位和设计单位　　　　　B. 承建单位和设计单位

C. 建设单位和设计单位　　　　　D. 建设单位和承建单位

试题 28

信息工程的特点决定在监理工作中应该把变更与风险放在一起考虑。__(28)__ 是应对风险的三项基本原则。

(28) A. 忽略、减轻、规避　　　　　B. 规避、追踪、接受

C. 规避、接受、减轻　　　　　D. 接受、调整、减轻

试题 29

基线(Baseline)是指一个(或一组)配置项在项目生命周期的不同时间点上通过__(29)__而进入正式受控的一种状态。

(29) A. 领导批准　　　B. 质量控制　　　C. 正式评审　　　D. 验收测试

试题 30

监理在评价变更合理性时应考虑的内容不包括判断__(30)__。

(30) A. 变更是否会影响工作范围、成本、质量、进度
　　　B. 性能是否有保证，对选用设备的影响
　　　C. 变更是否影响项目的投资回报率和净现值
　　　D. 变更是否可以平衡各方利益

10.3 习题解答

试题 1 分析

监理工程师必须对变更进行控制，造成项目范围变更的主要原因如下：

(1) 项目外部环境发生变化，例如，政府政策变化、行业标准变化等。
(2) 项目范围的计划编制不周密详细，有一定的错误或遗漏。
(3) 市场上出现了或是设计人员提出了新技术、新手段或新方案。
(4) 项目实施组织本身发生变化。
(5) 客户对项目、项目产品或服务的要求发生变化。

试题 1 答案

(1) C

试题 2 分析

根据软件工程的知识，变更越早，成本越低。

试题 2 答案

(2) D

试题 3 分析

项目规模小、与其他项目的关联度小时，变更的提出与处理过程可在操作上力求简便、高效，但仍应注意以下几点：

(1) 对变更产生的因素施加影响：防止不必要的变更，减少无谓的评估，提高必要变更的通过效率。
(2) 对变更的确认应当正式化。
(3) 变更的操作过程应当规范化。

由于变更的真实原因和提出背景复杂，如不经评估而快速实施则可能涉及的项目影响难以预料，而变更申请是变更管理流程的起点，故应严格控制变更申请的提交。变更

控制的前提是项目基准健全，对变更处理的流程事先达成共识。

应严格控制项目变更申请的提交，严格控制是指变更管理体系能确保项目基准能反映项目的实施情况。

变更申请的提交，首先应当确保覆盖所有变更操作，这意味着如果变更申请操作可以被绕过，则此处的严格便毫无意义；但应根据变更的影响和代价提高变更流程的效率。并在某些情况下使用进度管理中的快速跟进等方法。如委托方和实施方高层管理者已对变更请求达成共识，则在实施过程中应提高变更执行的效率。

试题 3 答案

（3）D

试题 4 分析

规范的变更控制流程如下：

（1）提出与接受变更申请。变更提出应当及时以正式方式进行，并留下书面记录。变更的提出可以是各种形式，但在评估前应以书面形式提出。

（2）对变更的初审。变更初审的目的有：

对变更提出方施加影响，确认变更的必要性，确保变更是有价值的。

格式校验，完整性校验，确保评估所需信息准备充分。

在干系人间就提出供评估的变更信息达成共识。

变更初审的常见方式为变更申请文档的审核流转。

（3）变更方案论证。变更方案的主要作用，首先是对变更请求是否可实现进行论证，如果可能实现，则将变更请求由技术要求转化为资源需求，以供 CCB 决策。常见的方案内容包括技术评估和经济评估，前者评估需求如何转化为成果，后者评估价值和风险。

（4）项目变更控制委员会审查。审查过程，是项目所有者据变更申请及评估方案，决定是否批准变更。评审过程常包括客户、相关领域的专业人士等。审查通常是文档会签形式，重大的变更审查可以包括正式会议形式。审查过程应注意分工，项目投资人虽有最终的决策权，但通常在专业技术上并非强项。所以应当在评审过程中将专业评审、经济评审分开，对涉及项目目标和交付成果的变更，客户的意见应放在核心位置。

（5）发出变更通知并开始实施。评审通过，意味着项目基准的调整，同时确保变更方案中的资源需求及时到位。项目基准的调整，包括项目目标的确认，最终成果、工作内容和资源、进度计划的调整。需要强调的是，变更通知后，不只是包括实施项目基准的调整，更要明确项目的交付日期、成果对相关干系人的影响。如变更造成交付期的调整，应在变更确认时发布，而非在交付前公布。

（6）变更实施的监控。要监控的，除了调整过的项目基准中所涉及变更的内容外，还应当对项目的整体基准是否反映项目实施情况负责。通过监控行动，确保项目的整体实施工作是受控的。变更实施的过程监控，通常由项目经理负责项目基准的监控。管理委员会监控变更明确的主要成果、进度里程碑等，可以委托监理单位承担监控职责。

（7）变更效果的评估。变更评估可以从以下几个方面进行评估：

首要的评估依据，是项目基准。

还需结合变更的初衷来看，变更所要达到的目的是否已达成。

评估变更方案中的技术论证、经济论证内容与实施过程的差距并推进解决。

（8）判断发生变更后的项目是否已纳入正常轨道。项目基准调整后，需要确认的是相应的资源配置和人员是否及时到位，更需多加关注。之后对项目的整体监控应按新的项目基准进行。涉及变更的项目范围及进度，在变更后的紧邻监控中，应更多地关注，当确认新的项目基准已经生效则按正常的项目实施流程进行。

试题 4 答案

（4）A

试题 5 分析

在项目实施过程中，由于各种原因，变更是难免的。在本题的背景下，监理工程师首先应该评估潜在的工期风险，再决定采取何种应对措施。

试题 5 答案

（5）D

试题 6 分析

由于变更的实际情况千差万别，可能简单，也可能相当复杂。越是大型的项目，调整项目基准的边际成本越高，随意的调整可能带来的麻烦也越大越多，包括基准失效、项目干系人冲突、资源浪费、项目执行情况混乱等。

在项目整体压力较大的情况下，更需强调变更的提出、处理应当规范化，可以使用分批处理、分优先级等方式提高效率，如同繁忙的交通道口，如果红绿灯变化频繁，其结果不是灵活高效，而是整体通过能力的降低。

试题 6 答案

（6）B

试题 7 分析

在大量的工程实践中，由于合同双方现实环境和相关条件的变化，往往会出现合同变更，而这些变更必须根据合同的相关条款适当地加以处理。如果某一方不理解合同条款，或不严格执行合同条款，那么该方会发生额外的代价以完成额外的工作任务。

合同变更的处理由合同变更控制系统来完成。合同变更控制系统包括文书记录工作、跟踪系统、争议解决程序和授权变更所需的批准级别。合同变更控制系统是项目整体变更控制的一部分。任何合同的变更都是以一定的法律事实为依据来改变合同内容的法律行为。

有多种因素会导致合同变更，例如范围变更、成本变更、进度变更、质量要求的变更甚至人员变更都可能会引起合同的变更，乃至重新修订。按照合同签约各方的约定，合同变更控制系统的一般处理程序为：

(1) 变更的提出。合同签约各方都可以向监理单位（或变更管理委员会）提出书面的合同变更请求。

(2) 变更请求的审查。合同签约各方提出的合同变更要求和建议，必须首先交由监理单位（或变更管理委员会）审查后，提出合同变更请求的审查意见，并报业主。

(3) 变更的批准。监理单位（或变更管理委员会）批准或拒绝变更。

(4) 变更的实施。在组织业主与承包人就合同变更及其他有关问题协商达成一致意见后，由监理单位（或变更管理委员会）正式下达合同变更指令，承包人组织实施。

"公平合理"是合同变更的处理原则，变更合同价款按下列方法进行：

(1) 首先确定合同变更量清单，然后确定变更价款。

(2) 合同中已有适用于项目变更的价格，按合同已有的价格变更合同价款。

(3) 合同中只有类似于项目变更的价格，可以参照类似价格变更合同价款。

(4) 合同中没有适用或类似项目变更的价格，由承包人提出适当的变更价格，经监理工程师和业主确认后执行。

试题 7 答案

(7) A

试题 8 分析

变更管理的工作程序为：

(1) 提出与接受变更申请。

(2) 对变更的初审。变更初审的目的如下：

① 对变更提出方施加影响，确认变更的必要性，确保变更是有价值的。

② 格式校验，完整性校验，确保评估所需信息准备充分。

③ 在干系人间就提出供评估的变更信息达成共识。

④ 变更初审的常见方式为变更申请文档的审核流转。

(3) 变更方案论证。

(4) 项目变更控制委员会审查。

(5) 发出变更通知并开始实施。

(6) 变更实施的监控。

(7) 变更效果的评估。

(8) 判断发生变更后的项目是否已纳入正常轨道。

试题 8 答案

(8) B

试题 9 分析

对进度变更的控制，包括以下主题：

(1) 判断项目进度的当前状态。

(2) 对造成进度变更的因素施加影响。

（3）查明进度是否已经改变。

（4）在实际变更出现时对其进行管理。

试题 9 答案

（9）C

试题 10 分析

项目经理的行为不妥，变更必须按照变更控制流程来执行，不能随意变更。即先提出变更申请，经变更控制委员会 CCB 批准后方可改变计划。

试题 10 答案

（10）A

试题 11 分析

变更控制的依据有项目管理计划、工作绩效信息、变更请求、企业环境因素、组织过程资产。

试题 11 答案

（11）C

试题 12 分析

变更控制委员会（Change Control Board，CCB）也称为配置控制委员会（Configuration Control Board），是配制项变更的监管组织。其任务是对建议的配制项变更做出评价，审批以及监督已批准变更的实施。

变更控制委员会的成员可以包括项目经理、用户代表、项目质量控制人员、配置控制人员。这个组织不必是常设机构，包括的人员也不必面面俱到，完全可以根据工作的需要组成，例如按变更内容和变更请求的不同，组成不同的 CCB。小的项目 CCB 可以只有 1 人，甚至只是兼职人员。

如果 CCB 不只是控制变更，而是负有更多的配置管理任务，那就应该包括基线的审定、标识的审定以及产品的审定。并且可能根据工作的实际需要分为项目层、系统层和组织层来组建，使其完成不同层面的配置管理任务。

试题 12 答案

（12）D

试题 13 分析

项目已经完成前期的工作进入实施阶段，但用户提出要增加一项新的功能，这时小王应该通过变更控制过程管理该变更。综合变更控制过程在整个项目过程中贯彻始终，并且应用于项目的各个阶段。提出的变更可能需要重新进行成本估算、进度活动排序、进度日期、资源需求、风险方案分析或其他对项目管理计划、项目范围说明书、项目可交付物的调整，或对这些内容进行修订。

因此，小王在用户提出要增加一项新的功能时，立即实现该变更或拒绝该变更都是错误的。同时，也不应该推脱责任，要求客户与开发方领导协商。

试题 13 答案

（13）C

试题 14 分析

软件开发活动中公认变更控制委员会或 CCB 为最好的策略之一。变更控制委员会可以由一个小组担任，也可由多个不同的组担任，负责做出决定，究竟将哪一些已建议需求变更或新产品特征付诸应用。

因此，选项 C 属于变更控制委员会的主要任务，其他选项并不是变更控制委员会的任务。

试题 14 答案

（14）C

试题 15 分析

在项目实施过程中，所有变更都必须走变更控制流程。

试题 15 答案

（15）C

试题 16 分析

变更控制是对项目基线的变更进行标识、文档化、批准或拒绝，并控制。

试题 16 答案

（16）B

试题 17 分析

通常，项目变更控制过程涉及到负责批准或拒绝变更请求的变更控制委员会，这一委员会的角色和职责应在变更控制和配置控制过程中予以明确定义，并应取得所有关键项目干系人的认可。很多大型组织规定了一种多级的委员会结构以划分职责。

而变更控制委员会更新项目计划、任务清单和时间表，反映的是变更对在做或未做工作的影响。

试题 17 答案

（17）D

试题 18 分析

变更控制中最首要完成的任务是分析变更的必要性和合理性，确定是否实施变更。只有确定要实施变更后，才需要做 C、D 两项中的内容，至于填写变更控制单只是一个规范流程的问题，不是首要任务。

试题 18 答案

（18）A

试题 19 分析

项目的不确定性因素导致了项目的进展未必像想象中，或计划中的那样顺利，而当这种不确定性变得明确且和当初的预测不一致的时候，就会导致项目出现变更。一般来说，项目的目标是项目所有活动的最终判断准则。也就是说我们必须关注那些可能会引起项目目标变化的信息。

变更控制就是对项目基线的变更进行标识、记载、批准或拒绝，并对此变更加以控制，对项目变更目标要有明确的界定。为了对项目变更进行控制，应由建设单位、监理单位和承建单位三方共同建立变更控制系统，任何变更都要得到建设单位、监理单位和承建单位三方的书面确认。变更控制系统是一套事先确定的修改项目文件或改变项目活动时应遵循的程序，其中包括必要的表格或其他书面文件，责任追踪和变更审批制度、人员和权限。变更控制系统应当明确规定变更控制委员会的责任和权力，并由所有的项目干系人认可。在审批变更时，要加强对变更风险和变更效果的评估，选择对项目影响最小的变更方案，尽量防止增加项目投资。

变更控制系统可细分为整体、范围、进度、费用和合同变更控制系统。变更控制系统应当同项目管理信息系统一起通盘考虑，形成整体。

试题 19 答案

（19）D

试题 20 分析

在信息系统建设过程中，变更是难免的，引起变更的原因也可能是多方面的，例如客户需求的变化、新技术或新工艺的影响以及不可预见的突发事件等。提出变更申请的既可以是建设单位，也可以是承建单位或监理单位，但是，无论哪一方提出设计变更，均应征得建设单位同意。

提出变更要使用书面的变更申请单，变更申请单由变更控制委员会负责审核和批准，工程变更由建设单位负责实施，监理单位负责控制。

试题 20 答案

（20）A

试题 21 分析

基线可作为软件生存期中各开发阶段的一个质量检查点。当采用的基线发生错误时，可以返回到最近和最恰当的基线上。

试题 21 答案

（21）C

试题 22 分析

设计变更主要在实施阶段出现，与设计阶段的质量控制工作有关，如果在设计阶段质量控制得好，设计变更就会比较小。

任何设计变更均必须得到建设单位同意并办理书面变更手续，监理单位必须控制设计变更，设计变更必须通过三方达成共识。

设计变更不一定要报请原设计单位审批，国家有关政策法规的变化有可能引起设计变更。

第10章 变更控制

试题 22 答案

（22）B

试题 23 分析

一般来说，承建单位和建设单位是变更的主要申请方，但这并不意味着监理单位就不可以提出变更，监理单位也可以根据项目实施的情况提出变更。比如在监理过程中发现了前期设计的缺陷；或者发现原来计划采购的设备已经停止供货，有性能价格比更高的替代产品上市等。这时监理方就应主动提出变更申请。

试题 23 答案

（23）B

试题 24 分析

项目监理机构应按下列程序处理工程变更：

（1）设计单位对原设计存在的缺陷提出的工程变更，应编制设计变更文件；建设单位或承包单位提出的工程变更，应提交总监理工程师，由总监理工程师组织专业监理工程师审查。审查同意后，应由建设单位转交原设计单位编制设计变更文件。当工程变更涉及安全、环保等内容时，应按规定经有关部门审定。

（2）项目监理机构应了解实际情况和收集与工程变更有关的资料。

（3）总监理工程师必须根据实际情况、设计变更文件和其他有关资料，按照施工合同的有关条款，在指定专业监理工程师完成下列工作后，对工程变更的费用和工期作出评估。

（4）总监理工程师应就工程变更费用及工期的评估情况与承包单位和建设单位进行协调。

（5）总监理工程师签发工程变更单。

（6）项目监理机构应根据工程变更单监督承包单位实施。

所以无论是业主方还是承建方提出的变更都必须经过变更管理委员会进行审核，监理方不能单独对项目各方提出的变更进行支持或否定。

试题 24 答案

（24）C

试题 25 分析

任何变更的申请，都必须要通过三方的协商，然后才能决定是否批准。

试题 25 答案

（25）D

试题 26 分析

变更控制过程中，对于需求变更的确立，监理人员必须遵守的规则是：

（1）每个项目合同必须包括一个控制系统，通过它对项目计划、流程、预算、进度或可交付成果的变更进行评估。

（2）每一个项目变更必须用变更申请单提出，它包括对需求批准的变更的描述以及该项变更在计划、流程、预算、进度或可交付的成果上可能引起的变更。

（3）变更必须获得项目各方负责人的书面批准。

（4）在准备审批变更申请单前，监理工程师必须与总监理工程师商议所有提出的变更。

（5）变更申请单批准后，必须修改项目整体计划，使之反映出该项目变更，并且使变更成为这个计划的一部分。

试题 26 答案

（26）C

试题 27 分析

总监理工程师在签发《工程变更单》之前，应就工程变更引起的工期改变及费用的增减与建设单位和承建单位进行协商，力求达到双方都能同意的结果。

从解答试题的技巧上来看，题目并没有说明是设计方面的变更，所以，不一定与设计单位有关系。既然不一定有关系，就不一定需要与设计单位进行协商，从而排除了A、B、C 三个选项。

试题 27 答案

（27）D

试题 28 分析

通常，使用4种策略应对可能对项目目标存在消极影响的风险或威胁。这些策略分别是回避、转移、减轻和接受。

（1）回避。风险回避是指改变项目管理计划，以完全消除威胁。项目经理也可以将项目目标从风险的影响中分离出来，或改变受到威胁的目标，如延长进度、改变策略或缩小范围等。最极端的回避策略是取消整个项目。在项目早期出现的某些风险，可以通过澄清需求、获取信息、改善沟通或取得专有技能来加以回避。

（2）转移。风险转移是指将某风险的部分或全部消极影响连同应对责任转移给第三方。转移风险是将风险管理责任简单地推给另一方，而并非消除风险。转移风险策略对处理风险的财务后果最有效。采用风险转移策略，几乎总是需要向风险承担者支付风险费用。风险转移可采用多种工具，包括保险、履约保函、担保书和保证书等。可以利用合同将某些具体风险转移给另一方。例如，如果建设单位具备卖方所不具备的某种能力，为谨慎起见，可通过合同规定将部分工作及其风险再转移给建设单位。在许多情况下，成本补偿合同可将成本风险转移给建设单位，而总价合同可将风险转移给卖方。

（3）减轻。风险减轻是指将不利风险事件的概率和/或影响降低到可接受的临界值范围内。提前采取行动来降低风险发生概率和/或可能给项目所造成的影响，比风险发生后再设法补救，往往要有效得多。减轻措施的例子包括：采用复杂性较低的流程，进行更多的测试，或者选用比较稳定的供应商。它可能需要开发原型，以降低从实验台模型放大到实际工艺或产品过程中的风险。如果无法降低风险概率，也许可以从决定风险严重性的关联点入手，针对风险影响来采取减轻措施。例如，在一个系统中加入冗余部件，可以减轻主部件故障所造成的影响。

（4）接受。因为几乎不可能消除项目的全部威胁，所以就需要采用风险接受策略。该策略表明，项目团队已决定不为处理某风险而变更项目管理计划，或者无法找到任何其他的合理应对策略。该策略可以是被动或主动的。被动地接受风险，只需要记录本策略，而不需要任何其他行动；待风险发生时再由项目团队进行处理。最常见的主动接受策略是建立应急储备，安排一定的时间、资金或资源来应对风险。

试题 28 答案

（28）C

试题 29 分析

基线是指一个（或一组）配置项在项目生命周期的不同时间点上通过正式评审而进入正式受控的一种状态。

试题 29 答案

（29）

试题 30 分析

评价项目变更合理性应考虑的内容包括：

（1）变更是否会影响工作范围、成本、工作质量和时间进度。

（2）是否会对项目准备选用的设备或消耗的材料产生影响，性能是否有保证，投资的变化有多大。

（3）在信息网络系统或信息应用系统的开发设计过程中，变更是否会影响开发系统的适用性和功能，是否影响系统的整体架构设计。

（4）变更是否会影响项目的投资回报率和净现值？如果是，那么项目在新的投资回报率和净现值基础上是否可行。

（5）如何证明项目的变更是合理的，是会产生良性效果的，必要时要有论证。

试题 30 答案

（30）D

第 11 章 信息管理

从历年的考试试题来看，本章的考点在综合知识考试中的平均分数为 3.17 分，约占总分的 4.23%。

11.1 考点提炼

根据考试大纲，本章主要考查以下知识点：
（1）信息系统工程中信息管理的概念。
（2）信息系统工程中信息的分类。
（3）监理文档的管理。
（4）监理文件（日志、周报、月报、专题报告、总结报告等）的内容、作用和填写方法。

11.2 强化练习

试题 1

在配置管理的主要工作中，不包括下列中的　(1)　。
（1）A．标识配置项　　　　　　　　　B．控制配置项的变更
　　　C．对工作结束的审核　　　　　　D．缺陷分析

试题 2

在信息系统开发某个阶段工作结束时，应将工作产品及有关信息存入配置库的　(2)　。
（2）A．受控库　　　B．开发库　　　C．产品库　　　D．知识库

试题 3

以下有关基线的叙述，错误的是　(3)　。
（3）A．基线由一组配置项组成
　　　B．基线不能再被任何人任意修改
　　　C．基线是一组经过正式审查并且达成一致的范围或工作产品
　　　D．产品的测试版本不能被看作基线

试题 4

某个配置项的版本由 1.0 变为 2.0，按照配置版本号规则表明　(4)　。

（4）A．目前配置项处于正式发布状态，配置项版本升级幅度较大

　　　B．目前配置项处于正式发布状态，配置项版本升级幅度较小

　　　C．目前配置项处于正在修改状态，配置项版本升级幅度较大

　　　D．目前配置项处于正在修改状态，配置项版本升级幅度较小

试题 5

　　某软件开发项目计划设置如下基线：需求基线、设计基线、产品基线。在编码阶段，详细设计文件需要变更，以下叙述中，__(5)__ 是正确的。

　　（5）A．设计文件评审已通过，直接变更即可

　　　B．设计基线已经建立，不允许变更

　　　C．设计基线已经建立，若变更必须走变更控制流程

　　　D．详细设计与设计基线无关，直接变更即可

试题 6

　　在集成项目实施中，建设方要求建立项目配置管理。关于配置管理，以下叙述正确的是__(6)__。

　　（6）A．配置管理适合软件开发过程，集成过程无法建立配置管理

　　　B．配置管理必须要有配置工具，否则无法建立

　　　C．如果没有专用工具，用手工方式也可以进行配置管理

　　　D．配置库中把各设施登记清楚就可以

试题 7

　　项目组成员中有一名专职的文件管理员，其主要职责之一是负责项目组的文件收发和保管。针对于文件收发环节，以下叙述不正确的是__(7)__。

　　（7）A．电子版文件可通过授权系统来控制收发

　　　B．对于纸质文件可以采用编号、盖章等方法控制文件的有效性

　　　C．发给客户的文件可以不进行文件回收管理

　　　D．对现场使用的外来文件可不进行文件收发管理

试题 8

　　根据《软件工程术语 GB/T 11457—06》，基线是业已经过正式审核与统一，可用作下一步开发的基础，并且只有通过正式的修改管理步骤方能加以修改的规格说明或产品。对于配置管理，有以下三种基线：功能基线、__(8)__ 和产品基线。

　　（8）A．编码基线　　　　B．测试基准　　　　C．里程碑　　　　D．分配基线

试题 9

　　配置管理中有一项工作是变更控制，其中配置项状态变化的过程如图 11-1 所示。在这个状态变化过程中，图中的（1）、（2）、（3）三个状态依次为__(9)__。

　　（9）A．工作状态、受控状态、评审状态

　　　B．评审状态、工作状态、受控状态

C. 工作状态、评审状态、受控状态
D. 受控状态、评审状态、工作状态

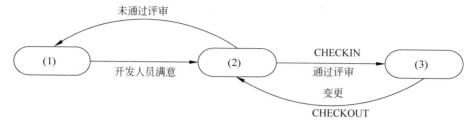

图 11-1 配置项状态变化

试题 10

配置识别是软件项目管理中的一项重要工作，它的工作内容不包括 （10） 。

（10）A. 确定需要纳入配置管理的配置项
B. 确定配置项的获取时间和所有者
C. 为识别的配置项分配唯一的标识
D. 对识别的配置项进行审计

试题 11

某开发项目配置管理计划中定义了三条基线，分别是需求基线、设计基线和产品基线， （11） 应该是需求基线、设计基线和产品基线均包含的内容。

（11）A. 需求规格说明书 B. 详细设计说明书
C. 用户手册 D. 概要设计说明书

试题 12

在管理信息系统的开发过程中用到很多图表，对这些图表进行有规则的编号，可以方便图表的查找。根据生命周期的 5 个阶段，可以给出图 11-2 所示的分类编号规则，其中第 3、4 位应该表示 （12） 。

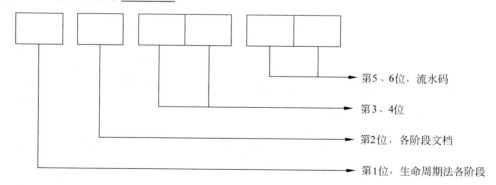

图 11-2 图表分类编号规则

（12）A．文档页数　　　B．文档编号　　　C．文档内容　　　D．文档目录

试题 13

以下关于配置项的描述中，不正确的是__(13)__。

(13) A．使用配置管理工具后，所有配置项要以一定的目录结构保存在配置库中
　　　B．所有配置项的操作权限应该由项目经理严格统一管理
　　　C．所有配置项都必须按照相关规定进行统一编号
　　　D．基线配置项要向软件开发人员开放读取的权限

试题 14

下面任务中，__(14)__不是在配置管理过程中执行的内容。

(14) A．确认一个条目或一个系统的功能和物理特征
　　　B．针对特征控制变更
　　　C．对项目范围进行审核以检验当前的项目范围是否与预定的要求相符
　　　D．允许对变更自动承认

试题 15

如果一个配置项的版本号为1.1，那么这个配置项处于"__(15)__"状态。

(15) A．草稿　　　B．正式　　　C．修改　　　D．完成

试题 16

在信息系统工程建设中，能及时、准确、完善地掌握与信息系统工程有关的大量信息，处理和管理好各类工程建设信息，是信息系统工程项目信息管理的重要工作内容，下列__(16)__不符合监理文档管理的要求。

(16) A．文档的格式应该统一，最好能够结合监理单位自身的 MIS 系统和监理工程项目管理软件来统一定义文档格式，便于进行管理
　　　B．为了方便各承建单位对所有文档的随时查阅，文档管理人员要对文档实行查阅登记制度
　　　C．所有资料必须分期、分区、分类管理，时刻保证资料与实际情况的统一
　　　D．文档的存档时限应该由监理单位根据国家档案管理相关的要求进行规定

试题 17

监理工程师在施工现场发出的口头指令及要求，应采用__(17)__予以确认。

(17) A．监理联系单　　B．监理变更单　　C．监理通知单　　D．监理回复单

试题 18

在信息化工程监理工作的文档管理中，属于监理实施类文档的有__(18)__。

① 项目进度计划　② 监理月报　③ 专题监理报告　④ 项目变更记录
⑤ 监理实施细则　⑥ 验收测试报告

(18) A．①②③⑤　　B．②③④　　C．①②③④　　D．②③④⑥

试题 19

建设工程监理表格体系中，属于承建单位用表的有__(19)__。

(19) A．工程暂停令　　　　　　　　B．工程临时延期审批表
　　　C．合同阶段性款项支付申请表　　D．工程合同评审表

试题 20

以下内容中，__(20)__应写入操作手册。

(20) A．描述系统对各种输入数据的处理方法
　　　B．说明系统升级时厂商提供的服务
　　　C．描述系统处理过程的各个界面
　　　D．说明系统各部分之间的接口关系

试题 21

关于软件文档的叙述，__(21)__是错误的。

(21) A．文档就是指软件的操作说明书
　　　B．文档是软件产品的一部分，没有文档的软件就不成为软件
　　　C．高质量文档对于软件开发、维护和使用有重要的意义
　　　D．测试用例也是重要的软件文档

试题 22

文档的编制在网络项目开发工作中占有突出的地位。下列有关网络工程文档的叙述中，不正确的是 __(22)__。

(22) A．网络工程文档不能作为检查项目设计进度和设计质量的依据
　　　B．网络工程文档是设计人员在一定阶段的工作成果和结束标识
　　　C．网络工程文档的编制有助于提高设计效率
　　　D．按照规范要求生成一套文档的过程，就是按照网络分析与设计规范完成网络项目分析与设计的过程

试题 23

系统测试人员与系统开发人员需要通过文档进行沟通，系统测试人员应根据一系列文档对系统进行测试，然后将工作结果撰写成__(23)__，交给系统开发人员。

(23) A．系统开发合同　　　　B．系统设计说明书
　　　C．测试计划　　　　　　D．系统测试报告

试题 24

下列关于 GB/T 8567—06《计算机软件文档编制规范》的叙述，不正确的是 __(24)__。

(24) A．该标准规定了软件开发过程中文档编制的布局
　　　B．该标准规定了何种信息对于文档管理者是可用的
　　　C．该标准是软件开发过程中文档编写质量的检验准则
　　　D．该标准规定了软件开发过程中文档编制的内容

试题 25

从监理的角度来分类,以下不属于监理总控类文档的是 __(25)__ 。

(25)A. 监理合同　　　　　　　　　　B. 监理工作总结

　　 C. 监理实施细则　　　　　　　　D. 监理规划

试题 26

按照《国家电子政务工程建设项目档案管理暂行办法》的要求, __(26)__ 保存期限为永久。

(26)A. 监理工作总结　　　　　　　　B. 监理大纲

　　 C. 监理照片　　　　　　　　　　D. 监理支付证书

试题 27

文档是检查各方工作绩效及展现项目进展的历史性资料,以下关于监理文档管理的作用说法不准确的是 __(27)__ 。

(27)A. 便于培养监理人员

　　 B. 可以对监理人员的工作情况进行考核

　　 C. 可以作为总结监理工作经验的素材

　　 D. 可以随时提供给承建单位,作为回顾历史工作状态的证据

试题 28

某信息系统项目进入验收阶段,建设单位召集监理和承建单位召开验收准备工作专题讨论会,会后应由 __(28)__ 编制会议纪要。

(28)A. 监理单位负责　　　　　　　　B. 承建单位负责

　　 C. 建设单位负责　　　　　　　　D. 三方共同

试题 29

根据《国家电子政务工程项目档案管理暂行办法》,下列文档中, __(29)__ 不必列入电子政务验收文档范围。

(29)A. 中标通知书　　　　　　　　　B. 未中标的投标文件

　　 C. 工程批复　　　　　　　　　　D. 承建单位内部管理文件

试题 30

采用瀑布模型进行系统开发的过程中,每个阶段都会产生不同的文档。以下关于产生这些文档的描述中,正确的是 __(30)__ 。

(30)A. 外部设计评审报告在概要设计阶段产生

　　 B. 集成测划在程序设计阶段产生

　　 C. 系统计划和需求说明在详细设计阶段产生

　　 D. 在进行编码的同时,设计独立的单元测试计划

11.3 习题解答

试题 1 分析

配置管理的活动主要有编制项目配置管理计划、配置标识、变更管理和配置控制、配置状态说明、配置审核,以及进行版本管理和发行管理。

(1) 编制项目配置管理计划。在项目启动阶段,项目经理首先要制定整个项目的开发计划,它是整个项目研发工作的基础。总体研发计划完成之后,配置管理的活动就可以展开了,如果不在项目开发之初制定配置管理计划,那么配置管理的许多关键活动就无法及时有效地进行,而它的直接后果就是造成项目开发状况的混乱,并注定使配置管理活动成为一种救火的行为。由此可见,在项目启动阶段制定配置管理计划是项目成功的重要保证。

(2) 配置标识。配置标识是配置管理的基础性工作,是管理配置管理的前提。配置标识是确定哪些内容应该进入配置管理形成配置项,并确定配置项如何命名,用哪些信息来描述该配置项。

(3) 变更管理和配置控制。配置管理的最重要的任务就是对变更加以控制和管理,其目的是对于复杂、无形的软件,防止在多次变更下失控,出现混乱。

(4) 配置状态说明。配置状态说明也称为配置状态报告,它是配置管理的一个组成部分,其任务是有效地记录报告管理配置所需要的信息,目的是及时、准确地给出配置项的当前状况,供相关人员了解,以加强配置管理工作。

(5) 配置审核。配置审核的任务便是验证配置项对配置标识的一致性。软件开发的实践表明,尽管对配置项做了标识,实现了变更控制和版本控制,但如果不做检查或验证仍然会出现混乱。配置审核的实施是为了确保软件配置管理的有效性,体现配置管理的最根本要求,不允许出现任何混乱现象。

(6) 版本管理和发行管理。版本控制用于将管理信息工程中生成的各种不同的配置的规程和相关管理工具结合起来。配置管理中,版本包括配置项的版本和配置的版本,这两种版本的标识应该各有特点,配置项的版本应该体现出其版本的继承关系,它主要是在开发人员内部进行区分,另外还需要对重要的版本做一些标记,如对纳入基线的配置项版本就应该做一个标识。

试题 1 答案

(1) D

试题 2 分析

知识库不属于配置管理中的配置库。在信息系统开发某个阶段工作结束时,应将工作产品及有关信息存入配置库的受控库。

试题 2 答案

（2）A

试题 3 分析

基线由一组配置项组成，这些配置项构成了一个相对稳定的逻辑实体，是一组经过正式审查并且达成一致的范围或工作产品。基线中的配置被"冻结"了，不能再被任何人随意修改。基线通常对应于开发过程中的里程碑，一个产品可以有多个基线，也可以只有一个基线。产品的测试版本可以作为一个基线。

试题 3 答案

（3）D

试题 4 分析

版本管理的目的是按照一定的规则保存配置项的所有版本，避免发生版本丢失或混淆等现象，并且可以快速准确地查找到配置项的任何版本。配置项的状态有三种："草稿"、"正式发布"和"正在修改"。

配置项的版本号与配置项的状态紧密相关：

（1）处于"草稿"状态的配置项的版本号格式为：0.YZ，YZ 数字范围为 01~99。随着草稿的不断完善，YZ 的取值应递增。YZ 的初值和增幅由开发者自己把握。

（2）处于"正式发布"状态的配置项的版本号格式为：X.Y。X 为主版本号，取值范围为 1-9。Y 为次版本号，取值范围为 1-9。

（3）配置项第一次"正式发布"时，版本号为 1.0。

（4）如果配置项的版本升级幅度比较小，一般只增大 Y 值，X 值保持不变。只有当配置项版本升级幅度比较大时，才允许增大 X 值。

（5）处于"正在修改"状态的配置项的版本号格式为：X.YZ。在修改配置项时，一般只增大 Z 值，X.Y 值保持不变。

因此，某个配置项的版本由 1.0 变为 2.0，按照配置版本号规则表明"目前配置项处于正式发布状态，配置项版本升级幅度较大"。

试题 4 答案

（4）A

试题 5 分析

本题中的软件开发项目设置了需求基线、设计基线、产品基线，在编码阶段设计基线已经建立。若要对详细设计文件进行变更，必须走变更控制流程。

试题 5 答案

（5）C

试题 6 分析

无论是软件开发过程还是系统集成过程，均需要建立配置管理。配置管理最初就是用手工进行管理的，后来随着配置管理越来越复杂，才过渡到用专用工具来管理来提高工作效率,但并非没有专用工具,就无法进行配置管理。

配置库并非简单地把设施登记一下,而是要存放软件与硬件方面的各种半成品、阶段性产品以及相关的管理信息(比如变更记录等)。

试题 6 答案

(6) C

试题 7 分析

选项 A 和选项 B 都是文件收发管理中常见的工作方法。

发给客户的文件通常是不会再回到项目组的,所以自然不需要进行文件回收管理。而现场使用的外来文件属于文件管理的范畴。

试题 7 答案

(7) D

试题 8 分析

在实施技术状态管理中涉及到两个基本的管理要素,一是技术状态项目,二是基线。技术状态项目是技术状态管理的基本单元。基线是指已批准的并形成文件的技术描述。技术状态管理中,一般要考虑三个基线——功能基线、分配基线和产品基线。技术状态管理主要是针对技术状态项目的基线实施的管理。

试题 8 答案

(8) D

试题 9 分析

在一般情况下,开发中的配置项尚未稳定下来,对于其他配置项来说是不可见的,是处于工作状态下,或称自由状态下,此时它未受到配置管理的控制,开发人员可以自己变更,不受变更控制流程的约束;当开发人员认为工作已经完成,可供其他配置项使用,把它提交进行评审,就开始进入评审状态;若通过评审,则已处于受控状态。处于受控状态下的配置项原则上不允许修改,如果需要修改时,就需要按变更控制流程进行。

试题 9 答案

(9) C

试题 10 分析

配置标识是配置管理的基础性工作,是配置管理的前提。配置标识是确定哪些内容应该进入配置管理形成配置项,并确定配置项如何命名,用哪些信息来描述该配置项。

信息系统在其开发、运行、维护的过程中会得到许多阶段性的成果,在开发和运行过程中还需要用到多种工具软件,所有这些信息项都需要得到妥善的管理,决不能出现混乱,以便在提出某些特定的要求时,将它们进行约定的组合来满足使用的目的。这些信息项是配置管理的对象,称为配置项。IEEE 对配置项的定义为:硬件、软件或二者兼有的集合,为配置管理指定的,在配置管理过程中作为一个单独的实体对待。

识别配置项的主要步骤如下:

(1) 识别配置项。
(2) 为每个配置项指定惟一性的标识代号。
(3) 确定每个配置项的重要特征。配置项的特征主要包括作者、日期、类型等。
(4) 确定配置项进入配置管理的时间。
(5) 确定每个配置项的拥有者及责任。
(6) 填写配置管理表。
(7) 审批配置管理表。CCB 审查配置管理表是否符合配置管理计划的规定，审批配置管理表。

试题 10 答案
（10）D

试题 11 分析
一般来说至少应有三条基线，分别是需求基线、设计基线和产品基线，此外，还可以建立测试基线。

系统调研后开发人员进行系统分析，并整理需求规格说明书（需求分析报告）。需求规格说明书通过评审并需取得客户的确定。在需求规格说明书取得客户的确认后，建立需求基线。

针对需求分析报告进行系统设计，配置时应说明系统设计的版本与需求规格说明书版本的对应关系。设计书评审通过后，建立设计基线。

各测试阶段应提供测试计划、测试用例、测试结果和测试分析报告，项目启动后应提供项目测试计划书，项目验收结束后应提交项目测试总结报告等。配置时应说明测试的版本与编码版本的对应关系。各阶段测试（如单元测试、集成测试）完成后建立测试基线。

在交付前配置审核完成后建立产品基线，产品基线包含程序以及有关文档配置项，包括交付施工文档、工具等。

需求规格说明书应该是需求基线、设计基线和产品基线均包含的内容。

试题 11 答案
（11）A

试题 12 分析
管理信息系统文档的规范化管理主要体现在文档书写规范、图表编号规则、文档目录编写标准和文档管理制度等方面。

此题是针对图表编号规则来进行考查，主要是通过这样的方式来了解考生是否对图表编号的规则熟悉。在管理信息系统的开发过程中用到很多的图表，对这些图表进行有规则的编号，可以方便图表的查找。所以在图表编号的规划时，编号一般采用分类结构，根据生命周期法的 5 个阶段，以及编号的规则，就可以通过图表编号判断出该图表出于系统开发周期的哪一阶段，属于哪一文档，文档中的哪一部分内容及第几张图表。其中第 1 位，生命周期法各阶段，第 2 位，各阶段的文档，第 3，4 位，文档内容，第 5，6 位，流水码。

试题 12 答案

（12）C

试题 13 分析

在配置管理中，所有配置项都应按照相关规定统一编号，按照相应的模板生成，并在文档中的规定章节（部分）记录对象的标识信息。在引入软件配置管理工具进行管理后，这些配置项都应以一定的目录结构保存在配置库中。所有配置项的操作权限应由 CMO（配置管理员）严格管理，它的基本原则是：基线配置项向软件开发人员开放读取的权限；非基线配置项向 PM、CCB 及相关人员开放。

所以选项 B 错误，配置项的权限应由 CMO 来管理和设置。

试题 13 答案

（13）B

试题 14 分析

配置管理是通过对在产品生命周期的不同的时间点上的产品配置项进行标识，并对这些标识的产品配置项的更改进行系统控制，从而达到保持产品完整性、一致性和可溯性的过程。配置管理系统是整体项目管理信息系统的一个分系统。这一系统包括提交建议的变更，对所建议变更的评审和批准的跟踪，定义好的授权变更的批准级别，以及对已批准变更的确认方法。在大多数领域内，配置管理系统包括了变更控制系统。配置管理系统也是对下列情况进行技术指导和管理监督的正式规范的集合，这些情况包括：

① 识别并记录产品或其部件的功能和物理特征。
② 控制对这些特性的变更。
③ 记录并报告每项变更及其实施状态。
④ 支持对产品或其部件的审核，以验证其与需求的符合性。

试题 14 答案

（14）D

试题 15 分析

配置项的版本号规则与配置项的状态相关。

（1）处于"草稿"状态的配置项的版本号格式为 0.YZ，YZ 的数字范围为 01～99。

（2）处于"正式"状态的配置项的版本号格式为 X.Y，X 为主版本号，取值范围为 1～9。Y 为次版本号，取值范围为 0～9。

（3）处于"修改"状态的配置项的版本号格式为 X.YZ。配置项正在修改时，一般只增大 Z 值，X.Y 值保持不变。当配置项修改完毕，状态成为"正式"时，将 Z 值设置为 0，增加 X.Y 值。参见上述规则（2）。

试题 15 答案

（15）B

试题 16 分析

监理文档包括与监理有关的文件、档案、往来函件和其他材料，是监理工作信息的重要载体，也是监理项目部的工作成果之一，对监理单位和建设单位都有重大作用。

对于监理单位来说，借助于严格、高效的文档管理办法，可以准确掌握工程建设的详细情况，从而保证监理工作的顺利执行。其次，监理文档也是监理单位对监理人员进行工作考核从而决定其工作报酬及职务升降的主要依据。另外，从培养监理人员的角度讲，以往的监理文档就是一个个活生生的监理案例。

对于建设单位来说，将工程监理的任务委托给监理单位之后，并非可以高枕无忧，还需要时刻关注工程的开发、实施情况，而监理文档正是能够使其充分了解工程进展的主要媒介之一。

监理文档的管理工作主要包括文档计划、文档编写、文档评审、文档归集、文档分发和文档维护等几个方面。

监理文档的格式应该统一，最好能够结合监理单位自身的 MIS 系统和监理工程项目管理软件来统一定义文档格式，便于进行管理。所有资料必须分期、分区、分类管理，时刻保证资料与实际情况的统一。文档的存档时限应该由监理单位根据国家档案管理相关的要求进行规定。

试题 16 答案

（16）B

试题 17 分析

按照监理行业的"行规"，没有监理变更单、监理回复单。监理工程师在施工现场发出的口头指令及要求通常发的就是"监理联系单"。

试题 17 答案

（17）A

试题 18 分析

监理在信息管理中的主要文档：

（1）总控类文档：指承检合同、总体方案、项目组织实施方案、技术方案、项目进度计划、质量保证计划、资金分解计划、采购计划、监理规划及实施细则等文档。

（2）监理实施类文档：工程项目变更监理文档、工程进度监理文档、工程质量监理文档、工程监理日报、工程监理月报、工程验收监理报告、工程监理总结报告。

（3）监理回复（批复）类文件：总体监理意见、系统集成监理意见、软件开发监理意见、培训监理意见、专题监理意见、其他监理意见、提交资料回复单等。

（4）监理日志及内部文件。

试题 18 答案

(18) B

试题 19 分析

工程暂停令、工程临时延期审批表和工程合同评审表均为监理用表，只有合同阶段性款项支付申请表属于承建方用表。

试题 19 答案

(19) C

试题 20 分析

操作手册用于指导用户在系统运行时的操作。系统对各种输入数据的处理方法和系统各部分之间的接口关系是系统开发阶段的内容，用户无须关心。系统升级时，厂商提供的服务与用户在系统中的操作无关，而系统提供的界面是用户进行各种操作的依据，因此系统处理过程的各个界面应写入操作手册。

试题 20 答案

(20) C

试题 21 分析

文档是软件产品的重要组成部分，对于开发人员、管理人员及用户而言都是十分重要的辅助工件。定义清晰、维护及时的文档能够帮助开发人员理解需求、顺畅沟通，帮助管理人员了解进度、加强管理，帮助用户更好地使用和维护软件。因此，对于信息系统监理师而言，必须掌握系统文档编制的技能。

根据文档产生、使用的范围的不同，可以将其分为三大类：

（1）开发文档：为开发工作提供支持的各种文档，其读者群主要是开发人员。其中主要包括需求规格说明书、数据要求规格说明书、概要设计说明书、详细设计说明书及项目开发计划等。

（2）管理文档：为项目的开发管理提供支持的各种文档，其读者群主要针对管理人员，其中主要包括可行性研究报告、项目开发计划、测试计划、技术报告、开发进度记录及项目开发总结报告等。

（3）用户文档：向用户传达各种与开发相关、与产品相关的信息，其读者群主要针对最终用户。其中主要包括用户手册、操作手册、维护修改建议书及软件需求说明书等。

试题 21 答案

(21) A

试题 22 分析

文档的编制在网络项目开放中有相当突出的地位，它是设计人员在一定阶段的工作成果和结束标识，有助于提高设计效率。实质上，按照规范要求生成一套文档的过程，就是按照网络分析与设计规范完成网络项目分析与设计的过程。同时可以作为检查项目设计进度和设计质量的依据。

试题 22 答案

（22）A

试题 23 分析

系统测试人员与系统开发人员需要通过文档进行沟通，系统测试人员应根据一系列文档对系统进行测试（包括测试计划、测试用例、软件设计说明书等），然后将工作结果撰写成系统测试报告，交给系统开发人员。

试题 23 答案

（23）D

试题 24 分析

GB/T 8567—2006《计算机软件文档编制规范》规定了软件开发过程中文档的内容，但不对文档编制的布局和风格进行规定。

试题 24 答案

（24）A

试题 25 分析

总控类文档是指承建合同、总体方案、项目组织实施方案、技术方案、项目进度计划、质量保证计划、资金分解计划、监理合同、监理规划及实施细则等文档。

选项 B"监理工作总结"不属于监理总控类文档，属于监理实施类文档。

试题 25 答案

（25）B

试题 26 分析

按照《国家电子政务工程建设项目档案管理暂行办法》的要求，监理工作总结的保存期限是永久，监理大纲、监理支付证书、监理照片的保存期限都是 30 年。

试题 26 答案

（26）A

试题 27 分析

监理资料包含文书、档案、往来信息等原始的或电子的材料。监理文档是监理工作信息的重要载体，也是监理项目部的工作成果之一，对监理单位和建设单位都有重大作用。

首先，对文档进行有效管理，是建设单位的要求。建设单位在将工程监理的任务委托给监理单位以后，并不是就纯粹不管不问了，它还需要时时关注工程的实施情况，而能够使其对工程进展情况了解得比较清楚的媒介之一，就是监理的文档。

其次，高效的文档管理，也是监理单位自身的需要。一是，为了成功对工程进行监理，必须有一套严谨的文档分类管理办法，这样，工程的详细情况才可能被监理项目组准确掌握，从而也为建设单位所准确掌握；二是，监理单位需要对监理人员的工作情况进行考核，以决定人员的报酬和职位进行奖惩升降，而这些最主要的依据，则是监理的文档；三是，监理文档本身就是监理工作经验最好的总结，是监理工作最好的培训资料，从培养人员的角度上来说，一套完善的文档管理体制非常必要。

但是，监理的文档管理不能代替承建单位的文档管理，承建单位应有良好的质量管理体系，文档管理是其中关键的内容，因此答案选 D。

试题 27 答案

（27）D

试题 28 分析

按照职责分工明确的原则，在题干描述的召开会议的流程中，是建设单位召集的专题讨论会，因此理应由建设单位进行会议纪要的编制。

试题 28 答案

（28）C

试题 29 分析

根据《国家电子政务工程项目档案管理暂行办法》，未中标的投标文件不必列入电子政务验收文档范围。

试题 29 答案

（29）B

试题 30 分析

用瀑布模型进行系统开发的过程中，每个阶段产生的文档为：

需求分析阶段产生需求规格说明书，确认测试计划，所以备选答案中的"系统计划和需求说明在详细设计阶段产生"是错误的；

概要设计阶段产生概要设计说明书，集成测试计划，所以备选答案中的"集成测试计划在程序设计阶段产生"是错误的；

详细设计阶段产生详细设计说明书，单元测试计划；所以备选答案中的"在进行编码的同时，独立的设计单元测试计划"是错误的。

试题 30 答案

（30）A

第 12 章 合 同 管 理

从历年的考试试题来看，本章的考点在综合知识考试中的平均分数为 4 分，约为总分的 5.33%。

12.1 考点提炼

根据考试大纲，本章主要考查以下知识点：
（1）合同的概念。
（2）信息系统工程合同的分类、主要内容及特点。
（3）信息系统工程合同管理的作用、原则和内容。
（4）合同争议的概念、起因和调解办法。
（5）合同违约的概念、起因和处理办法。
（6）合同索赔的概念、起因和处理办法。
（7）合同管理中的知识产权保护。

12.2 强化练习

试题 1
下列中的__（1）__，不属于合同管理的范畴。
（1）A．买方主持的绩效评审会议　　　　B．回答潜在卖方的问题
　　　C．确认已经进行了合同变更　　　　D．索赔管理

试题 2
对于工作规模或产品界定不甚明确的外包项目，一般应采用__（2）__的形式。
（2）A．固定总价合同　　　　　　　　　B．成本补偿合同
　　　C．工时和材料合同　　　　　　　　D．采购单

试题 3
合同生效后，当事人就质量、价款或者报酬、履行地点等内容没有约定或者约定不明确的，可以以协议补充；不能达成补充协议的，按照__（3）__或者交易习惯确定。
（3）A．公平原则　　　　　　　　　　　B．项目变更流程
　　　C．第三方调解的结果　　　　　　　D．合同有关条款

试题 4

合同可以变更,但是当事人对合同变更的内容约定不明确的,推定为__(4)__。

(4) A. 变更为可撤销　　B. 部分变更　　C. 已经变更　　D. 未变更

试题 5

根据《中华人民共和国合同法》,隐蔽工程在隐蔽以前,承包人应当通知__(5)__来检查。若其没有及时来检查,承包人可以顺延工程日期,并有权要求赔偿停工等造成的损失。

(5) A. 承建人　　B. 发包人　　C. 分包人　　D. 设计方

试题 6

在建设工程合同的订立过程中,投标人根据招标内容在约定期限内向招标人提交的投标文件,此为__(6)__。

(6) A. 要约邀请　　B. 要约　　C. 承诺　　D. 承诺生效

试题 7

对承建方来说,固定单价合同适用于__(7)__的项目。

(7) A. 工期长,工程量变化幅度很大
　　B. 工期长,工程量变化幅度不太大
　　C. 工期短,工程量变化幅度不太大
　　D. 工期短,工程量变化幅度很大

试题 8

根据《中华人民共和国合同法》的有关规定,下列__(8)__项描述不符合合同的法律性质。

(8) A. 合同是一种民事法律行为
　　B. 合同是解决两方或多方当事人分歧的民事法律行为
　　C. 合同是以设立、变更、终止民事权利义务关系为目的的民事法律行为
　　D. 合同是两方或多方当事人意思表示的结果

试题 9

合同法律关系是指由合同法律规范调整的在民事流转过程中形成的__(9)__。

(9) A. 买卖关系　　B. 监督关系　　C. 权利义务关系　　D. 管控关系

试题 10

__(10)__属于要约。

(10) A. 商场的有奖销售活动　　B. 商业广告
　　　C. 寄送的价目表　　D. 招标公告

试题 11

__(11)__属于《中华人民共和国合同法》规定的合同内容。

(11) A. 风险责任的承担　　B. 争议解决方法

C．验收标准　　　　　　　　　　D．测试流程

试题 12

《中华人民共和国合同法》规定，价款或酬金约定不明的，按__(12)__的市场价格履行。

(12) A．订立合同时订立地　　　　B．履行合同时订立地
　　　C．订立合同时履行地　　　　D．履行合同时履行地

试题 13

合同一旦签署了就具有法律约束力，除非__(13)__。

(13) A．一方不愿意履行义务　　　　B．损害社会公共利益
　　　C．一方宣布合同无效　　　　　D．一方由于某种原因破产

试题 14

项目合同管理不包括__(14)__。

(14) A．合同签订　　　　　　　　　B．合同履行
　　　C．合同纠纷仲裁　　　　　　　D．合同档案管理

试题 15

承建单位有时为了获得项目可能将信息系统的作用过分夸大，使得建设单位对信息系统的预期过高。除此之外，建设单位对信息系统的期望可能会随着自己对系统的熟悉而提高。为避免此类情况的发生，在合同中清晰地规定__(15)__对双方都是有益的。

(15) A．保密约定　　B．售后服务　　C．验收标准　　D．验收时间

试题 16

为出售公司软件产品，张工为公司草拟了一份合同，其中写明"软件交付以后，买方应尽快安排付款"。经理看完后让张工重新修改，原因是__(16)__。

(16) A．没有使用国家或行业标准的合同形式
　　　B．用词含混不清，容易引起歧义
　　　C．名词术语使用错误
　　　D．措辞不够书面化

试题 17

下列关于索赔的描述中，错误的是__(17)__。

(17) A．索赔必须以合同为依据
　　　B．索赔的性质属于经济惩罚行为
　　　C．项目发生索赔事件后，合同双方可以通过协商方式解决
　　　D．合同索赔是规范合同行为的一种约束力和保障措施

试题 18

某承建单位准备把机房项目中的消防系统工程分包出去，并准备了详细的设计图纸和各项说明。该项目工程包括：火灾自动报警、广播、火灾早期报警灭火等。该工程宜

采用__(18)__。

(18) A.单价合同　　B.成本加酬金合同　　C.总价合同　　D.委托合同

试题 19

某软件开发项目合同规定,需求分析要经过客户确认后方可进行软件设计。但建设单位以客户代表出国、其他人员不知情为由拒绝签字,造成进度延期。软件开发单位进行索赔一般按__(19)__顺序较为妥当。

①由该项目的监理方进行调解　　②由经济合同仲裁委员会仲裁

③由有关政府主管机构仲裁

(19) A.①②③　　B.①③②　　C.③①②　　D.②①③

试题 20

按照索赔程序,索赔方要在索赔通知书发出后__(20)__内,向监理方提出延长工期和(或)补偿经济损失的索赔报告及有关资料。

(20) A.2周　　B.28天　　C.30天　　D.3周

试题 21

根据合同法规定,__(21)__不属于违约责任的承担方式。

(21) A.继续履行　　　　　　　　　　B.采取补救措施

　　 C.支付约定违约金或定金　　　　D.终止合同

试题 22

小张草拟了一份信息系统定制开发合同,其中写明"合同签订后建设单位应在7个工作日内向承建单位支付60%合同款;系统上线并运行稳定后,建设单位应在7个工作日内向承建单位支付30%合同款"。上述条款中存在的主要问题为__(22)__。

(22) A.格式不符合行业标准的要求　　B.措辞不够书面化

　　 C.条款描述不清晰、不准确　　　D.名词术语不规范

试题 23

甲公司在进行采购时选定了乙公司的产品,但在签订采购合同时没有对采购内容的交付时间进行约定,则以下说法错误的是__(23)__。

(23) A.可以通过协议或交易习惯确定交付时间

　　 B.不能通过协议或交易习惯确定的,则采购合同无效

　　 C.乙公司可以随时履行交付义务

　　 D.甲公司可以随时要求乙公司履行交付义务

试题 24

某项目在招标时被分成5个标段,分别发包给不同的承包人。承包人中标后与招标人签订的是__(24)__。

(24) A.单项项目承包合同　　　　　　B.分包合同

　　 C.单价合同　　　　　　　　　　D.总承包合同

试题 25

以下关于项目合同签订的描述中，正确的是__(25)__。

(25) A．具有相应民事权力能力的自然人、法人或其他组织均可订立合同

B．如果合同中对技术支持服务期限未作出任何规定，则认为企业所有的维护要求都要另行付费

C．对于当事人在订立合同过程中知悉的商业秘密，一旦造成泄密的，必须承担经济损害赔偿

D．为了避免合同纠纷，当事人必须将签订的合同进行公证，使之获得法律强制执行效力

试题 26

M 公司委托 T 公司开发一套新的管理信息系统，T 公司未能按合同规定的日期交付最终产品，给 M 公司造成巨大的运营损失，因此 M 公司向 T 公司提出索赔，其中不包括__(26)__。

(26) A．清算赔偿金　　　　　　　　B．间接损失赔偿金

C．补偿性赔偿金　　　　　　　D．惩罚性赔偿金

试题 27

依照《中华人民共和国合同法》，委托开发完成的发明创造，除当事人另有约定的以外，申请专利的权利属于__(27)__。

(27) A．研究开发人　　　　　　　　B．委托人

C．开发人与委托人共有　　　　D．国家所有

试题 28

某系统集成商 M 公司与甲方签订了一份电子商务平台建设项目，合同中规定，如果系统交付后存在质量问题，系统集成商 M 应提供免费的及时维护服务。M 公司按合同要求交付了系统，双方签订了验收报告。在此后的一年内，M 公司及时响应了甲方的维护请求，一年之后，M 公司向甲方提出此后的技术服务应该为有偿服务，甲方认为合同中提到的免费服务并无具体期限，M 公司的收费要求是不合理的。下列说法中，__(28)__是最恰当的。

(28) A．因为合同中规定的免费服务并无具体期限，因此 M 公司要求收费不合理

B．应对甲方的服务要求进行分类，如是处理质量问题，则 M 公司应无限期免费服务

C．M 公司已经提供了一年的免费服务，此后要求对服务收费是合理的

D．合同内容不明确，可根据有关信息化工程建设的法律、法规处理

试题 29

《中华人民共和国合同法》规定当事人订立合同，有书面形式、口头形式和其他形式。以电子邮件的形式订立的合同属于__(29)__。

(29) A. 其他形式　　　B. 书面形式　　　C. 口头形式　　　D. 无效合同

试题 30

合同管理是项目管理中一个重要组成部分，其中合同____(30)____管理是合同管理的基础。

(30) A. 索赔　　　　　B. 履行　　　　　C. 档案　　　　　D. 变更

12.3　习题解答

试题 1 分析

合同管理是确保供方的执行符合合同要求的过程。对于需要多个产品和服务供应商的大型项目，合同管理的主要方面就是管理不同供应商之间的接口（Interfaces）。项目执行组织在管理合同时要采取一系列行动，合同关系的法律本质使项目执行组织在管理合同时必须准确地理解这些行动的法律内涵。

合同管理包括对合同关系应用适当的项目管理程序并把这些过程的输出统一到整个项目的管理中。当涉及多个供方和多种产品的时候，总是需要各个层次上的统一和协调。

合同管理的内容主要由 4 个部分构成，即合同签订管理、合同履行管理、合同变更管理以及合同档案管理。而回答潜在卖方的问题是招投标过程中的一项活动，通常发生在合同订立之前，因此不属于合同管理的范畴。

试题 1 答案

(1) B

试题 2 分析

以信息系统项目付款方式为标准进行划分，通常可将合同分为两大类，即总价和成本补偿类。还有第三种常用合同类型，即混合型的工料合同。在项目实践中，合并使用两种甚至更多合同类型进行单次采购的情况也不罕见。

(1) 总价合同。此类合同为既定产品或服务的采购设定一个总价。总价合同也可以为达到或超过项目目标（如进度交付日期、成本和技术绩效，或其他可量化、可测量的目标）而规定财务奖励条款。承建单位必须依法履行总价合同，否则就要承担相应的违约赔偿责任。采用总价合同，建设单位必须准确定义要采购的产品或服务。虽然允许范围变更，但范围变更通常会导致合同价格提高。

- 固定总价合同（Firm Fixed Price，FFP）。FFP 是最常用的合同类型。大多数建设单位都喜欢这种合同，因为采购的价格在一开始就被确定，并且不允许改变（除非工作范围发生变更）。因合同履行不好而导致的任何成本增加都由承建单位负责。在 FFP 合同下，建设单位必须准确定义要采购的产品和服务，对采购规范的任何变更都可能增加建设单位的成本。
- 总价加激励费用合同（Fixed Price Incentive Fee，FPIF）。这种总价合同为建设单位和承建单位都提供了一定的灵活性，它允许有一定的绩效偏离，并对实现既定目标给予财务奖励。通常，财务奖励都与承建单位的成本、进度或技术绩效有关。绩效目标一开始就要制定好，而最终的合同价格要待全部工作结束后根据承建单位绩效加以确定。在 FPIF 合同中，要设置一个价格上限，承建单位必须完成工作并且要承担高于上限的全部成本。

- 总价加经济价格调整合同（Fixed Price with Economic Price Adjustment，FP-EPA）。如果承建单位履约要跨越相当长的周期（数年），就应该使用本合同类型。如果建设单位和承建单位之间要维持多种长期关系，也可以采用这种合同类型。它是一种特殊的总价合同，允许根据条件变化（如通货膨胀、某些特殊商品的成本增加或降低），以事先确定的方式对合同价格进行最终调整。EPA 条款必须规定用于准确调整最终价格的、可靠的财务指数。FP-EPA 合同试图保护建设单位和承建单位免受外界不可控情况的影响。

（2）成本补偿合同。此类合同向承建单位支付为完成工作而发生的全部合法实际成本（可报销成本），外加一笔费用作为承建单位的利润。成本补偿合同也可为承建单位超过或低于预定目标（如成本、进度或技术绩效目标）而规定财务奖励条款。最常见的 3 种成本补偿合同是：成本加固定费用合同（Cost Plus Fixed Fee，CPFF）、成本加激励费用合同（Cost Plus Incentive Fee，CPIF）和成本加奖励费用合同（Cost Price Award Fee，CPAF）。如果工作范围在开始时无法准确定义，从而需要在以后进行调整，或者，如果项目工作存在较高的风险，就可以采用成本补偿合同，使项目具有较大的灵活性，以便重新安排承建单位的工作。

- 成本加固定费用合同。为承建单位报销履行合同工作所发生的一切可列支成本，并向承建单位支付一笔固定费用，该费用以项目初始估算成本的某一百分比计算。费用只能针对已完成的工作来支付，并且不因承建单位的绩效而变化。除非项目范围发生变更，费用金额维持不变。
- 成本加激励费用。为承建单位报销履行合同工作所发生的一切可列支成本，并在承建单位达到合同规定的绩效目标时，向承建单位支付预先确定的激励费用。在 CPIF 合同中，如果最终成本低于或高于原始估算成本，则建设单位和承建单位需要根据事先商定的成本分摊比例来分享节约部分或分担超出部分。例如，基于承建单位的实际成本，按照 80/20 的比例分担（分享）超过（低于）目标成本的部分。
- 成本加奖励费用。为承建单位报销履行合同工作所发生的一切合法成本，但是只有在满足了合同中规定的某些笼统、主观的绩效标准的情况下，才能向承建单位支付大部分费用。完全由建设单位根据自己对承建单位绩效的主观判断来决定奖励费用，并且承建单位通常无权申诉。

（3）工料合同（Time and Material，T&M）。工料合同是兼具成本补偿合同和总价合同的某些特点的混合型合同。在不能很快编写出准确工作说明书的情况下，经常使用工料合同来增加人员、聘请专家以及寻求其他外部支持。这类合同与成本补偿合同的相似之处在于，它们都是开口合同，合同价因成本增加而变化。在授予合同时，建设单位可能并未确定合同的总价值和采购的准确数量。因此，如同成本补偿合同，工料合同的合同价值可以增加。很多组织会在工料合同中规定最高价格和时间限制，以防止成本无限增加。另一方面，由于合同中确定了一些参数，工料合同又与固定单价合同相似。当买卖双方就特定资源类别的价格（如高级工程师的小时费率或某种材料的单位费率）取得一致意见时，建设单位和承建单位就预先设定了单位人力或材料费率（包含承建单位利润）。

试题 2 答案

（2）C

试题 3 分析

根据合同法的规定，合同生效后，当事人就质量、价款或者报酬、履行地点等内容没有约定或者约定不明确的，可以以协议补充；不能达成补充协议的，按照合同有关条款或者交易习惯确定。

试题 3 答案

（3）D

试题 4 分析

《中华人民共和国合同法》第七十八条规定，当事人对合同变更的内容约定不明确的，推定为未变更。

试题 4 答案

（4）D

试题 5 分析

《中华人民共和国合同法》第二百七十八条规定，隐蔽工程在隐蔽以前，承包人应当通知发包人检查。发包人没有及时检查的，承包人可以顺延工程日期，并有权要求赔偿停工、窝工等损失。

试题 5 答案

（5）B

试题 6 分析

根据《中华人民共和国合同法》，要约是希望和他人订立合同的意思表示，要约邀请是希望他人向自己发出要约的意思表示。寄送的价目表、拍卖公告、招标公告、招股说明书、商业广告等为要约邀请。商业广告的内容符合要约规定的，视为要约。承诺是受要约人同意要约的意思表示。承诺生效时合同成立。

根据以上定义，在建设工程合同的订立过程中，招标人所发布的招标公告，是一种要约邀请；投标人根据招标内容在约定期限内向招标人提交的投标文件，可以看作是一种要约。

试题 6 答案

（6）B

试题 7 分析

固定单价合同是指根据单位工程量的固定价格与实际完成的工程量计算合同的实际总价的工程承包合同。如果采用固定单价合同，在整个施工过程中合同单价是固定不变的，实际支付时以投标时的价格、实际完成的工程量为准计算。因此，采用固定单价合同，不利于业主控制工程造价。业主的工作量将增加，主要表现在核实已完成工程量的工作量加大；而对于承建方而言，不存在工程量风险。但是，如果工期长，工程量变化幅度大的话，则由于物价上涨等原因，可能造成承建方在单价上受损，因此，不管是对于业主还是承建方，固定单价合同只适用于工期短、工程量变化幅度不太大的项目。

试题 7 答案

（7）C

试题 8 分析

合同一经成立即具有法律效力，在双方当事人之间就发生了权利、义务关系；或者使原有的民事法律关系发生变更或消灭。当事人一方或双方未按合同履行义务，就要依照合同或法律承担违约责任。

根据《中华人民共和国合同法》的有关规定，可知合同的法律性质有：

（1）合同是一种民事法律行为。

（2）合同是两方或多方当事人意思表示一致的民事法律行为。

（3）合同是以设立、变更、终止民事权利义务关系为目的的民事法律行为。

但并不一定有分歧产生，更不是以解决分歧为目的。

试题 8 答案

（8）B

试题 9 分析

根据合同法，合同是平等主体的自然人、法人、其他组织之间设立、变更、终止民事权利义务关系的协议。当事人订立合同，应当具有相应的民事权利能力和民事行为能力。当事人订立合同，有书面形式、口头形式和其他形式。书面形式是指合同书、信件和数据电文（包括电报、电传、传真、电子数据交换和电子邮件）等可以有形地表现所载内容的形式。

试题 9 答案

（9）C

试题 10 分析

当事人订立合同，采取要约、承诺方式。要约是希望和他人订立合同的意思表示，该意思表示应当内容具体确定，表明经受要约人承诺，要约人即受该意思表示约束；要约邀请是希望他人向自己发出要约的意思表示，例如寄送的价目表、拍卖公告、招标公告、招股说明书、商业广告等，都是要约邀请。投标人根据招标内容在约定期限内向招标人提交的投标文件，也可以看作是一种要约。另外，如果商业广告的内容符合要约规定的，则视为要约。

要约到达受要约人时生效。采用数据电文形式订立合同，收件人指定特定系统接收数据电文的，该数据电文进入该特定系统的时间，视为到达时间，未指定特定系统的，该数据电文进入收件人的任何系统的首次时间，视为到达时间。

要约可以撤回。撤回要约的通知应当在要约到达受要约人之前或者与要约同时到达受要约人。要约可以撤销。撤销要约的通知应当在受要约人发出承诺通知之前到达受要约人。有下列情形之一的，要约不得撤销：

（1）要约人确定了承诺期限或者以其他形式明示要约不可撤销；

（2）受要约人有理由认为要约是不可撤销的，并已经为履行合同作了准备工作。

有下列情形之一的，要约失效：

（1）拒绝要约的通知到达要约人；

（2）要约人依法撤销要约；

（3）承诺期限届满，受要约人未作出承诺；

（4）受要约人对要约的内容作出实质性变更。

试题 10 答案

（10）A

试题 11 分析

合同的内容就是当事人订立合同时的各项合同条款。主要内容包括当事人各自权利、义务、项目费用及工程款的支付方式、项目变更约定和违约责任等。

根据合同法的规定，合同的内容由当事人约定，一般包括以下条款：当事人的名称或者姓名和住所；标的；数量；质量；价款或者报酬；履行期限、地点和方式；违约责任；解决争议的方法。

试题 11 答案

（11）B

试题 12 分析

当事人应当遵循诚实信用原则，根据合同的性质、目的和交易习惯履行通知、协助、保密等义务。合同生效后，当事人就质量、价款或者报酬、履行地点等内容没有约定或者约定不明确的，可以协议补充；不能达成补充协议的，按照合同有关条款或者交易习惯确定。当事人就有关合同内容约定不明确的，适用下列规定：

（1）质量要求不明确的，按照国家标准、行业标准履行；没有国家标准、行业标准的，按照通常标准或者符合合同目的的特定标准履行。

（2）价款或者报酬不明确的，按照订立合同时履行地的市场价格履行；依法应当执行政府定价或者政府指导价的，按照规定履行。

（3）履行地点不明确，给付货币的，在接受货币一方所在地履行；交付不动产的，在不动产所在地履行；其他标的，在履行义务一方所在地履行。

（4）履行期限不明确的，债务人可以随时履行，债权人也可以随时要求履行，但应当给对方必要的准备时间。

（5）履行方式不明确的，按照有利于实现合同目的的方式履行。

（6）履行费用的负担不明确的，由履行义务一方负担。

执行政府定价或者政府指导价的，在合同约定的交付期限内政府价格调整时，按照交付时的价格计价。逾期交付标的物的，遇价格上涨时，按照原价格执行；价格下降时，按照新价格执行。逾期提取标的物或者逾期付款的，遇价格上涨时，按照新价格执行；价格下降时，按照原价格执行。

试题 12 答案

（12）C

试题 13 分析

依法成立的合同，自成立时生效。当事人对合同的效力可以约定附条件。附生效条件的合同，自条件成就时生效。附解除条件的合同，自条件成就时失效。当事人为自己的利益不正当地阻止条件成就的，视为条件已成就；不正当地促成条件成就的，视为条件不成就。

当事人对合同的效力可以约定附期限。附生效期限的合同，自期限届至时生效。附终止期限的合同，自期限届满时失效。

行为人没有代理权、超越代理权或者代理权终止后以被代理人名义订立的合同，未经被代理人追认，对被代理人不发生效力，由行为人承担责任。相对人可以催告被代理人在一个月内予以追认。被代理人未作表示的，视为拒绝追认。合同被追认之前，善意相对人有撤销的权利。撤销应当以通知的方式作出。

行为人没有代理权、超越代理权或者代理权终止后以被代理人名义订立合同，相对人有理由相信行为人有代理权的，该代理行为有效。法人或者其他组织的法定代表人、负责人超越权限订立的合同，除相对人知道或者应当知道其超越权限的以外，该代表行为有效。无处分权的人处分他人财产，经权利人追认或者无处分权的人订立合同后取得处分权的，该合同有效。有下列情形之一的，合同无效：

（1）一方以欺诈、胁迫的手段订立合同，损害国家利益。

（2）恶意串通，损害国家、集体或者第三人利益。

（3）以合法形式掩盖非法目的。

（4）损害社会公共利益。

（5）违反法律、行政法规的强制性规定。

合同中的下列免责条款无效：

(1) 造成对方人身伤害的。

(2) 因故意或者重大过失造成对方财产损失的。

试题 13 答案

（13）B

试题 14 分析

合同管理包括在处理合同关系时使用适当的项目管理过程，并将这些过程的结果综合到该项目的总体管理中。合同管理的内容主要由 4 个部分构成，即合同签订管理、合同履行管理、合同变更管理以及合同档案管理。

（1）合同的签订管理。在合同签订之前，应当做好以下几项工作：首先，应当做好市场调查。主要了解产品的技术发展状况，市场供需情况和市场价格等；其次，应当进行潜在合作伙伴或者竞争对手的资信调查，准确把握对方的真实意图，正确评判竞争的激烈程度；最后，了解相关环境，做出正确的风险分析判断。谈判是指人们为了协调彼此之间的关系，满足各自的需要，通过协商而争取达成一致意见的行为和过程。合同谈判的结果决定了合同条文的具体内容。因此，必须重视签订合同之前的谈判工作。谈判要注意三个问题：首先，要制定切合实际的谈判目标；其次，要抓住实质问题；只有抓住了问题的实质和关键，才能衡量谈判的难度和距离，适当调整谈判策略；最后，要营造一个平等协商的氛围。

（2）合同的履行管理。包括对合同的履行情况进行跟踪管理，主要指对合同当事人按合同规定履行应尽的义务和应尽的职责进行检查；及时合理地处理和解决合同履行过程中出现的问题，包括合同争议、合同违约及合同索赔等事宜。

（3）合同的变更管理。信息系统项目的建设过程中难免出现一些不可预见的事项，包括要求修改或变更合同条款的情况，例如，改变系统的功能、开发进度、费用支付及双方各自承担的责任等。一般在合同订立之后，引起工程范围、合同有关各方权利责任关系变化的事件，均可以看作是合同变更。

（4）合同的档案管理。合同档案的管理，亦即合同文件（本）管理，是整个合同管理的基础。它作为信息系统项目管理的组成部分，是被统一整合为一体的一套具体的过程、相关的控制职能和自动化工具。项目经理使用合同档案管理系统对合同文件和记录进行管理。该系统用于维持合同文件和通信往来的索引记录，并协助相关的检索和归档，合同文本是合同内容的载体。对合同文本进行管理是档案法的要求，也是企业自身的需要。合同文本管理还包括正本和副本管理、合同文件格式等内容。在文本格式上，为了限制执行人员随意修改合同，一般要求采用电脑打印文本，手写的旁注和修改等不具有法律效力。

试题 14 答案

（14）C

试题 15 分析

项目合同签订的注意事项如下：

（1）当事人的法律资格。当事人订立合同，应当具有相应的民事权利能力和民事行为能力。当事人依法可以委托代理人订立合同。"民事权利能力"是指自然人、法人、其他组织享有民事权利、承担民事义务的资格。"民事行为能力"是指自然人、法人、其他组织通过自己的行为行使民事权利或者履行民事义务的能力。

（2）验收标准。质量验收标准是一个关键指标。如果双方的验收标准不一致，就会在系统验收时产生纠纷。在某种情况下，承建单位为了获得项目也可能将信息系统的功能过分夸大，使得建设单位对信息系统功能的预期过高。另外，建设单位对信息系统功能的预测可能会随着自己对系统的熟悉而提高标准。为避免此类情况的发生，清晰地规定质量验收标准对双方都是有益的。合同项目依计划完成后，建设单位组织对合同项目的验收，建设方、承建方都须在正式的验收报告上签字盖章。若合同终止则按双方的约定执行。

（3）验收时间。当事人没有约定设备的交付时间或者约定不明确的，可以协议补充，不能达成协议的，依照合同有关条款或交易习惯确定。若仍不能确定，则供货方可以随时履行，采购方也可以随时要求履行，但应当给予对方必要的准备时间。

（4）技术支持服务。对于开发完成后发生的技术性问题，如果是因为开发商的工作质量所造成的，应当由开发商负责无偿地解决。一般期限是半年到一年。如果没有这个期限规定，就视为企业所有的维护要求都要另行收费。

（5）损害赔偿。原则上，委托方与被委托方都具有损害赔偿这项权利，但比较多的情况是因为承建方对于企业实施信息系统的困难估计不足，结果陷入到期后难以完成项目的尴尬局面。承建方和项目经理对此要有防范意识。为避免不希望的事件发生时扯皮，合同中不可缺少这一必要的条款。实际的赔偿方式可由双方另行协调。

（6）保密约定。当事人在订立合同过程中知悉的商业秘密，无论合同是否成立，不得泄露或者不正当地使用。泄露或者不正当地使用该商业秘密给对方造成损失的，应当承担损害赔偿责任。

（7）合同附件。合同生效后，当事人就质量、价款或者报酬、履行地点等内容没有约定或者约定不明确的，可以协议补充；不能达成补充协议的，按照合同有关条款或者交易习惯确定。

（8）法律公证。为避免合同纠纷，保证合同订立的合法性，当事人可以将签订的合同到公证机关进行公证。经过公证的合同，具有法律强制执行效力。

试题 15 答案

（15）C

试题 16 分析

为了使合同的签约各方对合同有一致理解，要加强从谈判到系统验收的项目全生命期管理。否则项目的每一个阶段，项目的各方都可能对合同产生歧义，例如，谈判前对需求或对同一词有不同的理解就会造成相关各方的歧义。而谈判中、合同签订、合同执行、验收及售后服务也都可能产生歧义。

为了使签约各方对合同有一致理解，建议如下：

（1）使用国家或行业标准的合同格式。

（2）为避免因条款的不完备或歧义而引起合同纠纷，系统集成商应认真审阅建设单位拟订的合同条款。除了法律的强制性规定外，其他合同条款都应与建设单位在充分协商并达成一致基础上进行约定。

谈判取得一定成果未必意味着双方理解一致，名词术语不同，语言、文化等方面的差异，都可能引起某些误会。因此，在达成交易和签订合同前，有必要使双方进一步对他们所同意的条款有一致的认识。对"合同标的"的描述务必要达到准确、简练、清晰的标准要求，切忌含混不清。如对合同标的为货物买卖的，一定要写明货物的名称、品牌、计量单位和价格，切忌只写"购买沙子一车"之类的描述；如对合同标的是提供服务的，一定要写明服务的质量、标准或效果要求等，切忌只写"按照行业的通常标准提供服务或达到行业通常的服务标准要求等"之类的描述。例如，合同中有这样一句话：买方将尽快"安排付款"，那么"尽快"和"安排付款"都是十分含混的规定。对此应改进，应该在付款期限方面加以明确规定。

总之，对容易出现歧义的术语等合同相关内容，需在合同的"名词定义"部分解释清楚，应用相关方都理解的语言解释清楚，而且要符合 SMART 原则。

（3）对合同中质量条款应具体订明规格、型号、适用的标准等，避免合同订立后因为适用标准是采用国家、地方、行业还是其他标准等问题产生纠纷。

（4）对于合同中需要变更、转让、解除等内容也应详细说明。

（5）如果合同有附件，对于附件的内容也应精心准备，并注意保持与主合同一致，不要相互之间产生矛盾。

（6）对于既有投标书，又有正式合同书、附件等包含多项内容的合同，要在条款中列明适用顺序。

（7）为避免合同纠纷，保证合同订立的合法性、有效性，当事人可以将签订的合同到公证机关进行公证。

（8）避免方案变更导致工程变更，从而引发新的误解。

（9）注意合同内容的前后一致性。

（10）组织之间也可能产生误解。例如单位之间，因理解不同、沟通不畅、传递层次太多而产生误解。合同在同一单位不同部门之间传递时也会走样，同一部门或同一项目人员流动也会造成新人、旧人、外人对合同的不同理解。

试题 16 答案

（16）B

试题 17 分析

合同索赔指在信息系统项目合同的履行过程中，由于当事人一方未能履行合同所规定的义务而导致另一方遭受损失时，受损失方向过失方提出赔偿的权利要求。

在实际的工作中，既可能出现建设单位向承建单位索赔的情况，也可能出现承建单位向建设单位索赔的情况。在有的参考资料中，将承建单位向建设单位的索赔称为合同索赔，而将建设单位向承建单位的索赔称为合同反索赔。在本节中，索赔和反索赔统称为合同索赔。

索赔可以从不同的角度、按不同的标准进行以下分类，常见的分类方式有按照索赔的目的分类，按索赔的依据分类，按索赔的业务性质分类和按索赔的处理方式分类等。

（1）按索赔的目的分类，可分为工期索赔和费用索赔。工期索赔就是要求业主延长施工时间，使原规定的工程竣工日期顺延，从而避免了违约罚金的发生；费用索赔就是要求业主或承包商双方补偿费用损失，进而调整合同价款。

（2）按索赔的依据分类，可分为合同规定的索赔、非合同规定的索赔。合同规定的索赔是指索赔涉及的内容在合同文件中能够找到依据，业主或承包商可以据此提出索赔要求。这种索赔不太容易发生争议；非合同规定的索赔是指索赔涉及的内容在合同文件中没有专门的文字叙述，但可以根据该合同某些条款的含义，推论出一定的索赔权。

（3）按索赔的业务性质分类，可分为工程索赔和商务索赔。工程索赔是指涉及工程项目建设中施工条件或施工技术、施工范围等变化引起的索赔，一般发生频率高，索赔费用大；商务索赔是指实施工程项目过程中的物资采购、运输、保管等方面引起的索赔事项。

（4）按索赔的处理方式分类，可分为单项索赔和总索赔。单项索赔就是采取一事一索赔的方式，即按每一件索赔事项发生后，报送索赔通知书，编报索赔报告，要求单项解决支付，不与其他的索赔事项混在一起；总索赔又称为综合索赔或一揽子索赔，即对整个工程（或某项工程）中所发生的数起索赔事项，综合在一起进行索赔。

合同索赔的重要前提条件是合同一方或双方存在违约行为和事实，并且由此造成了损失，责任应由对方承担。对提出的合同索赔，凡属于客观原因造成的延期、属于业主也无法预见到的情况，如特殊反常天气，达到合同中特殊反常天气的约定条件，承包商可能得到延长工期，但得不到费用补偿。对于属于建设单位方面的原因造成拖延工期，不仅应给承包商延长工期，还应给予费用补偿。

通常情况下，合同索赔的起因主要包括以下两个方面：

（1）索赔事件造成了项目成本的额外支出或者直接工期损失；

（2）造成费用增加或工期损失的原因，按合同约定不属于索赔方应承担的行为责任或风险责任。

具体来讲，承建单位向建设单位索赔主要是由于建设单位未能按合同约定履行自己的各项义务，造成了费用增加及工期损失等不利后果，使承建单位蒙受了经济损失；建设单位向承建单位索赔主要是由于承建单位未能按合同约定履行自己的各项义务，造成了费用增加及工期损失等不利后果，使建设单位蒙受了经济损失。

索赔必须以合同为依据。根据我国有关规定，索赔应依据下列内容：国家有关的法律（如合同法、法规和地方法规）；国家、部门和地方有关信息系统工程的标准、规范和文件；本项目的实施合同文件，包括招标文件、合同文本及附件；有关的凭证，包括来往文件、签证及更改通知，会议纪要，进度表，产品采购等；其他相关文件，包括市场行情记录、各种会计核算资料等。

试题 17 答案

（17）B

试题 18 分析

建设单位与承建单位的风险分担由合同类型决定。一般情况下，人们比较喜欢固定总价合同，大多数组织都鼓励甚至经常要求使用固定总价合同。但是，在有些情况下，其他某种合同类型可能对项目更加有利。如果拟采用非总价类型的合同，项目团队就必须说明使用该种合同的合理性。通常所选择的合同类型以及具体的合同条款和条件，决定着合同双方各自承担的风险水平。

试题 18 答案

（18）C

试题 19 分析

项目发生索赔事件后，一般先由监理工程师调解，若调解不成，由政府建设主管机构进行调解，若仍调解不成，由经济合同仲裁委员会进行调解或仲裁。

试题 19 答案

（19）B

试题 20 分析

在索赔事件发生后的约定时间内（28 天内），索赔方应向另一方和监理单位发出索赔意向通知。发出索赔意向通知后的约定时间内（28 天内），向另一方和监理单位提交索赔报告及有关资料。当该索赔事件持续发生时，索赔方应阶段性地向另一方和监理单位发出索赔意向通知。在索赔事件结束后的约定时间内，向另一方和监理单位提交最终索赔报告及有关资料。

监理单位在接到索赔意向通知后，应建立索赔档案。同时密切关注事件的发展，检查承建单位的同期记录。监理单位在接到补偿经济损失或延长工期的索赔报告及有关资料后，应客观分析事件发生的原因，对照合同的有关条款及相应的同期记录研究索赔证据。如有必要，可以要求索赔方进一步提供补充资料来补充索赔理由和证据。

监理单位在接到索赔方提交的索赔报告及有关资料后，应在约定时间内给予答复，或要求索赔方进一步提供补充资料来补充索赔理由和证据。如果未予以答复或未对索赔方做进一步要求时，则视为该索赔已被认可。监理工程师对索赔的答复，索赔方或发包人不能接受,即进入仲裁或诉讼程序。

监理单位在处理合同索赔时,应着重检查以下几项工作。

(1)索赔报告的提交程序、时限、格式和内容等是否符合合同要求及相关规定。

(2)与索赔报告一同提交的有关资料是否真实、齐全且手续完备。

(3)申请索赔的要求是否有合同依据支持,理由是否正确且充分。

(4)合同索赔中索赔金额的数量是否合理且合法。

(5)合同索赔中工期延长的天数是否合理且必须。

通过对以上几项的分析,结合索赔事件本身,监理单位应依据合同条款划清责任界限,审查索赔方提出的索赔要求。剔除其中的不合理部分,拟定自己计算的合理索赔金额和工期延长天数,做出相应的监理决定。对于承建单位及建设单位、监理单位都负有一定责任的索赔责任,应特别注意准确地划分有关各方应承担责任大小的比例。

索赔是合同管理的重要环节。按照我国建设部、财政部下达的通用条款,规定按以下原则进行索赔:

(1)索赔必须以合同为依据。遇到索赔事件时,以合同为依据来公平处理合同双方的利益纠纷。

(2)必须注意资料的积累。积累一切可能涉及索赔论证的资料,做到处理索赔时以事实和数据为依据。

(3)及时、合理地处理索赔。索赔发生后,必须依据合同的相应条款及时地对索赔进行处理,尽量将单项索赔在执行过程中陆续加以解决。

(4)加强索赔的前瞻性。在工程的实施过程中,应对可能引起的索赔进行预测,及时采取补救措施,避免过多索赔事件的发生。

试题 20 答案

(20)B

试题 21 分析

当事人一方不履行合同义务或者履行合同义务不符合约定的,应当承担继续履行、采取补救措施或者赔偿损失等违约责任。当事人一方明确表示或者以自己的行为表明不履行合同义务的,对方可以在履行期限届满之前要求其承担违约责任。当事人一方未支付价款或者报酬的,对方可以要求其支付价款或者报酬。当事人一方不履行非金钱债务或者履行非金钱债务不符合约定的,对方可以要求履行,但有下列情形之一的除外:

(1)法律上或者事实上不能履行;

(2)债务的标的不适于强制履行或者履行费用过高;

(3)债权人在合理期限内未要求履行。

质量不符合约定的,应当按照当事人的约定承担违约责任。对违约责任没有约定或者约定不明确,受损害方根据标的的性质以及损失的大小,可以合理选择要求对方承担修理、更换、重作、退货、减少价款或者报酬等违约责任。

当事人一方不履行合同义务或者履行合同义务不符合约定的，在履行义务或者采取补救措施后，对方还有其他损失的，应当赔偿损失。当事人一方不履行合同义务或者履行合同义务不符合约定，给对方造成损失的，损失赔偿额应当相当于因违约所造成的损失，包括合同履行后可以获得的利益，但不得超过违反合同一方订立合同时预见到或者应当预见到的因违反合同可能造成的损失。经营者对消费者提供商品或者服务有欺诈行为的，依照《中华人民共和国消费者权益保护法》的规定承担损害赔偿责任。

当事人可以约定一方违约时应当根据违约情况向对方支付一定数额的违约金，也可以约定因违约产生的损失赔偿额的计算方法。约定的违约金低于造成的损失的，当事人可以请求人民法院或者仲裁机构予以增加；约定的违约金过分高于造成的损失的，当事人可以请求人民法院或者仲裁机构予以适当减少。当事人就迟延履行约定违约金的，违约方支付违约金后，还应当履行债务。

当事人可以依照《中华人民共和国担保法》约定一方向对方给付定金作为债权的担保。债务人履行债务后，定金应当抵作价款或者收回。给付定金的一方不履行约定的债务的，无权要求返还定金；收受定金的一方不履行约定的债务的，应当双倍返还定金。当事人既约定违约金，又约定定金的，一方违约时，对方可以选择适用违约金或者定金条款。

因不可抗力不能履行合同的，根据不可抗力的影响，部分或者全部免除责任，但法律另有规定的除外。当事人迟延履行后发生不可抗力的，不能免除责任。不可抗力是指不能预见、不能避免并不能克服的客观情况。当事人一方因不可抗力不能履行合同的，应当及时通知对方，以减轻可能给对方造成的损失，并应当在合理期限内提供证明。

当事人一方违约后，对方应当采取适当措施防止损失的扩大；没有采取适当措施致使损失扩大的，不得就扩大的损失要求赔偿。当事人因防止损失扩大而支出的合理费用，由违约方承担。当事人双方都违反合同的，应当各自承担相应的责任。

试题 21 答案

（21）D

试题 22 分析

合同对"运行稳定"没有确切定义，也没有说明余下的10%合同款的支付方式与时间。

试题 22 答案

（22）C

试题 23 分析

新《中华人民共和国合同法》第六十一条明确规定，对于合同不明确的情况，应先协商，达成补充协议，达不成补充协议的，依照合同其他条款或交易习惯确定。如果依此不能明确有关条款的含义，那就要用《中华人民共和国合同法》第六十二条来解决，第六十二条是针对那些常见条款和质量、价款、履行地点、履行方式等约定或不明确所提供的一个法定硬标准，是确定当事人义务的法定依据。

（1）当事人对标的物的质量要求不明确的，按国家标准和行业标准。没有这些标准的，按产品通常标准或符合合同目的的标准。

（2）履行地点不明确时，按标的性质不同而定：接受货币在接受方，交付不动产的在不动产所在地，其他标的在履行义务方所在地。

（3）履行期限不明的，债务人可随时履行，债权人可随时要求履行，但应给对方必要的准备时间。

（4）履行费用负担不明确的，由履行义务一方负担。

试题 23 答案

（23）B

试题 24 分析

合同又称为"契约"，是平行主体的自然人、法人、其他组织间设立、变更、终止民事权利义务关系的协议。

在信息系统中，按信息系统范围划分的合同的分类包括：

（1）总承包合同

发包人把信息系统工程建设从开始立项、论证、施工到竣工的全部任务，一并发包给一个具备资质的承包人。采用总承包的方式进行承包，发包人和承包人要签订总承包合同，这种合同即可以用一个总合同的形式，也可以用若干合同的形式来签订。

（2）单项项目承包合同

发包人将信息系统工程建设的不同工作任务，分别发包给不同的承包人。

（3）分包合同

总承建单位将其承包的某一部分或某几部分项目，再发包给子承建单位，并与其签订承包合同项下的分包合同。签订分包合同应当同时具备两个条件：第一，承包人只能将自己承包的部分工程分包给具有相应资质条件的分包人；第二，分包工程必须经过发包人同意。

根据题意，某项目在招标时被分成 5 个标段，分别发包给不同的承包人。也就是说发包人将信息系统工程建设的不同工作任务，分别发包给不同的承包人，所以承包人中标后与招标人签订的是单项项目承包合同。

试题 24 答案

（24）A

试题 25 分析

《中华人民共和国合同法》第九条规定，当事人订立合同，应当具有相应的民事权利能力和民事行为能力。选项 A 不正确。

《中华人民共和国合同法》第四十三条规定，当事人在订立合同过程中知悉的商业秘密，无论合同是否成立，不得泄露或者不正当地使用。泄露或者不正当地使用该商业秘密给对方造成损失的，应当承担损害赔偿责任。选项 C 也不完全正确。

《中华人民共和国合同法》第四十四条规定，依法成立的合同，自成立时生效。生成后就具有法律效力。公证不是必须进行的，双方可以在自愿的基础上进行公证是可以的。所以选项 D 不正确。

试题 25 答案

（25）B

试题 26 分析

索赔的类型有：

（1）按索赔的目的分类：工期索赔和费用索赔。

（2）按索赔的依据分类：合同规定的索赔和非合同规定的索赔。

（3）按索赔的业务性质分类：工程索赔和商务索赔。

（4）按索赔的处理方式分类：单项索赔和总索赔。

索赔不是惩罚性的，没有惩罚性的索赔，答案选 D。

试题 26 答案

（26）D

试题 27 分析

第三百三十九条委托开发完成的发明创造，除当事人另有约定的以外，申请专利的权利属于研究开发人。研究开发人取得专利权的，委托人可以免费实施该专利。

研究开发人转让专利申请权的，委托人享有以同等条件优先受让的权利。

试题 27 答案

（27）A

试题 28 分析

如果合同内容不明确，不能简单地来评定 M 公司收费的要求是合理，还是不合理，可根据有关信息化工程建设的法律、法规处理。

试题 28 答案

（28）D

试题 29 分析

根据《中华人民共和国合同法》第十一条：书面形式是指合同书、信件和数据电文（包括电报、电传、传真、电子数据交换和电子邮件）等可以有形地表现所载内容的形式。

试题 29 答案

（29）B

试题 30 分析

合同管理主要包括合同签订管理、合同履行管理、合同变更管理以及合同档案管理。合同档案的管理，亦即合同文件管理，是整个合同管理的基础。

试题 30 答案

（30）C

第13章 安全管理

从历年的考试试题来看，本章的考点在综合知识考试中的平均分数为 5.33 分，约为总分的 7.11%。

13.1 考点提炼

根据考试大纲，本章主要考查以下知识点：
(1) 信息系统安全的概念和特性。
(2) 信息系统安全管理的相关政策、法规、标准、规范。
(3) 信息系统安全管理体系的主要内容。
(4) 安全管理制度的主要内容。
(5) 逻辑访问安全管理的要点及监理措施。
(6) 应用环境安全管理的要点及监理措施。
(7) 物理环境安全管理的要点及监理措施。
(8) 数据备份和容灾管理的要点及监理措施。

13.2 强化练习

试题 1
基于角色的访问控制中，角色定义、角色成员的增减、角色分配都是由__(1)__实施的，用户只能被动接受授权规定，不能自主地决定，用户也不能自主地将访问权限传给他人，这是一种非自主型访问控制。
(1) A．CSO B．安全管理员
　　C．稽查员或审计员 D．应用系统的管理员

试题 2
以下关于入侵检测系统的描述中，说法错误的是__(2)__。
(2) A．入侵检测系统能够对网络活动进行监视
　　B．入侵检测能简化管理员的工作，保证网络安全运行
　　C．入侵检测是一种主动保护网络免受攻击的安全技术
　　D．入侵检测是一种被动保护网络免受攻击的安全技术

试题 3

信息安全策略的设计与实施步骤是__(3)__。

(3) A. 定义活动目录角色、确定组策略管理安全性、身份验证、访问控制和管理委派

B. 确定标准性、规范性、可控性、整体性、最小影响、保密性原则,确定公钥基本结构

C. 确定安全需求、制订可实现的安全目标、制订安全规划、制订系统的日常维护计划

D. 确定安全需求、确定安全需求的范围、制订安全规划、制订系统的日常维护计划

试题 4

在__(4)__中,①用于防止信息抵赖;②用于防止信息被窃取;③用于防止信息被篡改;④用于防止信息被假冒。

(4) A. ①加密技术 ②数字签名 ③完整性技术 ④认证技术

B. ①完整性技术 ②认证技术 ③加密技术 ④数字签名

C. ①数字签名 ②完整性技术 ③认证技术 ④加密技术

D. ①数字签名 ②加密技术 ③完整性技术 ④认证技术

试题 5

在__(5)__中,①代表的技术通过对网络数据的封包和加密传输,在公网上传输私有数据、达到私有网络的安全级别;②代表的技术把所有传输的数据进行加密,可以代替 Telnet,可以为 FTP 提供一个安全的"通道";③代表的协议让持有证书的 Internet 浏览器软件和 WWW 服务器之间构造安全通道传输数据,该协议运行在 TCP/IP 层之上,应用层之下。

(5) A. ①SSH ②VPN ③SSL   B. ①VPN ②SSH ③SSL

C. ①VPN ②SSL ③SSH   D. ①SSL ②VPN ③SSH

试题 6

TCP/IP 在多个层引入了安全机制,其中 TLS 协议位于__(6)__。

(6) A. 数据链路层   B. 网络层   C. 传输层   D. 应用层

试题 7

信息安全管理体系是指__(7)__。

(7) A. 网络维护人员的组织体系

B. 信息系统的安全设施体系

C. 防火墙等设备、设施构建的安全体系

D. 组织建立信息安全方针和目标并实现这些目标的体系

试题 8

___(8)___ 指对主体访问和使用客体的情况进行记录和审查，以保证安全规则被正确执行，并帮助分析安全事故产生的原因。

(8) A．安全授权　　　B．安全管理　　　C．安全服务　　　D．安全审计

试题 9

安全管理是信息系统安全能动性的组成部分，它贯穿于信息系统规划、设计、运行和维护的各阶段。安全管理中的介质安全属于___(9)___。

(9) A．技术安全　　　B．管理安全　　　C．物理安全　　　D．环境安全

试题 10

安全审计是保障计算机系统安全的重要手段之一，其作用不包括___(10)___。

(10) A．检测对系统的入侵
　　　B．发现计算机的滥用情况
　　　C．发现系统入侵行为和潜在的漏洞
　　　D．保证可信网络内部信息不外泄

试题 11

防火墙把网络划分为几个不同的区域，一般把对外提供网络服务的设备（如WWW服务器、FTP服务器）放置于___(11)___区域。

(11) A．信任网络　　　　　　　　　　B．非信任网络
　　　C．半信任网络　　　　　　　　　D．DMZ（非军事化区）

试题 12

"需要时，授权实体可以访问和使用的特性"指的是信息安全的___(12)___。

(12) A．保密性　　　B．完整性　　　C．可用性　　　D．可靠性

试题 13

信息安全从社会层面来看，反映在___(13)___这三个方面。

(13) A．网络空间的幂结构规律、自主参与规律和冲突规律
　　　B．物理安全、数据安全和内容安全
　　　C．网络空间中的舆论文化、社会行为和技术环境
　　　D．机密性、完整性、可用性

试题 14

网吧管理员小李发现局域网中有若干台电脑有感染病毒的迹象，这时应首先___(14)___，以避免病毒的进一步扩散。

(14) A．关闭服务器
　　　B．启动反病毒软件查杀
　　　C．断开有嫌疑计算机的物理网络连接
　　　D．关闭网络交换机

试题 15

在构建信息安全管理体系中，应建立起一套动态闭环的管理流程，这套流程指的是__(15)__。

(15) A. 评估—响应—防护—评估　　　　B. 检测—分析—防护—检测
　　　C. 评估—防护—响应—评估　　　　D. 检测—评估—防护—检测

试题 16

某单位在制定信息安全策略时采用的下述做法中，正确的是__(16)__。

(16) A. 该单位将安全目标定位为"系统永远不停机、数据永远不丢失、网络永远不瘫痪、信息永远不泄密"
　　　B. 该单位采用了类似单位的安全风险评估结果来确定本单位的信息安全保护等级
　　　C. 该单位的安全策略由单位授权完成制定，并经过单位的全员讨论修订
　　　D. 该单位为减小未经授权的修改、滥用信息或服务的机会，对特定职责和责任领域的管理和执行功能实施职责合并

试题 17

数据安全的目的是实现数据的__(17)__。

(17) A. 唯一性、不可替代性、机密性　　B. 机密性、完整性、不可否认性
　　　C. 完整性、确定性、约束性　　　　D. 不可否认性、备份、效率

试题 18

入侵检测通过对计算机网络或计算机系统中的若干关键点收集信息并进行分析，发现网络或系统中是否有违反安全策略的行为和被攻击的迹象。进行入侵检测的软件和硬件的组合就构成了入侵检测系统。__(18)__是入侵检测系统的核心。

(18) A. 评估主要系统和数据的完整性　　B. 信息的收集
　　　C. 系统审计　　　　　　　　　　　D. 数据分析

试题 19

1985 年美国国防部所属的国家计算机安全中心发布的可信计算机安全评估准则将计算机系统的安全可信性分为 4 个等级。只提供无条件的访问控制，具有识别和授权责任的安全可信性属于__(19)__安全等级。

(19) A. C 类　　　　B. A 类　　　　C. D 类　　　　D. B 类

试题 20

网络的可用性是指__(20)__。

(20) A. 网络通信能力的大小　　　　　　B. 用户用于网络维修的时间
　　　C. 网络的可靠性　　　　　　　　　D. 网络可供用户使用的时间百分比

试题 21

信息系统受到破坏后，会对社会秩序和公共利益造成严重损害，或者对国家安全造

成损害，根据《信息系统安全等级保护定级指南 GB/T 22240—2008》，该信息系统的安全保护等级至少应定为 __(21)__ 级。

(21) A. 一 　　　　　 B. 二 　　　　　 C. 三 　　　　　 D. 四

试题 22

我国强制性国家标准《计算机信息安全保护等级划分准则》将计算机信息系统分为 5 个安全保护等级，其中适用于地方各级国家机关、金融机构、邮电通信、能源与水源供给部门的信息系统适用 __(22)__ 。

(22) A. 安全标记保护级　　　　　　　B. 结构化保护级
　　　C. 访问验证保护级　　　　　　　D. 系统审计保护级

试题 23

信息系统的安全属性包括 __(23)__ 和不可抵赖性。

(23) A. 保密性、完整性、可用性　　　B. 符合性、完整性、可用性
　　　C. 保密性、完整性、可靠性　　　D. 保密性、可用性、可维护性

试题 24

电子商务安全要求的四个方面是 __(24)__ 。

(24) A. 传输的高效性、数据的完整性、交易各方的身份认证和交易的不可抵赖性
　　　B. 存储的安全性、传输的高效性、数据的完整性和交易各方的身份认证
　　　C. 传输的安全性、数据的完整性、交易各方的身份认证和交易的不可抵赖性
　　　D. 存储的安全性、传输的高效性、数据的完整性和交易的不可抵赖性

试题 25

应用系统运行中涉及的安全和保密层次包括四层，这四个层次按粒度从粗到细的排列顺序是 __(25)__ 。

(25) A. 数据域安全、功能性安全、资源访问安全、系统级安全
　　　B. 数据域安全、资源访问安全、功能性安全、系统级安全
　　　C. 系统级安全、资源访问安全、功能性安全、数据域安全
　　　D. 系统级安全、功能性安全、资源访问安全、数据域安全

试题 26

为了确保系统运行的安全，针对用户管理，下列做法不妥当的是 __(26)__ 。

(26) A. 建立用户身份识别与验证机制，防止非法用户进入应用系统
　　　B. 用户权限的分配应遵循"最小特权"原则
　　　C. 用户密码应严格保密，并定时更新
　　　D. 为了防止重要密码丢失，把密码记录在纸质介质上

试题 27

基于用户名和口令的用户入网访问控制可分为 __(27)__ 三个步骤。

(27) A. 用户名识别与验证、用户口令的识别与验证、用户账户的默认限制检查

B. 用户名识别与验证、用户口令的识别与验证、用户权限的识别与控制

C. 用户身份识别与验证、用户口令的识别与验证、用户权限的识别与控制

D. 用户账号的默认限制检查、用户口令的识别与验证、用户权限的识别与控制

试题 28

关于计算机机房安全保护方案的设计，以下说法错误的是__(28)__。

(28) A. 某机房在设计供电系统时将计算机供电系统与机房照明设备供电系统分开

B. 某机房通过各种手段保障计算机系统的供电，使得该机房的设备长期处于 7×24 小时连续运转状态

C. 某公司在设计计算机机房防盗系统时，在机房布置了封闭装置，当潜入者触动装置时，机房可以从内部自动封闭，使盗贼无法逃脱

D. 某机房采用焊接的方式设置安全防护地和屏蔽地

试题 29

系统运行安全的关键是管理，下列关于日常安全管理的做法，不正确的是__(29)__。

(29) A. 系统开发人员和系统操作人员应职责分离

B. 信息化部门领导安全管理组织，一年进行一次安全检查

C. 用户权限设定应遵循"最小特权"原则

D. 在数据转储、维护时要有专职安全人员进行监督

试题 30

以下各项措施中，不能够有效防止计算机设备发生电磁泄漏的是__(30)__。

(30) A. 配备电磁干扰设备，且在被保护的计算机设备工作时不能关机

B. 设置电磁屏蔽室，将需要重点保护的计算机设备进行隔离

C. 禁止在屏蔽墙上打钉钻孔，除非连接的是带金属加强芯的光缆

D. 在信号传输线、公共地线以及电源线上加装滤波器

13.3 习题解答

试题 1 分析

当今最著名的美国计算机安全标准是可信计算机系统评估标准（TCSEC）。其中一个内容就是要阻止未被授权而浏览机密信息。TCSEC 规定了两个访问控制类型：自主访问控制（DAC）和强制访问控制（MAC）。

DAC 是指主体可以自主地将访问权限或者访问权限的某个子集授予其他主体。主要是某些用户（特定客体的用户或具有指定特权的用户）规定别的用户能以怎样的方式访问客体。它主要满足商业和政府的安全需要，以及单级军事应用。但是由于它的控制是自主的，所以也可能会因为权限的传递而泄漏信息。另外，如果合法用户可以任意运行一个程序来修改他拥有的文件存取控制信息，而操作系统无法区分这种修改是用户自己

的操作，还是恶意程序的非法操作，解决办法就是通过强加一些不可逾越的访问限制。因此，又提出了一种更强有力的访问控制手段，即强制访问控制（MAC），但是它主要用于多级安全军事应用，很少用于其他方面。现今人们在 MAC 基础上提出基于角色的访问控制（RBAC），它是一种强制访问控制形式，但它不是基于多级安全需求。其策略是根据用户在组织内部的角色制定的。用户不能任意的将访问权限传递给其他用户。这是 RBAC 和 DAC 之间最基本的不同。

基于角色访问控制（RBAC）模型是目前国际上流行的先进的安全访问控制方法。它通过分配和取消角色来完成用户权限的授予和取消，并且提供角色分配规则。安全管理人员根据需要定义各种角色，并设置合适的访问权限，而用户根据其责任和资历再被指派为不同的角色。这样，整个访问控制过程就分成两个部分，即访问权限与角色相关联，角色再与用户关联，从而实现了用户与访问权限的逻辑分离。

由于实现了用户与访问权限的逻辑分离，基于角色的策略极大地方便了权限管理。例如，如果一个用户的职位发生变化，只要将用户当前的角色去掉，加入代表新职务或新任务的角色即可。研究表明，角色/权限之间的变化比角色/用户关系之间的变化相对要慢得多，并且给用户分配角色不需要很多技术，可以由行政管理人员来执行，而给角色配置权限的工作比较复杂，需要一定的技术，可以由专门的技术人员来承担，但是不给他们给用户分配角色的权限，这与现实中的情况正好一致。

基于角色访问控制可以很好的描述角色层次关系，实现最小特权原则和职责分离原则。

试题 1 答案

（1）D

试题 2 分析

入侵检测是用于检测任何损害或企图损害系统的机密性、完整性或可用性的行为的一种网络安全技术。它通过监视受保护系统的状态和活动，采用异常检测或误用检测的方式，发现非授权的或恶意的系统及网络行为，为防范入侵行为提供有效的手段。

入侵检测系统要解决的最基本的两个问题是：如何充分并可靠地提取描述行为特征的数据，以及如何根据特征数据，高效并准确地判断行为的性质。由系统的构成来说，通常包括数据源（原始数据）、分析引擎（通过异常检测或误用检测进行分析）、响应（对分析结果采用必要和适当的措施）三个模块。

试题 2 答案

（2）D

试题 3 分析

信息安全策略的设计与实施步骤如下：

（1）确定安全需求：包括确定安全需求的范围、评估面临的风险。

（2）制订可实现的安全目标。

(3) 制订安全规划：包括本地网络、远程网络、Internet。
(4) 制订系统的日常维护计划。

试题 3 答案

(3) C

试题 4 分析

　　加密技术是利用数学或物理手段，对电子信息在传输过程中和存储体内进行保护，以防止泄漏（信息被窃取）的技术。通信过程中的加密主要是采用密码，在数字通信中可利用计算机采用加密法，改变负载信息的数码结构。

　　数字签名利用一套规则和一个参数集对数据计算所得的结果，用此结果能够确认签名者的身份和数据的完整性。简单地说，所谓数字签名就是附加在数据单元上的一些数据，或是对数据单元所作的密码变换。这种数据或变换允许数据单元的接收者用以确认数据单元的来源和数据单元的完整性并保护数据，防止被人（例如接收者）进行伪造。

　　完整性技术指发送者对传送的信息报文，根据某种算法生成一个信息报文的摘要值，并将此摘要值与原始报文一起通过网络传送给接收者，接收者用此摘要值来检验信息报文在网络传送过程中有没有发生变化，以此来判断信息报文的真实与否。

　　身份认证是指采用各种认证技术，确认信息的来源和身份，以防假冒。

试题 4 答案

(4) D

试题 5 分析

　　通过使用 SSH（Secure Shell，安全外壳），可以把所有传输的数据进行加密，这样"中间人"这种攻击方式就不可能实现了，而且也能够防止 DNS 欺骗和 IP 欺骗。使用 SSH，还有一个额外的好处就是传输的数据是经过压缩的，所以可以加快传输的速度。SSH 有很多功能，它既可以代替 Telnet，又可以为 FTP、POP、甚至为 PPP 提供一个安全的通道。

试题 5 答案

(5) B

试题 6 分析

　　TLS（Transport Layer Security，传输层安全协议）是确保互联网上通信应用和其用户隐私的协议。当服务器和客户机进行通信，TLS 确保没有第三方能窃听或盗取信息。TLS 是安全套接字层（Security Socket Layer，SSL）的后继协议。TLS 由两层构成，分别是 TLS 记录协议和 TLS 握手协议。TLS 记录协议使用机密方法，如数据加密标准（DES），来保证连接安全。TLS 记录协议也可以不使用加密技术。TLS 握手协议使服务器和客户机在数据交换之前进行相互鉴定，并协商加密算法和密钥。

试题 6 答案

(6) C

试题 7 分析

信息安全管理体系是指通过计划、组织、领导、控制等措施以实现组织信息安全目标的相互关联或相互作用的一组要素，是组织建立信息安全方针和目标并实现这些目标的体系。这些要素通常包括信息安全组织机构、信息安全管理体系文件、控制措施、操作过程和程序以及相关资源等。信息安全管理体系中的要素通常包括信息安全的组织机构；信息安全方针和策略；人力、物力、财力等相应资源；各种活动和过程。

信息安全管理体系通过不断地识别组织和相关方的信息安全要求，不断地识别外界环境和组织自身的变化，不断地学习采用新的管理理念和技术手段，不断地调整自己的目标、方针、程序和过程等，才可以实现持续的安全。

试题 7 答案

（7）D

试题 8 分析

安全审计是指对主体访问和使用客体的情况进行记录和审查，以保证安全规则被正确执行，并帮助分析安全事故产生的原因。安全审计是落实系统安全策略的重要机制和手段，通过安全审计识别与防止计算机网络系统内的攻击行为、追查计算机网络系统内的泄密行为。它是信息安全保障系统中的一个重要组成部分。具体包括两个方面的内容：

（1）采用网络监控与入侵防范系统，识别网络中各种违规操作与攻击行为，即时响应并进行阻断。

（2）对信息内容和业务流程的审计，可以防止内部机密或敏感信息的非法泄漏和单位资产的流式。

试题 8 答案

（8）D

试题 9 分析

网络安全的层次可以分为物理安全、控制安全、服务安全、协议安全。其中物理安全措施包括环境安全、设施和设备安全（设备管理包括设备的采购、使用、维修和存储管理，并建立详细资产清单；设备安全主要包括设备防盗、防毁、防电磁泄漏、防线路截获、抗电磁干扰及电源保护）、介质安全（对介质及其数据进行安全保护，防止损坏、泄漏和意外失误）。

试题 9 答案

（9）C

试题 10 分析

安全审计的作用如下：

（1）检测对系统的入侵，对潜在的攻击者起到震慑或警告作用。

（2）发现计算机的滥用情况，对于已经发生的系统破坏行为提供有效的追纠证据。

（3）为系统安全管理员提供有价值的系统使用日志，从而帮助系统安全管理员及时发现系统入侵行为或潜在的系统漏洞。

（4）为系统安全管理员提供系统运行的统计日志，使系统安全管理员能够发现系统性能上的不足或需要改进与加强的地方。

而为了保护高安全度网络环境而产生的、可以确保把有害攻击隔离在可信网络之外，并保证可信网络内部信息不外泄的前提下，完成网间信息的安全交换的技术属于安全隔离技术。

试题 10 答案

（10）D

试题 11 分析

传统边界防火墙主要有以下 4 种典型的应用：

（1）控制来自因特网对内部网络的访问。

（2）控制来自第三方局域网对内部网络的访问。

（3）控制局域网内部不同部门网络之间的访问。

（4）控制对服务器中心的网络访问。

而其中的第一项应用"控制来自因特网对内部网络的访问"是一种应用最广，也是最重要的防火墙应用环境。在这种应用环境下，防火墙主要保护内部网络不遭受因特网用户（主要是指非法的黑客）的攻击。在这种应用环境中，一般情况下防火墙网络可划分为三个不同级别的安全区域：

（1）内部网络。这是防火墙要保护的对象，包括全部的企业内部网络设备及用户主机。这个区域是防火墙的可信区域（这是由传统边界防火墙的设计理念决定的）。

（2）外部网络。这是防火墙要防护的对象，包括外部因特网主机和设备。这个区域为防火墙的非可信网络区域（同样也是由传统边界防火墙的设计理念决定的）。

（3）DMZ（非军事区）。它是从企业内部网络中划分的一个小区域，在其中就包括内部网络中用于公众服务的外部服务器，如 Web 服务器、邮件服务器、FTP 服务器和外部 DNS 服务器等，它们都是为因特网提供某种信息服务。

在以上三个区域中，用户需要对不同的安全区域采取不同的安全策略。虽然内部网络和 DMZ 区都属于企业内部网络的一部分，但它们的安全级别（策略）是不同的。对于要保护的大部分内部网络，一般情况下禁止所有来自因特网用户的访问；而由企业内部网络划分出去的 DMZ 区，因需为因特网应用提供相关的服务，因此允许任何人对诸如 Web 服务器进行正常的访问。

试题 11 答案

（11）D

试题 12 分析

所有的信息安全技术都是为了达到一定的安全目标，其核心包括保密性、完整性、可用性、可控性和不可否认性 5 个安全目标。

保密性是指阻止非授权的主体阅读信息。它是信息安全一诞生就具有的特性，也是信息安全主要的研究内容之一。更通俗地讲，就是说未授权的用户不能够获取敏感信息。对纸质文档信息，只需要保护好文件，不被非授权者接触即可。而对计算机及网络环境中的信息，不仅要阻止非授权者对信息的阅读，还要阻止授权者将其访问的信息传递给非授权者，以致信息被泄漏。

完整性是指防止信息被未经授权地篡改。它是保护信息保持原始的状态，使信息保持其真实性。如果这些信息被蓄意地修改、插入和删除等，形成虚假信息将带来严重的后果。

可用性是指授权主体在需要信息时能及时得到服务的能力。可用性是在信息安全保护阶段对信息安全提出的新要求，也是在网络化空间中必须满足的一项信息安全要求。

可控性是指对信息和信息系统实施安全监控管理，防止非法利用信息和信息系统。

不可否认性是指在网络环境中，信息交换的双方不能否认其在交换过程中发送信息或接收信息的行为。

试题 12 答案

（12）C

试题 13 分析

信息安全从社会层面的角度来看，反映网络空间的舆论文化、社会行为、技术环境三个方面。

（1）舆论文化：互联网的高度开放性，使得网络信息得以迅速而广泛的传播，且难以控制，使得传统的国家舆论管制的平衡被轻易打破，进而冲击着国家安全。境内外敌对势力、民族分裂组织利用信息网络，不断散布谣言、制造混乱，推行与我国传统道德相违背的价值观。有害信息的失控会在意识形态、道德文化等方面造成严重后果，导致民族凝聚力下降和社会混乱，直接影响到国家现行制度和国家政权的稳固。

（2）社会行为：有意识或针对信息及信息系统进行违法犯罪的行为，包括网络窃密、泄密、散播病毒、信息诈骗、为信息系统设置后门、攻击各种信息系统等违法犯罪行为；控制或致瘫基础信息网络和重要信息系统的网络恐怖行为；国家间的对抗行为——网络信息战。

（3）技术环境：由于信息系统自身存在的安全隐患，而难以承受所面临的网络攻击，或不能在异常状态下运行。主要包括系统自身固有的技术脆弱性和安全功能不足；构成系统的技术核心、关键装备缺乏自主可控制；对系统的宏观与微观管理的技术能力薄弱等。

试题 13 答案

（13）C

试题 14 分析

当发现局域网中有若干台电脑有感染病毒迹象时，网吧管理员应该首先立即断开有嫌疑的计算机的物理网络连接，查看病毒的特征，看看这个病毒是最新的病毒，还是现有反病毒软件可以处理的。如果现有反病毒软件能够处理，只是该计算机没有安装反病毒软件或者禁用了反病毒软件，可以立即开始对该计算机进行查杀工作。如果是一种新的未知病毒，那只有求教于反病毒软件厂商和因特网，找到查杀或者防范的措施，并立即在网络中的所有计算机上实施。

试题 14 答案

（14）C

试题 15 分析

信息安全管理体系的建立是一个目标叠加的过程，是在不断发展变化的技术环境中进行的，是一个动态的、闭环的风险管理过程；要想获得有效的成果，需要从评估、响应、防护，到再评估。这些都需要企业从高层到具体工作人员的参与和重视，否则只能是流于形式与过程，起不到真正有效的安全控制的目的和作用。

试题 15 答案

（15）A

试题 16 分析

安全策略是指人们为保护因为使用计算机业务应用信息系统可能招致来的对单位资产造成损失而进行保护的各种措施、手段，以及建立的各种管理制度、法规等。

一个单位的安全策略决不能照搬别人的。一定是对本单位的计算机业务应用信息系统的安全风险（安全威胁）进行有效的识别、评估后，为如何避免单位的资产的损失，所采取的一切，包括各种措施、手段，以及建立的各种管理制度、法规等。

安全策略涉及技术的和非技术的、硬件的和非硬件的、法律的和非法律的各个方面。

一个单位要不要建立安全策略，实际上就是要不要抵御因为使用计算机业务应用信息系统可能招致来的风险（威胁）。答案一定是肯定的。所以，一个单位的安全策略。来源于单位的"安全风险（威胁）"，同时又是针对于单位的"安全风险（威胁）"来进行防护的。安全策略的归宿点（立脚点）就是单位的资产得到充分的保护。

安全策略的核心内容就是"七定"：定方案、定岗、定位、定员、定目标、定制度、定工作流程。概括以上"七定"，可以归结一句话："七定"的结果就是确定了该单位/组织的计算机业务应用信息系统的安全如何具体地实现和保证。

由于计算机业务应用信息系统安全的事情涉及到单位（企业、党政机关）能否正常运营的大事，必须由单位的最高行政执行长官和部门或组织授权完成安全策略的制定，并经过单位的全员讨论修订。

安全策略一旦宣布实行之日起，安全策略就是单位（企业、党政机关）的内部的一个重要法规，任何人不得违反。有违反者，依法必纠，严重者，送交国家法律机关审处。

安全策略一定具有科学性、严肃性、非二义性和可操作性。

试题 16 答案

（16）C

试题 17 分析

数据安全的目的是实现数据的机密性、完整性、不可否认性。机密性是指个人或团体的信息不为其他不应获得者获得。在电脑中，许多软件包括邮件软件、网络浏览器等，都有保密性相关的设定，用以维护用户资讯的保密性，另外间谍档案或黑客有可能会造成保密性的问题。完整性是指在传输、存储信息或数据的过程中，确保信息或数据不被未授权的篡改或在篡改后能够被迅速发现。不可否认性是指在由收发双方所组成的系统中，确保任何一方无法抵赖自己曾经作过的操作，从而防止中途欺骗的特性。

试题 17 答案

（17）B

试题 18 分析

入侵检测系统（IDS）是一种对网络传输进行即时监视，在发现可疑传输时发出警报或者采取主动反应措施的网络安全设备。它与其他网络安全设备的不同之处便在于，IDS 是一种积极主动的安全防护技术。 IDS 最早出现在 1980 年 4 月。 1980 年代中期，IDS 逐渐发展成为入侵检测专家系统（IDES）。 1990 年，IDS 分化为基于网络的 IDS 和基于主机的 IDS。后又出现分布式 IDS。目前，IDS 发展迅速，已有人宣称 IDS 可以完全取代防火墙。

互联网工程工作小组将 IDS 分为四部分：

（1）事件产生器，从计算环境中获得事件，并向系统的其他部分提供此事件；

（2）事件分析器，分析数据；

（3）响应单元，发出警报或采取主动反应措施；

（4）事件数据库，存放各种数据。

试题 18 答案

（18）D

试题 19 分析

根据 TCSEC，计算机系统安全可信分为 D、B、C、A 四个大类，其中 C 和 B 又分若干子类，分别如下：

（1）D 类：提供最小的保护；

（2）C 类：无条件的保护。C1，无条件的安全保护，无条件的访问控制，具有识别和授权的责任。C2，有控制的存取保护，除 C1 的策略和责任外，还有访问包含和审计跟踪功能。

（3）B 类：属强制保护，要求系统在其生成的数据结构中带有标记，并提供数据流的监控。B1，标记安全保护，除满足 C 外，要求提供数据标记；B2，结构安全保护，除满足 B1 外，要实行强制性的控制；B3，安全域保护，提供可信设备的管理和恢复，即使计算机崩溃,也不会泄露系统信息。

(4) A类:经过验证保护。

试题 19 答案

(19) A

试题 20 分析

GB/T 3187—97 对可用性的定义:在要求的外部资源得到保证的前提下,产品在规定的条件下和规定的时刻或时间区间内处于可执行规定功能状态的能力。它是产品可靠性、维修性和维修保障性的综合反映。简单地说,可用性就是一个系统处在可工作状态的时间的比例。这通常被描述为任务可行率。数学上来讲,相当于 1 减去不可用性。在一个给定的时间间隔内,对于一个功能个体来讲,总的可用时间所占的比例。例如,一周里(168 小时)有 100 小时可用的单元的可用性为 100/168。可用性的值通常用小数来表示(如 0.9998)。

试题 20 答案

(20) D

试题 21 分析

根据《信息系统安全等级保护定级指南 GB/T 22240—2008》条款可知:信息系统安全保护等级可划分为五级,其中三级和四级的保护对象是重要系统,三级的侵害客体是社会秩序和公共利益、国家安全,侵害程度是社会秩序和公共利益为严重损害、国家安全为损害。

试题 21 答案

(21) C

试题 22 分析

我国强制性国家标准《计算机信息安全保护等级划分准则》将计算机信息系统分为 5 个安全保护等级,即用户自主保护级、系统审计保护级、安全标记保护级、结构化保护级及访问验证保护级。其中安全标记保护级适用于地方各级国家机关、金融机构、邮电通信、能源与水源供给部门、交通运输、大型工商与信息技术企业、重点工程建设等单位的信息系统。

试题 22 答案

(22) A

试题 23 分析

信息系统安全定义为:确保以电磁信号为主要形式的,在信息网络系统进行通信、处理和使用的信息内容,在各个物理位置、逻辑区域、存储和传输介质中,处于动态和静态过程中的保密性、完整性、可用性和不可抵赖性,以及与网络、环境有关的技术安全、结构安全和管理安全的总和。其中保密性、完整性、可用性和不可抵赖性是信息系统安全的基本属性。

（1）保密性。保密性是应用系统的信息不被泄露给非授权的用户、实体或过程，或供其利用的特性。即防止信息泄漏给非授权个人或实体，信息只为授权用户使用的特性。保密性是在可用性基础之上，是保障应用系统信息安全的重要手段。应用系统常用的保密技术包括：

① 最小授权原则：对信息的访问权限仅授权给需要从事业务的用户使用。

② 防暴露：防止有用信息以各种途径暴露或传播出去。

③ 信息加密：用加密算法对信息进行加密处理，非法用户无法对信息进行解密而无法读懂有效信息。

④ 物理保密：利用各种物理方法，如限制、隔离、掩蔽、控制等措施，保护信息不被泄露。

（2）完整性。完整性是信息未经授权不能进行改变的特性。即应用系统的信息在存储或传输过程中保持不被偶然或蓄意地删除、修改、伪造、乱序、重放、插入等破坏和丢失的特性。完整性是一种面向信息的安全性，它要求保持信息的原样，即信息的正确生成和正确存储和传输。完整性与保密性不同，保密性要求信息不被泄露给未授权的人，而完整性则要求信息不致受到各种原因的破坏。影响信息完整性的主要因素有：设备故障、误码（传输、处理和存储过程中产生的误码，定时的稳定度和精度降低造成的误码，各种干扰源造成的误码）、人为攻击、计算机病毒等。保障应用系统完整性的主要方法有：

① 协议：通过各种安全协议可以有效地检测出被复制的信息、被删除的字段、失效的字段和被修改的字段。

② 纠错编码方法：由此完成检错和纠错功能。最简单和常用的纠错编码方法是奇偶校验法。

③ 密码校验和方法：它是抗篡改和传输失败的重要手段。

④ 数字签名：保障信息的真实性。

⑤ 公证：请求系统管理或中介机构证明信息的真实性。

（3）可用性。可用性是应用系统信息可被授权实体访问并按需求使用的特性。即信息服务在需要时，允许授权用户或实体使用的特性，或者是网络部分受损或需要降级使用时，仍能为授权用户提供有效服务的特性。可用性是应用系统面向用户的安全性能。应用系统最基本的功能是向用户提供服务，而用户的需求是随机的、多方面的、有时还有时间要求。可用性一般用系统正常使用时间和整个工作时间之比来度量。可用性还应该满足以下要求：身份识别与确认、访问控制（对用户的权限进行控制，只能访问相应权限的资源，防止或限制经隐蔽通道的非法访问。包括自主访问控制和强制访问控制）、业务流控制（利用均分负荷方法，防止业务流量过度集中而引起网络阻塞）、路由选择控制（选择那些稳定可靠的子网、中继线或链路等）、审计跟踪（把应用系统中发生的所有安全事件情况存储在安全审计跟踪之中，以便分析原因，分清责任，及时采取相应的措施。审计跟踪的信息主要包括：事件类型、被管信息等级、事件时间、事件信息、事件回答以及事件统计等方面的信息）。

（4）不可抵赖性。不可抵赖性也称作不可否认性，在应用系统的信息交互过程中，确信参与者的真实同一性。即所有参与者都不可能否认或抵赖曾经完成的操作和承诺。利用信息源证据可以防止发信方不真实地否认已发送信息，利用递交接收证据可以防止收信方事后否认已经接收的信息。

要实现具有这么多安全属性、并达到相互之间平衡的信息系统近乎是不可能的任务，以至于后来的通用评估准则（CC，ISO/IEC 15408，GB/T 18336）和风险管理准则（BS7799，ISO/IEC 27001）都直接以安全对象所面临的风险为出发点来分别研究信息安全产品和信息系统安全，针对每一风险来采取措施，其终极安全目标是要保护信息资产的安全，保障业务系统的连续运行。

试题 23 答案

（23）A

试题 24 分析

现代电子商务是指使用基于因特网的现代信息技术工具和在线支付方式进行商务活动。电子商务安全要求包括4个方面：

（1）数据传输的安全性。对数据传输的安全性要求在网络传送的数据不被第三方窃取。

（2）数据的完整性。对数据的完整性要求是指数据在传输过程中不被篡改。

（3）身份验证。确认双方的账户信息是否真实有效。

（4）交易的不可抵赖性。保证交易发生纠纷时有所对证。

试题 24 答案

（24）C

试题 25 分析

应用系统运行中涉及的安全和保密层次包括系统级安全、资源访问安全、功能性安全和数据域安全。这四个层次的安全，按粒度从粗到细的排序是：系统级安全、资源访问安全、功能性安全、数据域安全。程序资源访问控制安全的粒度大小界于系统级安全和功能性安全两者之间，是最常见的应用系统安全问题，几乎所有的应用系统都会涉及到这个安全问题。

（1）系统级安全。企业应用系统越来越复杂，因此制定得力的系统级安全策略才是从根本上解决问题的基础。应通过对现行系统安全技术的分析，制定系统级安全策略，策略包括敏感系统的隔离、访问IP地址段的限制、登录时间段的限制、会话时间的限制、连接数的限制、特定时间段内登录次数的限制和远程访问控制等等，系统级安全是应用系统第一道防护大门。

（2）资源访问安全。对程序资源的访问进行安全控制，在客户端上，为用户提供和其权限相关的用户界面，仅出现和其权限相符的菜单和操作按钮；在服务端则对URL

程序资源和业务服务类方法的调用进行访问控制。

（3）功能性安全。功能性安全会对程序流程产生影响，如用户在操作业务记录时，是否需要审核，上传附件不能超过指定大小等。这些安全限制已经不是入口级的限制，而是程序流程内的限制，在一定程度上影响程序流程的运行。

（4）数据域安全。数据域安全包括两个层次，其一是行级数据域安全，即用户可以访问哪些业务记录，一般以用户所在单位为条件进行过滤；其二是字段级数据域安全，即用户可以访问业务记录的哪些字段。不同的应用系统数据域安全的需求存在很大的差别，业务相关性比较高。对于行级的数据域安全，大致可以分为以下几种情况：

① 应用组织机构模型允许用户访问其所在单位及下级管辖单位的数据。

② 通过数据域配置表配置用户有权访问同级单位及其他行政分支下的单位的数据。

③ 按用户进行数据安全控制，只允许用户访问自己录入或参与协办的业务数据。

④ 除进行按单位过滤之外，比较数据行安全级别和用户级别，只有用户的级别大于等于行级安全级别，才能访问到该行数据。

试题 25 答案

（25）C

试题 26 分析

制定有关的政策、制度、程序或采用适当的硬件手段、软件程序和技术工具，保证信息系统不被未经授权进入和使用、修改、盗窃，造成损害的各种措施。

（1）系统安全等级管理。根据应用系统所处理数据的秘密性和重要性确定安全等级，并据此采用有关规范和制定相应管理制度。安全等级可分为保密等级和可靠性等级两种，系统的保密等级与可靠性等级可以不同。保密等级应按有关规定划为绝密、机密、秘密。可靠性等级可分为三级，对可靠性要求最高的为 A 级，系统运行所要求的最低限度可靠性为 C 级，介于中间的为 B 级。安全等级管理就是根据信息的保密性及可靠性要求采取相应的控制措施，以保证应用系统及数据在既定的约束条件下的合理合法的使用。

（2）系统运行监视管理。重要应用系统投入运行前，可请公安机关的计算机监察部门进行安全检查。根据应用系统的重要程度，设立监视系统，分别监视设备的运行情况或工作人员及用户的操作情况，或安装自动录像等记录装置。

（3）系统运行文件管理制度。制定严格的技术文件管理制度，应用系统的技术文件如说明书、手册等应妥善保存，要有严格的借阅手续，不得损坏及丢失。系统运行维护时备有应用系统操作手册规定的文件。应用系统出现故障时可查询替代措施和恢复顺序所规定的文件。

（4）系统运行操作规程。通过制定规范的系统操作程序，用户严格按照操作规程使用应用系统。应用系统操作人员应为专职，关键操作步骤要有两名操作人员在场，必要时需对操作的结果进行检查和复核。对系统开发人员和系统操作人员要进行职责分离。

制定系统运行记录编写制度，系统运行记录包括系统名称、姓名、操作时间、处理业务名称、故障记录及处理情况等。

（5）用户管理制度。建立用户身份识别与验证机制，防止非授权用户进入应用系统。对用户及其权限的设定应进行严格管理，用户权限的分配必须遵循"最小特权"原则。用户密码应严格保密，并及时更新。重要用户密码应密封交安全管理员保管，人员调离时应及时修改相关密码和口令。

（6）系统运行维护制度。必须制定有关电源设备、空调设备，防水防盗消防等防范设备的管理规章制度，确定专人负责设备维护和制度实施。对系统进行维护时，应采取数据保护措施。如：数据转贮、抹除、卸下磁盘磁带，维护时安全人员必须在场等。运程维护时，应事先通知。对系统进行预防维护或故障维护时，必须记录故障原因、维护对象、维护内容和维护前后状况等。

（7）系统运行灾备制度。系统重要的信息和数据应定期备份，针对系统运行过程中可能发生的故障和灾难，制定恢复运行的措施、方法，并成立应急计划实施小组，负责应急计划的实施和管理。在保证系统正常运行的前提下，对可模拟的故障和灾难每年至少进行一次实施应急计划的演习。应急计划的实施必须按规定由有关领导批准，实施后，有关部门必须认真分析和总结事故原因，制定相应的补救和整改措施。

（8）系统运行审计制度。定期对应用系统的安全审计跟踪记录及应用系统的日志进行检查和审计，检查非授权访问及应用系统的异常处理日志。根据系统的配置信息和运行状况，分析系统可能存在的安全隐患和漏洞，对发现的隐患和漏洞要及时研究补救措施，并报相关部门领导审批后实施。

试题 26 答案

（26）D

试题 27 分析

入网访问控制为网络访问提供了第一层访问控制。用户的入网访问控制可分为三个步骤：用户名的识别与验证、用户口令的识别与验证、用户账号的缺省限制检查。三道关卡中只要任何一关未过，该用户便不能进入该网络。

对网络用户的用户名和口令进行验证是防止非法访问的第一道防线。如果用户验证合法，才继续验证用户输入的口令。用户的口令是用户入网的关键所在，为保证口令的安全性，用户口令不能显示在显示屏上。口令长度应不少于6个字符，口令字符最好是数字、字母和其他字符的混合。用户口令必须经过加密，加密的方法很多。经过上述方法加密的口令，即使是系统管理员也难以得到它。用户还可采用一次性用户口令，也可用便携式验证器（如智能卡）来验证用户的身份。

网络管理员应该可以控制和限制普通用户的账号使用、访问网络的时间、方式。用户名或用户账号是所有计算机系统中最基本的安全形式。用户账号应只有系统管理员才能建立。用户口令应是用户访问网络所必须提交的"证件"。用户可以修改自己的口令，但系统管理员应该可以控制口令的以下几个方面：最小口令长度、强制修改口令的时间间隔、口令的惟一性、口令过期失效后允许入网的宽限次数。

用户名和口令验证有效之后，再进一步履行用户账号的缺省限制检查。网络应能控制用户登录入网的站点、限制用户入网的时间、限制用户入网的工作站数量。当用户对交费网络的"资费"用尽时，网络还应能对用户的账号加以限制，用户此时应无法进入网络访问网络资源。网络应对所有用户的访问进行审计。如果多次输入口令不正确，则认为是非法用户的入侵，应给出报警信息。

试题 27 答案

（27）A

试题 28 分析

机房供电系统应将计算机系统供电与其他供电分开，并配备应急照明装置。应采用不间断供电电源，防止电压波动、电器干扰、断电等对计算机系统的影响。

机房应设置安全防护地与屏蔽地，采用阻抗尽可能小的良导体的粗线，以减少各种地之间的电位差；应采用焊接方法，并经常检查接地的良好，检测接地电阻，确保人身、设备和运行的安全。

机房应安装防盗报警装置，防止夜间从门窗进入的盗窃行为；应利用光、电、无源红外等技术设置机房报警系统，并由专人值守，防止夜间从门窗进入的盗窃行为；利用闭路电视系统对机房的各重要部位进行监视，并有专人值守，防止夜间从门窗进入的盗窃行为；机房外部的设备应采取加固防护等措施，必要时安排专人看管，以防止盗窃和破坏。

试题 28 答案

（28）C

试题 29 分析

系统运行的安全检查是安全管理的常用工作方法，也是预防事故、发现隐患、指导整改的必要工作手段。系统运行安全检查要形成制度，对促进系统运行管理、实现信息安全起到积极的推动和保障作用。

企业要加强对应用系统安全运行管理工作的领导，每年至少组织有关部门对系统运行工作进行一次检查。部门每季度进行一次自查。要加强对所辖范围内应用系统运行工作的监督检查。检查可采取普查、抽查、专项检查的方式定期或不定期地进行。

试题 29 答案

（29）B

试题 30 分析

对需要防止电磁泄露的计算机设备应配备电磁干扰设备，在被保护的计算机设备工作时电磁干扰设备不准关机；必要时可以采用屏蔽机房。屏蔽机房应随时关闭屏蔽门；不得在屏蔽墙上打钉钻孔，不得在波导管以外或不经过过滤器对屏蔽机房内外连接任何线缆；应经常测试屏蔽机房的泄露情况并进行必要的维护。

《电子信息系统机房设计》GB 50174 规定：

- 屏蔽门、滤波器波导管、截止波导通风窗等屏蔽件，起性能不应低于电磁屏蔽室的性能要求，安装位置应便于检修。
- 屏蔽门可分为旋转式和移动式。一般情况下，宜采用旋转式屏蔽门。当场地受到限制时，可采用移动式屏蔽门。
- 所有进入电磁屏蔽室的电源线应通过电源滤波器进行处理。电源滤波器的规格、供电方式和数量应根据电磁屏蔽室内设备的用点情况确定。
- 所有进入电磁屏蔽室的信号线电缆应通过信号滤波器或进行其他屏蔽处理。
- 进出电磁屏蔽室的网络线宜采用光缆或屏蔽缆线，光缆不应带有金属加强芯。
- 截止波导通风窗内的波导管宜采用等边六角型，通风窗的截面积应根据室内换气次数进行计算。
- 非金属材料穿过屏蔽层时应采用波导管，波导管的截面尺寸和长度应满足电磁屏蔽的性能要求。

根据以上条款知道，选项 C 不正确。

试题 30 答案

(30) C

第 14 章 沟 通 协 调

从历年的考试试题来看，本章的考点在综合知识考试中的平均分数为 2.83 分，约为总分的 3.78%。

14.1 考点提炼

根据考试大纲，本章主要考查以下知识点：
（1）沟通协同工作应把握的一般原则。
（2）沟通协同的工作方法。
（3）工程各阶段沟通协调的主要工作内容。

14.2 强化练习

试题 1

由 n 个人组成的大型项目组，人与人之间交互渠道的数量级为__(1)__。

(1) A. n^2　　　　　B. n^3　　　　　C. n　　　　　D. 2^n

试题 2

某监理工程师负责管理公司的第一个复杂的网站开发项目的监理工作，项目进度安排十分紧张。项目有一个高层发起人，并且项目章程和项目计划都已经获得批准和签字；通过定期会议和报告，向建设单位提供了项目进展的全面情况；项目在预算之内并且符合进度计划要求。监理工程师突然得知项目有可能被取消，因为开发的产品完全无法接受。发生这种情况最可能的原因是__(2)__。

(2) A. 一个关键干系人没有充分参与项目
　　B. 没有充分地向客户介绍项目章程和项目计划或客户没有充分的审核项目章程和计划
　　C. 沟通安排不充分，没有向有关方提供需要的信息
　　D. 高级发起人没有向项目提供充足的支持

试题 3

一个项目由几个小组协作完成。小组 C 在过去曾多次在最终期限前没有完成任务。这导致小组 D 好几次不得不对关键路径上的任务赶工。小组 D 的领导应该与__(3)__沟通。

(3) A．公司项目管理委员会　　　　B．客户
　　C．项目经理和管理层　　　　　D．项目经理和小组 C 的领导

试题 4

团队成员第一次违反了团队的基本规章制度，项目经理对他应该采取__(4)__形式的沟通方法。

(4) A．口头　　　B．正式书面　　　C．办公室会谈　　　D．非正式书面

试题 5

作为丙方的系统集成项目监理工程师与其单位高层领导沟通时，使用频率最少的沟通工具是__(5)__。

(5) A．状态报告　　　　　　　　　B．界面设计报告
　　C．需求分析报告　　　　　　　D．趋势报告

试题 6

在实际沟通中，__(6)__更有利于被询问者表达自己的见解和情绪。

(6) A．封闭式问题　　B．开放式问题　　C．探询式问题　　D．假设性问题

试题 7

项目沟通中不恰当的做法是__(7)__。

(7) A．对外一致，一个团队要用一种声音说话
　　B．采用多样的沟通风格
　　C．始终采用正式的沟通方式
　　D．会议之前将会议资料发给所有参会人员

试题 8

系统集成工程建设的沟通协调非常重要，有效沟通可以提升效率、降低内耗。以下关于沟通的叙述，__(8)__是错误的。

(8) A．坚持内外有别的原则，要把各方掌握的信息控制在各方内部
　　B．系统集成商经过广泛的需求调查，有时会发现业主的需求之间存在自相矛盾的现象
　　C．一般来说，参加获取需求讨论会的人数控制在 5~7 人是最好的
　　D．如果系统集成商和客户就项目需求沟通不够，只是依据招标书的信息做出建议书，可能会导致项目计划不合理，因而造成项目的延期、成本超出、纠纷等问题

试题 9

项目文档应发送给__(9)__。

(9) A．执行机构所有的干系人
　　B．所有项目干系人
　　C．项目管理小组成员和项目主办单位

D．沟通管理计划中规定的人员

试题 10

以下关于项目干系人的描述中，不恰当的是__(10)__。

(10) A．项目干系人的目标往往彼此相距甚远，甚至互相冲突

B．项目管理团队忽略消极项目干系人的利益，可以使项目尽快得到成功

C．项目干系人在项目生命周期的不同阶段会发生变化

D．项目干系人对项目的影响可能是积极的也可能是消极的

试题 11

希赛公司承担了某企业 ERP 项目的监理工作。总监理工程师入场后首先制定了项目沟通联络机制，并建议项目参建单位都提供各自的联络人，便于后续有效的沟通。对此做法理解正确的是__(11)__。

(11) A．沟通联络机制相当于一份沟通计划

B．沟通联络机制应满足所有项目干系人的沟通需求

C．沟通联络机制应明确沟通的内容和时间表

D．沟通联络机制应经常调整以保证持续的适用性

试题 12

总监理工程师计划访谈所有为项目实施所雇佣的临时员工。第一日随机挑选了 50 名临时员工进行了访谈，第二天又随机选取了 20 名临时员工，发现其中 5 名已于昨日访谈过，便对其余 15 名进行了访谈。则还需要访谈约__(12)__人才能完成访谈所有临时员工的任务。

(12) A．75 B．185 C．135 D．150

试题 13

广泛使用__(13)__沟通最有可能帮助解决复杂问题。

(13) A．书面 B．口头 C．正式 D．非正式

试题 14

召开会议就某一项进行讨论是有效的项目沟通方法之一，确保会议成功的措施包括提前确定会议目的、按时开始会议等，__(14)__不是确保会议成功的措施。

(14) A．项目经理在会议召开前一天，将会议议程通过电子邮件发给参会人员

B．在技术方案的评审会议中，某专家发言时间超时严重，会议主持人对会议进程进行控制

C．某系统验收会上，为了避免专家组意见太发散，项目经理要求会议主持人给出结论性意见

D．项目经理指定文档管理员负责会议记录

试题 15

某项目组的小组长王某和程序员李某在讨论确定一个功能模块的技术解决方案时

发生激烈争执，此时作为项目经理应该首先采用 __(15)__ 的方法来解决这一冲突。

（15）A．请两人先冷静下来，淡化争议，然后在讨论问题时求同存异

B．帮助两人分析对错，然后解决问题

C．要求李某服从小组长王某的意见

D．请两人把当前问题搁置起来，避免争吵

试题 16

在项目沟通管理过程中存在若干影响因素，其中潜在的技术影响因素包括 __(16)__ 。

①对信息需求的迫切性 ②资金是否到位

③预期的项目人员配备 ④项目环境　⑤项目时间的长短

（16）A．①③④⑤　　　B．①②③④　　　C．①②④⑤　　　D．②③④⑤

试题 17

状态会议的目的是 __(17)__ 。

（17）A．交换项目信息

B．让团队成员汇报正在执行的工作

C．签发工作授权

D．确认团队提交的成本的准确性

试题 18

某项目的现状是：已经按照沟通计划发布了项目信息；一些项目可交付成果发生了变更；这些变更是按照变更控制计划做出的；一位干系人在得知以前曾经公布过的项目可交付成果变更时，感觉十分惊讶；其余干系人都收到了变更通知的消息。针对这种情况，总监理工程师应该 __(18)__ 。

（18）A．告诉干系人信息公布的日期

B．审核沟通计划，确定为什么干系人不理解自己的职责

C．对沟通计划进行审核，如需要，对沟通计划进行修改

D．在下次项目工作会议上说明该问题，以便其他干系人不会遗忘公布的变更信息

试题 19

在各种绩效报告工具或技巧中，通过 __(19)__ 方法可综合范围、成本（或资源）和进度信息作为关键因素。

（19）A．绩效评审　　　B．趋势分析　　　C．偏差分析　　　D．挣值分析

试题 20

沟通和协调对于项目的顺利进展和最终成功具有重要意义，召开有效的会议是监理工程师常用的沟通方法，开好监理会有许多要注意的事项，以下只有 __(20)__ 是不需要考虑的。

（20）A．会议要有明确的目的和期望的结果

B. 参会人员要充分而且必要，以便缩小会议规模
C. 会议议题要集中，控制和掌握会议的时间
D. 要求建设单位与承建单位的领导必须参加

试题 21

信息系统工程建设的组织协调非常重要，是重要的监理措施，关于组织协调的描述，错误的是 __(21)__ 。

(21) A. 组织协调包括多方的协调，包括与承建单位以及建设单位的协调等
B. 组织协调也包括监理单位内部之间的协调
C. 组织协调一般通过项目监理例会、监理专题会议以及阶段性监理会议三种主要协调方法进行
D. 组织协调要坚持科学的原则

试题 22

信息系统工程建设的沟通、协调非常重要，是重要的监理措施。下面关于沟通协调原则的描述，错误的是 __(22)__ 。

(22) A. 为了避免不必要的误会，要把相关信息控制在各项目组内部
B. 各方始终把项目成功作为共同努力实现的目标
C. 在直接关系到项目进展和成败的关键点上取得一致意见
D. 协调的结果一定是各方形成合力

试题 23

某大型电子政务工程项目，涉及的相关方包括业主方、咨询公司、招标公司、总承建方、分承建方、系统测试方等。对照①~④的描述，监理方所承担的职责是 __(23)__ ；在项目实施过程中，监理工作中常用的协调方法是 __(24)__ 。

① 协助编制招标文件
② 对工程质量、工程投资和工程进度进行监督和协调
③ 存在分包时，对分包进行全方位管理和协调，确保工程质量和工程进度
④ 协助业主方协调处理施工中出现的问题

(23) A. ②、④　　　　B. ②、③、④　　　C. ①、②、④　　D. ①、③
(24) A. 会议协调法　　B. 交谈协调法　　　C. 书面协调法　　D. 访问协调

试题 24

项目协调的监理方法主要包括 __(25)__ 。
①监理会议　②监理报告　③沟通　④评审

(25) A. ①②　　　　　B. ①②④　　　　　C. ①②③　　　　D. ①②③④

试题 25

某信息系统工程由于承建单位原因，导致实施进度严重超期，监理单位准备就此问题召集业主单位、承建单位召开专题会议协商解决，此时给承建单位发出 __(26)__ 是最

合适的。

(26) A. 监理通知单   B. 专题监理报告
      C. 监理工作联系单   D. 停工令

试题 26

在监理组织协调过程中，以下行为，__(27)__ 不能够较好体现公平、公正、独立的原则。

(27) A. 监理单位不能同时既做信息系统工程的监理，又做系统集成业务
      B. 处理监理业务一定要有可靠的依据和凭证
      C. 遵守建设方的有关行政管理、经济管理、技术管理等规章制度及要求
      D. 处理实际监理事务中，要有大局观，要全面地分析和思考

试题 27

项目干系人管理的主要目的是__(28)__。

(28) A. 识别项目的所有潜在用户来确保完成需求分析
      B. 通过制定对已知的项目干系人反应列表来关注对项目的批评
      C. 避免项目干系人在项目管理中的严重分歧
      D. 在进度和成本超越限度的情况下建立良好的客户关系

试题 28

沟通、领导和磋商是属于__(29)__的技能。

(29) A. 项目管理   B. 一般管理   C. 团队管理   D. 执行管理

试题 29

希赛公司小张负责组织一个系统集成项目的监理工作。因为公司内部的很多人对该项目的进展感兴趣，他决定准备一份项目沟通计划。准备这一计划的第一步是__(30)__。

(30) A. 进行项目干系人分析以评价对信息的需求
      B. 确定一个生产进度来显示什么时间进行什么类型的沟通
      C. 描述计划分配的信息
      D. 建立所有项目文件的信息库以便于快速查找

试题 30

沟通是项目管理的一项重要工作，图 14-1 为人与人之间的沟通模型。该模型说明了发送者收集信息、对信息加工处理、通过通道传送、接受者接收并理解、接受者反馈等若干环节。由于人们的修养不同和表达能力的差别，在沟通时会产生各种各样的障碍。语义障碍最常出现在__(31)__，认知障碍最常出现在__(32)__。

(31) A. ①和③   B. ①和②   C. ②和③   D. ①和④
(32) A. ①和③   B. ①和②   C. ②和③   D. ①和④

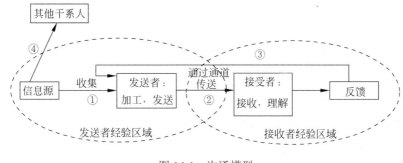

图 14-1 沟通模型

14.3 习题解答

试题 1 分析

一般来说，由 n 个人组成的项目团队，其沟通渠道数为 $n(n-1)/2$，即其数量级为 n^2。

试题 1 答案

（1）A

试题 2 分析

很显然，造成"项目有可能被取消，因为开发的产品完全无法接受"的状况，说明一个关键干系人没有充分参与项目，导致需求不明确。

试题 2 答案

（2）A

试题 3 分析

显然，在这种情况下，小组 D 的领导应该与项目经理和小组 C 的领导进行沟通。因为导致这种情况发生的原因在于小组 C 本身，而与客户没有关系，没有必要上升到公司的项目管理委员会和管理层。

试题 3 答案

（3）D

试题 4 分析

在项目实施过程中，沟通可以分为正式沟通和非正式沟通，正式沟通主要是采取会议（会谈）的形式，而非正式沟通形式多样，监理工程师可以根据项目干系人的特点，采取不同的非正式沟通方法，有助于问题的解决。在本题中，由于团队成员是第一次违反团队的基本规章制度，此时，监理工程师应该采取非正式的沟通方法，跟他谈谈心就可以了。

试题 4 答案

（4）A

试题 5 分析

状态报告作为反映项目当前绩效状态的文档，需要周期性地向单位高层领导报告。趋势报告作为预测项目走势的文档，也需要周期性地向单位高层领导报告。需求分析是整个项目的基础性工作，需求分析报告也用于向单位高层领导汇报需求分析工作之用。而界面设计作为细节性的技术工作为用户所关心，关心界面的是用户。细节性的、成熟的界面设计在与单位高层领导沟通时较少使用。

试题 5 答案

（5）B

试题 6 分析

在实际沟通中，询问不同类型的问题可以取得不同的效果。问题的类型有：

（1）封闭式问题：用来确认信息的正确性。

（2）开放式问题：鼓励应征者详细回答，表达情绪。

（3）探询式问题：用来澄清之前谈过的主题与信息。

（4）假设式问题：用来了解解决问题的方式。

因此，开放式问题更有利于被询问者表达自己的见解和情绪。

试题 6 答案

（6）B

试题 7 分析

项目沟通中，一个团队应该对外一致，用一种声音说话；应该采用多样的沟通风格，认识到项目干系人不同的沟通风格，用别人喜欢被对待的方式来对待他们，可以顺利地达到沟通的目标，即获得双赢局面；会议是项目沟通的一种重要形式，为了提高会议的效率，应在会议之前将会议资料发给所有参会人员；在正式场合，说话正规、书面，自我保护意识也强烈一些，而在私下场合，人们的语言风格可能是非正规和随意的，反倒能获得更多的信息，采用一些非正式的沟通方式可能更有利于关系的融洽。

试题 7 答案

（7）C

试题 8 分析

在信息系统项目中，为了提高沟通的效率和效果，需要把握如下一些基本原则：

（1）沟通内外有别。团队同一性和纪律性是对项目团队的基本要求。团队作为一个整体对外意见要一致，一个团队要用一种声音说话。在客户面前出现项目组人员表现出对项目信心不足、意见不统一、争吵等都是比较忌讳的情况。

（2）非正式的沟通有助于关系的融洽。在需求获取阶段，常常需要采用非正式沟通的方式以与客户拉近距离。在私下的场合，人们的语言风格往往是非正规和随意的，反而能获得更多的信息。

（3）采用对方能接受的沟通风格。注意肢体语言、语态给对方的感受。沟通中需要传递一种合作和双赢的态度，使双方无论在问题的解决上还是在气氛上都达到"双赢"。

（4）沟通的升级原则。需要合理把握横向沟通和纵向沟通关系，以有利于项目问题的解决。"沟通四步骤"反映了沟通的升级原则：第一步，与对方沟通；第二步，与对方的上级沟通；第三步，与自己的上级沟通；第四步，自己的上级和对方的上级沟通。

（5）扫除沟通的障碍。职责定义不清、目标不明确、文档制度不健全、过多使用行话等都是沟通的障碍。必须进行良好的沟通管理，逐步消除这些障碍。

试题 8 答案

（8）A

试题 9 分析

每一个信息系统都会经历规划阶段、制定方案阶段、研制阶段、试运行阶段、安装调试阶段、运行阶段和更新阶段，每一阶段都有大量的文档产生。文档是记录系统的痕迹，是系统维护人员的指南，是开发人员与用户交流的工具，是系统相关人员对系统了解和使用的必需资料。

信息系统中的文档是系统中各种参与者之间交流沟通的工具，而项目文档究竟应发送给哪些人，是在沟通管理计划中规定的。

试题 9 答案

（9）D

试题 10 分析

项目管理团队要做的是平衡各方干系人的利益，而不是忽略消极项目干系人的利益。所以选项 B 的说法是错误的，而其他三项的说法都是正确的。

试题 10 答案

（10）B

试题 11 分析

沟通联络机制通常是明确相关干系人多久召开一会议、用什么非正式沟通方式来做补充沟通等，显然不可能包括沟通计划中的诸多内容，也不需要明确每次沟通的具体内容，而且在整个项目生命周期中要保持相对稳定。但是它应当满足所有项目干系人的沟通需求，才能提高整个沟通工作的效果与效率。

试题 11 答案

（11）B

试题 12 分析

因为随机抽 20 个人出来，其中有 5 个人是第一访谈过的 50 人里面的，因此还要随机抽 180 人，才能把剩余的 45 个人全抽出来。而 180–45=135 人。

试题 12 答案

（12）C

试题 13 分析

因为非正式的沟通具有正式沟通无法比拟的优点（灵活、轻松、交换信息量大），因此人们往往喜欢采用非正式沟通。公司的管理层通常用大量的时间进行非正式沟通，他们不会长时间坐在哪里看枯燥的文件，因而也更喜欢由项目经理对项目的状态进行直接的报告，或者以双向的谈话来取项目信息。虽然专业技术人员往往忽视非正式的沟通。

非正式的沟通不仅可以获得信息，而且也是建立信任和关系的过程。因此项目经理必须擅长人际沟通。领导者和项目成员的差异也源于此。

非正式的沟通有助于提供一些常常隐藏在人们行动背后的动机。有时人们不愿意在公开的场合发表意见，或者由于沟通风格的差异，人们有报喜不报忧的倾向，所有这些隐藏的信息都可能在非正式的沟通中获得。

因此复杂问题往往需要广泛使用非正式沟通。

试题 13 答案

（13）D

试题 14 分析

会议是项目沟通的一种重要形式。一个成功的会议能成为鼓励项目团队建立和加强对项目的期望、任务、关系和责任的工具。失败的会议会对一个项目产生负面的影响。下面一些建议有助于使花在会议上的时间更有效。

（1）事先制定一个例会制度。在项目沟通计划里，确定例会的时间，参加人员范围及一般议程等。

（2）放弃可开可不开的会议。在决定召开一个会议之前，首先要明确会议是否必须举行，还是可以通过其他方式进行沟通。

（3）明确会议的目的和期望结果。明确要开的会议的目的，是集体讨论一些想法、彼此互通信息，还是解决一个面临的问题。确定会议的效果是以信息同步为结束还是必须要讨论出一个确定的解决方案。

（4）发布会议通知。在会议通知中要明确：会议目的、时间、地点、参加人员、会议议程和议题。有一种被广泛采用的决策方法是：广泛征求意见，少数人讨论，核心人员决策。由于许多会议不需要项目全体人员参加，因此需要根据会议的目的来确定参会人员的范围。事先应明确会议议程和讨论的问题，可以让参会人员提前做准备。

（5）在会议之前将会议资料发到参会人员。对于需要有背景资料支持的会议，应事先将资料发给参会人员，以提前阅读，直接在会上讨论，可以有效地节约会议时间。

（6）可以借助视频设备。对于有异地成员参加或者需要演示的场合，可以借用一些必要的视频设备，可以使会议达到更好效果。

（7）明确会议规则。指定主持人，明确主持人的职责，主持人要对会议进行有效控制，并营建一个活跃的会议气氛。主持人要事先陈述基本规则，例如明确每个人的发言时间，每次发言只有一个声音。主持人根据会议议程的规定控制会议的节奏，保证每一个问题都得到讨论。

（8）会议后要总结，提炼结论。主持人在会后总结问题的讨论结果，重申有关决议，明确责任人和完成时间。

（9）会议要有纪要。如果将工作的结果、完成时间、责任人都记录在案，则有利于督促和检查工作的完成情况。

（10）做好会议的后勤保障。很多会议兼有联络感情的作用，因此需要选择一个合适的地点，提供餐饮、娱乐和礼品，制定一个有张有弛的会议议程。对于有客户或合作伙伴参加的会议更要如此。

试题 14 答案

（14）C

试题 15 分析

此时作为总监理工程师应该首先采用"求同存异"的方法来解决这一冲突。

求同存异的方法就是冲突各方都关注他们一致的一面，而淡化不一致的一面。一般求同存异要求保持一种友好的气氛，但是回避了解决冲突的根源，也就是让大家都冷静下来，先把工作做完。

试题 15 答案

（15）A

试题 16 分析

沟通技术是项目管理者在沟通时需要采用的方式和需要考虑的限定条件。可以影响项目沟通的技术因素包括：

（1）对信息需求的迫切性：项目的成败是否取决于能否即刻调出不断更新的信息？还是只要有定期发布的书面报告就已足够？

（2）技术是否到位：已有的沟通系统能否满足要求？还是项目需求足以证明有改进必要？

（3）预期的项目人员配备：所建议的沟通系统是否适合项目参与者的经验与特长？还是需要大量的培训与学习？

（4）项目时间的长短：现有沟通技术在项目结束前是否有变化的可能？

（5）项目环境：项目团队是以面对面的方式进行工作和交流，还是在虚拟的环境下进行工作和交流？

依据上述考虑的影响项目沟通的技术因素，总监理工程师可以采用多种沟通方式，例如：

（1）单独谈话。

（2）项目会议。

（3）项目简报，通知。
（4）项目报告，项目总结。

试题 16 答案

（16）A

试题 17 分析

状态（评审）会议：是预先规定的定期进行的交流有关项目信息的事件，对重要问题进行专门的讨论。如项目管理组每周的内部例会，每月和客户的例会。

试题 17 答案

（17）A

试题 18 分析

变更是按照变更控制计划做出的，其他的干系人收到了变更通知的消息，而只有一位干系人没有收到，说明和干系人沟通有问题，所以应该对沟通计划进行审核，如需要，对沟通计划进行修改。

试题 18 答案

（18）C

试题 19 分析

挣值分析技术是一种通用的绩效测量方法。它将项目范围、成本（或资源）、进度整合在一起，帮助项目管理团队评估项目绩效。

绩效审查指比较一定时间阶段的成本执行（绩效）、计划活动或工作包超支和低于预算（计划值）的情况、应完成里程碑、已完成里程碑等。绩效审查是举行会议来评估计划活动、工作包或成本账目状态和绩效。

偏差分析。偏差分析是指将项目实际绩效与计划或期望绩效进行比较。成本和进度偏差是最常见的分析领域，但项目范围、资源、质量和风险的实际绩效与计划的偏差也具有相同或更大的重要性。

趋势分析。趋势分析是指检查一定阶段的项目绩效，以确定绩效是否改进或恶化。

试题 19 答案

（19）D

试题 20 分析

会议是把工程项目有关各方的干系人，组织起来就针对几个有争议的主题，进行沟通和协调的一种重要机制，也是比较正式的一种各方关系人的工作方法，通常是比较有效的工作方法之一。开会的目的有一方面在于沟通意见，明晰各方需求，集思广益，纠正偏差，统一意志，提高各方的行动能力，进而促进问题的解决。成功的会议必须做好对会议的管理，包括会前准备，会中任务，会后工程，以提高会议效率。

从沟通和协调的效益原则上讲，监理方尽可能的使会议能够成功，也尽可能地减少会议次数，尽可能的限制会议时间，在开会前尽可能的做好详细的准备工作，避免"会

而不议"等情况出现,要实现成功高效的会议,需要注意以下几点:

(1) 议题要与参会人员有关;
(2) 要选择具有议题决定权或会后有权执行会议决定的人参加;
(3) 要有技巧的主持会议;
(4) 会议要有明确的目的和期望的结果;
(5) 会前要做充分的准备;
(6) 开会时要注意正确的开会态度;
(7) 参会人员要充分而且必要,以便缩小会议规模;
(8) 会议议题要集中,控制和掌握会议的时间。

试题 20 答案

(20) D

试题 21 分析

在将各种或松散或紧凑的关系人组织起来完成某个项目工程时,在对这些人分工合作的工作中,会遇到局部任务与局部任务,或局部任务与全局任务之间存在不和谐的情况,通过组织关系能将这些不和谐问题处理恰当的工作方法,称为组织协调。

根据组织关系的紧散情况,可以将各种组织协调工作可分为系统内部协调和系统外部协调两种。

系统内部协调指的是监理工程师在能直接控制和接触的范围内的工作协调,也指监理单位内部之间的协调。主要协调的方面包括人际关系的协调、人员组织的协调、资源配置的协调和质量需求的协调等。

在系统外部协调方面,再根据人员组织的紧散情况可分为合同因素协调和非合同因素协调。

合同因素协调是在具有法律义务的完成任务的条件下开展的,各干系方也存在法律保护的利益要求。这里存在主要协调方有建设单位和承建单位(系统集成商)、总包单位与分包单位,建设单位与原产品供应商,承建单位(系统集成商)与原产品供应商,建设单位与设计单位,设计单位与承建单位等的协调。

对于非合同因素协调虽然没有签定具有法律效率的合同,关系方没有法律义务履行执行的任务,但是,有些可能存在社会道义遵守或个人道德遵守的义务,各关系方也存在各种社会默认的社会效益要求。

沟通协调工作是一种利益平衡的不断调整的社会活动,需要跟各方关系人员进行有效的谈判。沟通协调要坚持科学的原则,具体来说,应该遵循客观真诚的原则、平等互惠的原则、求同存异的原则、公平公正的原则和讲求效益的原则。

信息系统监理工作的目标是使各方充分协作,有效的推进工程按计划进行。在信息系统建设工程中,主要的沟通协调方法有会议协调法、交谈协调法、书面协调法、访问协调法和情况介绍法。

监理工程师组织协调可采用如下方法：

（1）会议协调法：正规、高效和范围广（可以有多方参与），是建设工程监理中最常用的一种协调方法，实践中常用的会议协调法包括第一次工地会议、监理例会、专业性监理会议等。

（2）交谈协调法：交谈包括面对面的交谈和电话交谈两种形式。无论是内部协调还是外部协调，这种方法使用频率都是相当高的。其作用在于：

- 保持信息畅通。本身没有合同效力及其方便性和及时性，所以建设工程参与各方之间及监理机构内部都愿意采用。
- 寻求协作和帮助。采用交谈方式请求协作和帮助比采用书面方式实现的可能性要大。
- 及时发布工程指令。监理工程师一般都采用交谈方式先发布口头指令，这样，一方面可以使对方及时地执行指令，另一方面可以和对方进行交流，了解对方是否正确理解了指令。随后在以书面形式加以确认。

（3）书面协调法：当会议或者交谈不方便或不需要时，或者需要精确地表达自己的意见时，就会用到书面协调的方法。书面协调方法的特点是具有合同效力，一般常用于以下几个方面：

- 不需要双方直接交流的书面报告、报表、指令和通知等。
- 需要以书面形式向各方提供详细信息和情况通报的报告、信函和备忘录等。
- 事后对会议记录、交谈内容或口头指令的书面确认。

（4）访问协调法：主要用于外部协调中，有走访和邀访两种形式。走访是指监理工程师在建设工程施工前或施工过程中，对与工程施工有关的各政府部门、公共事业机构、新闻媒介或工程毗邻单位等进行访问，向他们解释工程的情况，了解他们的意见。邀访是指监理工程师邀请上述各单位（包括业主）代表到施工现场对工程进行指导性巡视，了解现场工作。

多数情况有关各方不了解工程、不清楚现场的实际情况，一些不恰当的干预会对工程产生不利影响，此时，该法可能相当有效。

（5）情况介绍法：通常是与其他协调方法紧密结合在一起的，它可能是在一次会议前，或是一次交谈前，或是一次走访或邀访前向对方进行的情况介绍。形式上主要是口头的，有时也伴有书面的。介绍往往作为其他协调的引导，目的是使别人首先了解情况。

试题 21 答案

（21）C

试题 22 分析

本题给出的是在有关监理实践过程中，对沟通协调原则的实践性总结。其中只有 A 是错误的，因为项目相关信息要及时发送给沟通管理计划中规定的所有项目干系人，而不应该控制在各方项目组内部。

试题 22 答案

（22）A

试题 23 分析

监理方协助编制招标文件，对工程质量、工程投资和工程进度进行监督和协调，协助业主方协调处理施工中出现的问题是监理方应当承担的职责。存在分包时，监理方仅对分包单位的资质等进行审查，进行全方位管理和协调，确保工程质量和工程进度应由分包者负责。

试题 23 答案

（23）C　（24）A

试题 24 分析

组织协调工作的目标是使项目各方充分协作，有效地执行承建合同。进行组织协调的监理方法主要有监理会议、监理报告和沟通。

试题 24 答案

（25）C

试题 25 分析

这里考生需要明确各类监理文件的内容和作用，一般说来，《监理通知单》比较严肃，语气强硬，通常针对承建单位未响应或者未落实或者落实不力建设单位、监理单位的相关意见而发出的责令性文件；《专题监理报告》通常针对的是建设单位，是由监理单位对某些问题提出的建议或者汇报，以便建设单位引起重视或者决策；《监理工作联系单》通常可以发给合同双方，语气相对平缓，只是就某个事实陈述监理的打算；《停工令》一般用在承建单位出现重大事故或者项目出现重大风险，不得不暂停实施的情况。根据题干描述，监理准备召集双方协商解决进度超期问题，因此最合适的文件是《监理工作联系单》。

试题 25 答案

（26）C

试题 26 分析

监理方作为独立开展工作的第三方，应该遵守公平、公正、独立的原则，而不是遵守建设方的有关行政管理、经济管理、技术管理等规章制度及要求。

试题 26 答案

（27）C

试题 27 分析

项目干系人包括项目当事人，以及其利益受该项目影响的（受益或受损）个人和组织，也可以把他们称作项目的利害关系者。项目管理师必须识别项目干系人，确定他们的需求和期望，然后对这些期望进行管理并施加影响，以确保项目的成功。

对所有项目而言，主要的项目干系人包括：

(1）项目经理。负责管理项目的个人。

（2）用户。使用项目成果的个人或组织。用户可能是多层次、多方面的，比如开发一个电子商务网站，将来可能在网站上购物的人员都是该项目的干系人。

（3）项目执行组织。项目组成员，直接实施项目的各项工作，包括可能影响他们工作投入的其他社会人员。

（4）项目发起者（Sponsor）。执行组织内部或外部的个人或团体，他们以现金和实物的形式为项目提供资金资源。

除了以上这些之外，还有许多不同种类和不同名称的项目干系人——内部和外部的、建设单位和资金提供者、供应商和承包商、项目组成员及其家庭成员、政府代理和媒体、市民个人，甚至整个社会。对项目干系人的命名并进行分类的主要目的，就是识别出哪些个人或组织把自己视为项目干系人。项目干系人的角色和职责可能会有交叉，例如，一个软件公司为自己设计的产品开发提供资金。

管理项目干系人的各种期望有时比较困难。这是因为各个项目干系人常有不同的目标，这些目标可能会发生冲突。例如，对于一个需要管理信息系统的部门，部门领导可能要求低成本，而系统设计者则可能强调技术最好，而系统开发商最感兴趣的则是获得最大利润。

项目一开始，项目的干系人就以各自的、不同的方式不断地给项目组施加压力或侧面影响，企图项目向有利于自己的方向发展，如前所述，项目干系人之间的利益往往相互矛盾，项目经理又不可能面面俱到。可见，项目管理中有重要的一条就是平衡，平衡各方利益关系，尽可能消除项目干系人对项目的不利影响。

项目干系人管理的主要目的是避免项目干系人在项目管理中的严重分歧。一般来说，解决项目干系人之间期望的不同应以如何对客户有利为原则，但这并不意味着不考虑其他项目干系人的需求和期望。对项目管理而言，找到合理的解决方案来满足不同方面的需求是一种最大的挑战。

试题 27 答案

（28）C

试题 28 分析

沟通、领导和磋商是属于一般管理的技能。事实上，一般管理是个很广泛的概念，可以包含其他的管理。

试题 28 答案

（29）B

试题 29 分析

沟通计划确定项目干系人的信息和沟通需求，例如谁需要何种信息，何时需要，以及如何向他们传递。沟通计划编制作为项目沟通管理的第一个过程，其核心是了解项目干系人的需求，制定项目沟通管理计划。虽然所有项目都有交流项目信息的需要，但信息的需求及其传播方式却彼此大相径庭。认清项目干系人的信息需求，确定满足这些需求的恰当手段，是确保项目沟通顺畅的重要因素。

沟通计划编制往往与组织计划密切相关，因为项目组织结构往往对项目的沟通产生重大的影响。在制定沟通计划时，最重要的工作就是对项目干系人的信息需求进行详细的分析、评价、分类，通常这些信息要求的总和就是项目的沟通需求。

试题 29 答案

（30）A

试题 30 分析

沟通的障碍产生于个人的认知，语义的表述，个性、态度、情感和偏见以及组织结构的影响以及过大的信息量等方面。沟通的障碍主要有认知障碍；语义障碍；个性和兴趣障碍；态度、情感和偏见造成的障碍；组织结构的影响；信息量过大造成的障碍。其中语义障碍也称为个性障碍，是指由于人们的修养不同和表达能力的差别，对于同一思想、事物的表达有清楚和模糊之分。认知障碍产生于个人的学历、经历、经验等方面，不同的人对同一事物（信息源）有不同的认知。

试题 30 答案

（31）C　（32）D

第 15 章 监理应用技术

在信息系统监理师的下午考试中，一般有 4~5 道监理案例的分析与问答题，满分为 75 分。

15.1 考点提炼

根据考试大纲，本章主要考查以下知识点：

1. 信息网络系统建设监理

（1）信息网络系统招标、设计阶段的监理：包括立项和工程准备阶段信息网络系统监理工作的内容，招标阶段信息网络系统监理工作的内容，工程设计和方案评审阶段信息网络系统监理工作的内容，招标和设计阶段建立工作的技术特点。

（2）信息网络系统实施阶段的监理：包括实施阶段信息网络系统监理工作的内容（包括设备采购、工程施工、安装调试等），实施阶段信息网络系统监理工作的重点，实施阶段信息网络系统监理工作的技术要点。

（3）信息网络系统验收阶段的监理：包括工程验收阶段信息网络系统监理工作的内容，工程验收阶段信息网络系统监理工作的技术要点。

2. 信息应用系统建设监理

（1）信息应用系统的监理工作：包括国内信息应用系统建设存在的主要问题，在信息应用系统建设中引入监理制的必要性，信息应用系统质量控制的内容和主要监理措施，信息应用系统进度控制的内容和主要监理措施，信息应用系统成本控制的内容和主要监理措施。

（2）招标阶段信息应用系统的监理工作：包括招标方式和招标过程，可行性研究的主要内容，项目信息管理规范的监理工作内容和要求，招标方式的确立，承建单位资质和质量管理体系的审查要点，招标过程的监督和合同签订的管理。

（3）分析设计阶段信息应用系统的监理：包括分析设计阶段的系统建设任务，项目计划编制监理的内容和措施，软件质量管理体系监理的内容和措施，软件质量保证计划监理的内容和措施，软件配置管理监理的内容和措施，需求说明书、设计说明书、详细设计、测试计划和软件编码规范评审的内容，软件分包合同监理的内容和措施

（4）实施阶段信息应用系统的监理：包括实施阶段系统建设的任务软件编码监理的内容和措施，软件测试监理的内容和措施，软件试运行和培训监理的内容和措施。

（5）验收阶段信息应用系统的监理：验收阶段系统建设的任务，验收阶段监理工作的重点，验收的原则与组织，配置的审核，验收测试的条件和主要工作，验收的准则，验收报告的内容，验收未通过的处理，系统移交和系统保障监理工作的内容和措施。

3．信息系统功能监理中的测试要求与方法技术

（1）信息系统工程测试的基本概念：包括信息系统工程测试的目的，信息系统工程测试的类型，信息系统工程测试的主要内容和要求。

（2）信息系统工程软件测试：包括软件测试的基础知识和软件测试目的，软件测试的内容和软件测试的主要方法，软件测试阶段的划分及各方的职责，软件测试工具。

（3）信息系统工程网络测试：包括网络测试基础知识和网络测试目的，网络测试的内容和网络测试的主要方法，网络测试阶段的划分及各方的职责，网络测试工具。

（4）信息系统工程应用性能测试：包括应用性能测试基础知识和应用性能测试目的，应用性能测试的内容和应用性能测试主要方法，应用性能测试阶段的划分及各方的职责。

（5）信息系统工程数据中测试：包括数据中心测试基础知识和数据中心测试的目的，数据中心测试的内容和数据中心测试的主要方法，数据中心测试阶段的划分及各方职责。

（6）信息系统工程安全评估：包括安全评估基础知识和安全评估的目的，安全评估的内容和安全评估的主要方法，安全评估阶段的划分及各方的职责

（7）第三方测试机构：包括第三方机构的优势，第三方测试的意义，第三方测试机构选择要点。

4．信息化工程监理综合应用实践与趋势

（1）电子政务工程监理要求和关键点。

（2）电子商务工程监理要求和关键点。

（3）企业信息化工程监理要求和关键点。

（4）行业信息化工程监理要求和关键点。

15.2 强化练习

试题 1

阅读下列说明，回答问题 1 至问题 3，将解答填入答题纸的对应栏内。

【说明】

图 15-1 为希赛教育远程教育平台项目主要工作的单代号网络图。工期以工作日为单位。

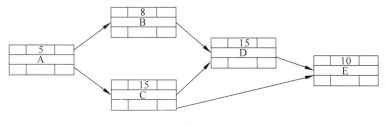

图 15-1 单代号网络图

工作节点图例如图 15-2 所示。

ES	工期	EF
工作编号		
LS	总时差	LF

图 15-2　工作节点图

【问题 1】

请在图中填写各活动的最早开始时间（ES）、最早结束时间（EF）、最晚开始时间（LS）、最晚结束时间（LF），从第 0 天开始计算。

【问题 2】

请找出该网络图的关键路径，分别计算工作 B、工作 C 的总时差和自由时差，说明此网络工程的关键部分能否在 40 个工作日内完成，并说明具体原因。

【问题 3】

请说明通常情况下，若想缩短工期可采取哪些措施。

试题 2

阅读下列说明，针对项目的合同管理，回答问题 1 至问题 3，将解答填入答题纸的对应栏内。

【说明】

希赛公司于 2012 年 10 月中标某市政府 B 部门的信息系统集成项目。经过合同谈判，双方签订了建设合同，合同总金额 1150 万元，建设内容包括：搭建政府办公网络平台，改造中心机房，并采购所需的软硬件设备。

希赛公司为了把项目做好，将中心机房的电力改造工程分包给专业施工单位 C 公司，并与其签订分包合同。

在项目实施了 2 个星期后，由于政府 B 部门为了更好满足业务需求，决定将一个机房分拆为两个，因此需要增加部分网络交换设备。B 参照原合同，委托希赛公司采购相同型号的网络交换设备，金额为 127 万元双方签订了补充协议。

在机房电力改造施工过程中，由于 C 公司工作人员的失误，造成部分电力备件损毁，导致政府 B 部门两天无法正常办公，严重损害了政府 B 部门的社会形象，因此 B 部门就此施工事故向希赛公司提出索赔。

【问题 1】

请指出希赛公司与政府 B 部门签订的补充协议有何不妥之处，并说明理由。

【问题 2】

请简要叙述合同的索赔流程。

【问题 3】

请简要说明针对政府 B 部门向希赛公司提出的索赔，希赛公司应如何处理。

试题 3

阅读下列说明，回答问题 1 至问题 3，将解答填入答题纸的对应栏内。

【说明】

希赛公司成功中标 S 市的电子政务工程的监理工作。承建方的项目经理李工组织相关人员对该项目的工作进行了分解，并参考以前曾经成功实施的 W 市电子政务工程项目，估算该项目的工作量为 120 人月，计划工期为 6 个月。项目开始不久，为便于应对突发事件，经希赛公司协调，业主与承建方协商，一致同意该电子政务工程必须在当年年底之前完成，而且还要保质保量。这意味着，项目工期要缩短为 4 个月，而项目工作量不变。

李工按照 4 个月的工期重新制定了项目计划，向公司申请尽量多增派开发人员，并要求所有的开发人员加班加点工作以便向前赶进度。由于公司有多个项目并行实施，给李工增派的开发人员都是刚招进公司的新人。为节省时间，李工还决定项目组取消每日例会，改为每周例会。同时，李工还允许需求调研和方案设计部分重叠进行，允许需求未经确认即可进行方案设计。

最后，该项目不但没能 4 个月完成，反而一再延期，迟迟不能交付。最终导致 S 市政府严重不满。

【问题 1】

请简要分析该项目一再拖期的主要原因。

【问题 2】

请简要说明项目进度控制可以采用的技术和工具。

【问题 3】

请简要说明李工可以提出哪些措施以有效缩短项目工期。

试题 4

阅读下列说明，针对成本控制问题，回答问题 1 至问题 2，将解答填入答题纸的对应栏内。

【说明】

某信息系统开发项目由希赛公司负责监理工作，工期 1 年，项目总预算 20 万元。目前项目实施已进行到第 8 个月末。在项目例会上，承建方项目经理就当前的项目进展情况进行分析和汇报。截止第 8 个月末项目执行情况分析表如表 15-1 所示。

表 15-1 项目执行情况分析表

序 号	活 动	计划成本值（元）	实际成本值（元）	完成百分比
1	项目活动	2000	2100	100%
2	可行性研究	5000	4500	100%
3	需求调研	10000	12000	100%
4	设计选型	75000	86000	90%
5	集成实施	65000	60000	70%
6	测试	20000	15000	35%

【问题 1】
请计算截止到第 8 个月末该项目的成本偏差（CV）、进度偏差（SV）、成本执行指数（CPI）和进度执行指数（SPI）；判断项目当前在成本和进度方面的执行情况。

【问题 2】
请简要叙述成本控制的主要工作内容。

试题 5

阅读以下说明，请回答问题 1 至问题 3，将解答填入答题纸的对应栏内。

【说明】

B 系统集成公司拟承建某大型国有企业 A 单位的一个信息系统项目。该项目由 A 单位信息中心负责。信息中心主任赵某任甲方经理，B 公司委派项目经理杨某负责跟进该项目。经初步调研，杨某发现该项目进度紧、任务重、用户需求模糊，可能存在较大风险。但 B 公司领导认为应该先签下该项目，其他问题在项目实施中再想办法解决。A、B 双方很快签订了一份总价合同。在合同中，根据赵某提供的初步需求说明，简单列出了系统应完成的各项功能和性能指标。杨某根据合同制定了项目的范围说明书。

可是随着需求调研的深入，杨某发现从 A 单位一些业务部门获得的用户需求大大超出了赵某所提出的需求范围。杨某就此和赵某进行了沟通。杨某认为需求变化太大，如果继续按合同中所规定的进度和验收标准实施将非常困难，要求 A 单位追加预算并延长项目工期。而赵某认为这些需求已经包含在所签合同条款中，并且这是一个固定预算项目，不可能再增加预算。双方对照合同条款逐条分析，结果杨某发现这些条款要么太粗，不够明确，要么就是双方在需求理解上存在巨大差异。

杨某将上述情况汇报给了 B 公司主管领导，主管领导认为 A 单位为公司大客户，非常重要，要求杨某利用合同条款的模糊性，简化部分模块的功能实现，以保持成本和进度不变。

【问题 1】

在本案例中，B 公司在合同管理方面存在哪些问题？

【问题 2】

结合本案例，判断下列选项的正误（填写在答题纸的对应栏内，正确的选项填写"√"，错误的选项填写"×"）

（1）合同确定了信息系统实施和管理的主要目标，是签约双方在工程中各种经济活动的依据。（   ）

（2）合同开始生效以后，对于某些未约定或约定不明确的内容，合同双方可以通过合同附件进行补充。（   ）

（3）如果承建方交付的工作成果经过了建设方的验收但实际不符合质量要求，则应该由建设方承担采取补救措施所产生的全部费用。（   ）

（4）承包人通常愿意签订总价合同以便能够通过节约成本来提高利润。（　　）

（5）合同变更的基本处理原则是"公平合理"。（　　）

【问题3】

题干说明中的最后一段中，B公司主管领导对项目实施的要求是否妥当？你认为杨某应如何处理才能把合同管理的后续工作做好。

试题6

阅读下列说明，回答问题1至问题3，将解答填入答题纸的对应栏内。

【说明】

某信息系统监理企业随着规模的扩大，决定委派小王专门对合同进行管理，其职责主要是分析和审核各项目合同，以防潜在的合同风险。小王上任后，根据一般原则梳理了合同管理的主要内容，在此基础上制定了公司的合同管理制度，并将该制度分发给各项目组和职能部门。同时将自己的职责主要确定为对所有项目合同进行分析和审核，降低项目合同的风险。

【问题1】

请简要说明小王制定的合同管理制度主要应涉及哪些方面的管理。

【问题2】

任何合同都不可能穷尽合同规范中所有的细节，因此合同分析就成为了合同管理的一个重要环节。请指出小王进行合同分析时应重点关注的内容。

【问题3】

结合本案例，判断下列选项的正误（填写在答题纸的对应栏内，正确的选项填写"√"，错误的选项填写"×"）：

（1）合同索赔的内容包括：根据权利而提出的要求；索赔的款项；根据权利而提出法律上的要求。（　　）

（2）合同档案的管理，也即合同文件管理，是整个合同管理的基础。（　　）

（3）合同监督就是对合同条款经常与实际实施情况进行比对，以便根据合同来掌握项目的进展，以保证设计、开发、实施的精确性，并符合合同要求。（　　）

（4）对项目质量、数量、内容等方面做出的微小变动，由于对项目影响不大，因此不需要报建设单位批准，只需要现场监理师审核通过即可。（　　）

（5）合同的控制指为保证合同所规定的各项义务的全面完成，以合同分析的结果为基准，对整个合同实施过程的全面监督、检查、对比、引导及纠正的管理活动。合同所规定的各项权利不包括在其中。（　　）

（6）反索赔是指承建单位向建设单位提出的索赔。（　　）

试题7

阅读下列说明，回答问题1至问题3，将解答填入答题纸的对应栏内。

【说明】

老张是某个信息系统监理公司的总监理工程师，他身边的员工始终在抱怨公司的工作氛围不好，沟通不足。老张非常希望能够通过自己的努力来改善这一状况，因此他要求项目组成员无论如何每周必须按时参加例会并发言，但对例会具体应如何进行，老张却不知如何规定。很快项目组成员就开始抱怨例会目的不明，时间太长，效率太低，缺乏效果，等等，而且由于在例会上意见相左，很多组员开始相互争吵，甚至影响到了人际关系的融洽。为此，老张非常苦恼。

【问题 1】

针对上述情况，请分析问题产生的可能原因。

【问题 2】

针对上述情况，你认为应该怎样提高项目例会的效率。

【问题 3】

针对上述情况，你认为除了项目例会之外，老张还可以采取哪些措施来促进有效的沟通？

试题 8

阅读下列说明，回答问题 1 至问题 3，将解答填入答题纸的对应栏内。

【说明】

小张是负责某项目的监理工作，经过工作分解后，此项目的范围已经明确，但是为了更好地对项目的开发过程进行有效监控，保证项目按期、保质完成，小张需要采用网络计划技术对项目进度进行控制。经过分析，小张得到了一张表明工作先后关系及每项工作的初步时间估计的工作列表，如表 15-2 所示。

表 15-2 初步时间估计

工 作 代 号	紧 前 工 作	历时（天）
A	-	5
B	A	2
C	A	8
D	B、C	10
E	C	5
F	D	10
G	D、E	15
H	F、G	10

【问题 1】

请根据表 15-2 完成此项目的前导图（单代号网络图），表明各活动之间的逻辑关系，并指出关键路径和项目工期。节点用样图 15-3 标识。

ES		DU		EF	
ID					
LS				LF	

图例：
ES：最早开始时间　　EF：最早结束时间
LS：最迟开始时间　　LF：最迟完成时间
DU：工作历时　　ID：工作代号

图 15-3　样图

【问题 2】

请分别计算工作 B、C 和 E 的自由浮动时间。

【问题 3】

为了加快进度，在进行工作 G 时加班赶工，因此将该项工作的时间压缩了 7 天（历时 8 天）。请指出此时的关键路径，并计算工期。

试题 9

阅读下列说明，回答问题 1 至问题 3，将解答填入答题纸的对应栏内。

【说明】

某国有大型制造企业 H 计划建立适合其业务特点的 ERP 系统。为了保证 ERP 系统的成功实施，H 公司选择了一家较知名的监理单位，帮助选择供应商并协助策划 ERP 的方案。

在监理单位的协助下，H 公司编制了招标文件，并于 5 月 6 日发出招标公告，规定投标截止时间为 5 月 21 日 17 时。在截止时间前，H 公司共收到五家公司的投标书，其中甲公司为一家外资企业。H 公司觉得该项目涉及公司的业务秘密，不适合由外资企业来承担。因此，在随后制定评标标准的时候，特意增加了关于企业性质的评分条件：国有企业可加 2 分，民营企业可加 1 分，外资企业不加分。

H 公司又组建了评标委员会，其中包括 H 公司的领导一名，H 公司上级主管单位领导一名，其他 4 人为邀请的行业专家。在评标会议上，评标委员会认为丙公司的投标书能够满足招标文件中规定的各项要求，但报价低于成本价，因此选择了同样投标书满足要求，但报价次低的乙公司作为中标单位。

在发布中标公告后，H 公司与乙公司开始准备签订合同。但此时乙公司提出，虽然招标文件中规定了合同格式并对付款条件进行了详细的要求，但这种付款方式只适用于硬件占主体的系统集成项目，对于 ERP 系统这种软件占主体的项目来说并不适用，因此要求 H 公司修改付款方式。H 公司坚决不同意乙公司的要求，乙公司多次沟通未达到目的只好做出妥协，直到第 45 天，H 公司才与乙公司最终签订了 ERP 项目合同。

【问题 1】

请指出在该项目的招投标过程中存在哪些问题？并说明原因。

【问题 2】

（1）评标委员会不选择丙公司的理由是否充分？依据是什么？

（2）乙公司要求 H 公司修改付款方式是否合理？为什么？为此，乙公司应如何应对？

【问题 3】

请说明投标流程中投标单位的主要活动有哪些。

试题 10

阅读下列说明，回答问题 1 至问题 3，将解答填入答题纸的对应栏内。

【说明】

某监理工程师将其负责的系统集成项目进行了工作分解，并对每个工作单元进行了成本估算，得到其计划成本。第四个月底时，各任务的计划成本、实际成本及完成百分比如表 15-3 所示。

表 15-3 各任务情况

任 务 名 称	计划成本（万元）	实际成本（万元）	完成百分比
A	10	9	80%
B	7	6.5	100%
C	8	7.5	90%
D	9	8.5	90%
E	5	5	100%
F	2	2	90%

【问题 1】

请分别计算该项目在第四个月底的 PV、EV、AC 值，并写出计算过程。请从进度和成本两方面评价此项目的执行绩效如何，并说明依据。

【问题 2】

有人认为：项目某一阶段实际花费的成本（AC）如果小于计划支出成本（PV），说明此时项目成本是节约的，你认为这种说法对吗？请结合本题说明为什么。

【问题 3】

（1）如果从第五月开始，项目不再出现成本偏差，则此项目的预计完工成本（EAC）是多少？

（2）如果项目仍按目前状况继续发展，则此项目的预计完工成本（EAC）是多少？

（3）针对项目目前的状况，项目经理可以采取什么措施？

试题 11

阅读下面说明，回答问题 1 至问题 2，将解答填入答题纸的对应栏目内。

【说明】

某高校计划建设校园一卡通项目，选择了具有自主一卡通产品的 A 公司作为系统集成商。项目的主要内容是对学校的 3 个学生食堂、1 个图书馆、1 个体育馆实现统一管理，并与学校的后勤保障和财务部门的主要业务系统联通。为保证项目的实施，校方聘请了监理公司对此项目进行监理。

经双方协定，合同规定工期为 6 个月，A 公司指定了项目经理小李负责该项目。项目组经需求调研后制定了项目计划，将项目的主要活动划分为需求、设计、卡机具生产、应用系统开发、综合布线及硬件安装调试、软硬件系统联调、现场测试、验收等活动。

项目进入编码阶段后，校方领导指示，要求把另外一个教职工食堂也纳入一卡通管理，并对学校重点教研室和实验室进行门禁管理。因此，校方代表直接找到 A 公司领导提出增加项目内容，并答应会支付相应的费用、延长项目工期，由于该高校是公司重要的客户，A 公司领导口头答应了客户的要求。

【问题 1】

（1）项目组对变更产生的影响进行了分析，请说明此变更可能会对项目管理的哪些方面造成影响。

（2）项目的 CCB（变更控制委员会）对变更进行了审批。请说明对于此项目，CCB 的组成应该包括哪些人员。

（3）请简要叙述变更被批准后小李应该安排哪些工作。

（4）对于变更产生的结果可采取一定的方法进行验证。其中，对于需求、设计等文档类变更是否正确可采用什么方法进行验证？对于软硬件系统变更是否正确？可采用什么方法进行验证？

（5）请简要阐述在这次变更过程中监理方应参与的工作环节。

【问题 2】

在客户提出新需求时，该项目产品基线中哪些配置项会发生变化？

试题 12

阅读下列说明，回答问题 1 至问题 3，将解答填入答题纸的对应栏内。

【说明】

某政府机关的电子政务一期工程包括网络平台建设和应用系统开发，通过公开招标，确定工程的总承建单位是公司 A。A 公司自行决定，将其中的一部分核心软件开发工作分包给其下属公司 B，而公司 B 又将部分软件开发工作分包给了公司 C。

【问题 1】

假如你是此项目的监理工程师，请陈述承建单位 A 的做法是否正确？并且说明原因。

【问题 2】

简要描述该项目验收工作的步骤。

【问题 3】

承建单位提出对网络系统和应用软件系统验收时，需要提交哪些必要文档？（考生

回答时只需列出一种系统所需提交的文档即可）

试题 13

阅读下列说明，回答问题 1 至问题 4，将解答填入答题纸的对应栏内。

【说明】

某政府部门 A 定制开发的业务信息化系统通过多年的使用，运行稳定，但是，由于业务的扩展，系统已经满足不了业务的需要，A 在征集了各业务处室的改进建议之后，决定借鉴原系统的成功经验，重新开发一套新的业务信息化系统。

【问题 1】

承建单位决定采用增量模型加瀑布模型的开发模式，作为监理工程师，你认为承建单位的选择是否合适？并给出理由。

【问题 2】

列出影响项目进度的因素并加以简要说明。

【问题 3】

某一子系统大约需要 50000 行码，如果开发小组写完了 25000 行代码，能不能认为他们的工作已经完成了大约一半？并说明原因。

【问题 4】

请简述软件测试的目的。

试题 14

阅读下列说明，回答问题 1 至问题 4，将解答填入答题纸的对应栏内。

【说明】

某县电子政务信息系统工程，总投资额度约 500 万元，主要包括网络平台建设和业务办公应用系统开发，监理公司承担了全过程监理任务。建设单位自行决定采用邀请招标方式选择承建单位，但是监理单位指出采取邀请招标的方式不妥当，应当采取公开招标方式。最终建设单位接受监理的意见进行公开招标。在招标文件中要求省外的投标人需具备计算机信息系统集成一级资质、省内投标人具备计算机信息系统集成二级资质，招标文件于 9 月 15 日发出，并规定 9 月 28 日为投标截止时间。A、B、C、D、E、F 等多家公司参加投标。但本次招标由于招标人原因导致招标失败。建设单位重新招标后确定 A 公司中标，于 10 月 30 日向 A 公司发出中标通知书，并在中标通知书发出后第 40 天，与 A 公司签订了项目建设合同。

合同生效后，A 公司自行决定，将其中一部分核心软件开发工作分包给 B 公司并签订了价值 100 万元的分包合同。监理发现问题后，会同建设单位要求 A 公司立即终止分包行为并处以 2 万元罚款。A 公司表示接受惩罚并宣布与 B 公司签订的分包合同无效。

在随后的应用系统建设过程中，监理工程师发现 A 公司提交的需求规格说明书质量较差，要求 A 公司进行整改。但是 A 公司解释说，由于建设合同没有规定应用软件系统开发应遵循的质量标准方面的条款，建设单位也没有相关的质量准则，因此 A 公司以自己公司相关的质量标准为依据进行需求调研、分析和编写需求规格说明书,是符合 A 公司质量标准的,从而拒绝进行修改。在这种情况下,监理单位建议 A 公司与建设单位就此问题签订补充协议或遵循相关的国家标准(GB/T 8567—88、GB/T 9385—88 等)遭到 A 公司的拒绝。

【问题 1】
指出该工程招标过程中的不妥之处,为什么?

【问题 2】
监理单位认为建设单位采取邀请招标的方式不妥当的依据是什么?

【问题 3】
监理会同建设单位对 A 公司进行经济惩罚额度是否合适?请阐明理由。A 公司宣布与 B 公司签订的分包合同无效的法律依据是什么?

【问题 4】
A 公司的做法是否正确?监理的建议是否妥当,请阐明理由。

试题 15

阅读下列说明,回答问题 1 至问题 4,将解答填入答题纸的对应栏内。

【说明】

某监理单位承担了某政府机关的网络平台和机房建设工程的监理工作。通过公开招标,确定工程的承建单位是 A 公司,按照《中华人民共和国合同法》的要求与 A 公司签订了工程建设合同并在合同中规定,A 公司可以将机房工程这样的非主体、非关键性子工程分包给具备相关资质的专业公司。在工程项目的实施过程中,发生了如下事件:

事件 1:A 公司在征得建设单位同意后,将其中的机房工程建设工作分包给具有相应资质的 B 公司,并将分包结果以书面形式通知了监理单位。

事件 2:在机房的工程实施中,总监理工程师在巡视中发现施工人员为了赶工期,把信号线和电源线放在了同一条槽中,违反了有关规范中信号线防干扰的规定。总监理工程师随即要求 B 公司保护好施工现场并于 2 小时内将发生质量事故的情况以书面形式上报建设单位和监理单位以便共同确认处理意见。

事件 3:签订合同后,A 公司监理提交了《网络工程建设进度计划》,监理审核后认为该计划符合要求并予以签认。

事件 4:工程验收是信息网络系统建设的收尾工作,A 公司按《网络工程建设进度计划》规定的时间于 9 月 10 日完工,并于 9 月 15 日提出验收申请。在确认工程项目已经达到验收的条件的情况下,三方决定对项目实施验收,成立的工程验收小组由 5 人组成,其中建设单位项目负责人 1 人、监理单位人员 1 人、外聘专家 3 人。

【问题 1】
在事件 1 中,A 公司的分包过程是否妥当?为什么?

【问题 2】

在事件 2 中,总监理工程师的做法是否妥当?为什么?

【问题 3】

在事件 3 中,监理单位的做法妥当吗?阐述监理在实施进度控制时,可以采用的基本措施是什么?

【问题 4】

在事件 4 中,验收小组组成妥当吗?为什么?正式验收的一般程序包括八个步骤,请列出。

试题 16

阅读下列说明,回答问题 1 至问题 3,将解答填入答题纸的对应栏内。

【说明】

某企业拟建设面向内部管理的 ERP 系统和面向外部客户的网络营销系统,并选择了某监理单位承担该项目的全程监理工作。监理单位介入项目后,发生了如下事件:

事件 1:建设单位根据外聘专家组的意见,从众多的 ERP 厂商提供的解决方案中选择了两个方案备选。预计现金流量(NCF)(单位:千元)以及现值系数如表 15-4 所示(贴现率为 10%)。建设单位要求监理对方案的选择提出监理意见。

表 15-4 现金流量和现值系数

t	0	1	2	3	4	5
A 方案现金净流量	-20000	8000	7000	6000	5000	4000
B 方案现金净流量	-10000	-10000	6800	6800	6800	6800
复利现值系数	1.00	0.909	0.826	0.751	0.683	0.621
年金现值系数	1.00	0.909	0.736	2.487	3.170	3.791

事件 2:网络营销系统的建设有两个方案备选,计算出的各项指标如表 15-5 所示。建设单位要求监理对方案的选择提出监理意见。

表 15-5 各项指标

	A 项目	B 项目
投资额	2000	9000
净现值	1669	1557
内部报酬率	16.04%	17.88%

事件 3:在项目建设过程中,监理发现承建单位的需求调研和分析工作不到位,存在着重大的质量隐患,于是签发监理通知单报承建单位,责令承建单位整改。

【问题 1】

根据事件 1 提供的预计现金流量分别计算 A、B 两方案的净现值,并据此比较选择其一。

【问题 2】

在事件 2 中，如果这两个方案是互斥的（即同时只能选择一个方案）且无资金限量，你应该如何决策？为什么？

【问题 3】

在事件 3 中，监理的做法正确吗？为什么？阐述需求分析的目标和需求分析阶段研究的对象。

试题 17

阅读下列说明，回答问题 1 至问题 2，将解答填入答题纸的对应栏内。

【说明】

在机房和综合布线工程实施过程中，对隐蔽工程的监理非常重要，因为隐蔽工程一旦实施完成隐蔽后，再出现会耗费很大的工作量，同时会对已经完成的工程造成不良的影响。某承建单位在进行管内穿线工作时，制定了如下的操作规程：

规程 1：穿在管内绝缘导线的额定电压不应高于 380V；

规程 2：管内穿线应该在建筑物的抹灰、装修以及地面工程结束前进行，在穿入导线前，应该将管子中的积水以及杂物清理干净；

规程 3：不同系统、不同电压、不同电流类别的线路不能穿进同一根管内，但是可以穿在线槽的同一个孔槽内；

规程 4：管内导线的总截面积（不包括外层）不应该超过截面的 40%；

规程 5：线管进入箱体，宜采用上进线或者设置防水弯以防箱体进水；

规程 6：使用的传输线路宜选择不同颜色的绝缘导线，以区分功能及正负极；

规程 7：导线穿入钢管前，在导线的出入口处装护线套保护导线。

【问题 1】

综合布线工程包括哪三个主要环节？

【问题 2】

指出该承建单位制定的操作规程中的不正确之处。

试题 18

阅读下列说明，回答问题 1 至问题 3，将解答填入答题纸的对应栏内。

【说明】

某大型电子政务信息系统工程建设，总投资额度超过亿元，主要包括工程实施标准体系建设、系统平台建设和多个业务部门应用系统开发。某信息工程监理公司负责该项目的全过程监理。

【问题 1】

为了开发高质量的软件，从计划阶段开始，不但需要明确软件的功能，还要明确软件应达到什么样的质量标准，即制定软件的质量目标。在本项目中软件开发所依据的质量标准选择《GB/T 16260—2003 软件工程 产品质量》。

请选择恰当的内容并将相应的标号填入到以下叙述中的空（1）至空（6）中。

《GB/T 16260—2003 软件工程 产品质量》标准中规定了6个内部和外部质量特性及相关的__(1)__个质量子特性。质量特性包括__(2)__、__(3)__、__(4)__、__(5)__、可维护性和__(6)__等。

供选择的答案：

（1）A. 16　　B. 21　　C. 27　　D. 28

（2）～（6）
　　　A. 可靠性　　B. 适应性　　C. 易用性　　D. 可移植性
　　　E. 一致性　　F. 功能性　　G. 依从性　　H. 互操作性
　　　I. 时间特性　J. 资源特性　K. 效率　　　L. 安全性

【问题2】

在开发过程的各个阶段，监理的工作任务之一是审核承建单位提交的各类文档。在软件项目的实施中，文档的编制占有突出的地位和相当大的工作量。高质量、高效率地开发、分发、管理和审核文档对于充分发挥软件项目的效益有着重要的意义。为使软件文档能起到多种桥梁的作用，使它有助于程序员编制程序，有助于监理人员监督软件的开发，有助于用户了解和使用软件，有助于维护人员进行有效的修改和扩充，文档的编制必须保证质量。

请从下列关于文档编制的叙述中选出5条正确的叙述（填写相应的标号，答案多于5个本题不得分）。

① 可行性研究报告应评述为了合理地达到开发目标而可能选择的各种方案，以便用户抉择。因此，编写者不必提出结论。

② 操作手册的编写工作应该在软件测试阶段之前完成。

③ 软件的开发单位应该建立本单位文档的标识方法，使文档的每一页都具有明确的标识。

④ 为了使得文档便于修改且保持一致，各文档的内容不应有相互重复的地方。

⑤ 用户手册要使用专门术语，并充分地描述该软件系统的结构及使用方法。

⑥ 详细设计说明书中可以使用判定表及必要的说明来表示程序的逻辑。

⑦ 概要设计说明书中可以使用 IPO 图来说明接口设计。

⑧ 测试分析报告应把每次实际测试的结果，与软件需求规格说明书和概要设计说明书中规定的要求进行对照并做出结论。

⑨ 软件需求规格说明书中可以对软件的操作人员和维护人员的教育水平和技术专长提出要求。

⑩ 项目开发计划除去规定项目开发所需的资源、开发的进度等内容以外，还可以包括用户培训计划。

【问题 3】

信息系统工程项目是由建设单位、承建单位和监理单位共同实施的，三方的最终目标是一致的，那就是高质量地完成项目，因此，质量控制任务也应该由建设单位、承建单位和监理单位共同完成。三方都应该建立各自的质量保证体系，而整个项目的质量控制过程包括建设单位的质量控制过程、承建单位的质量控制过程和监理单位的质量控制过程。在本项目的建设过程中，监理必须对承建单位的质量保障体系进行审查并监督其执行。

请简要叙述监理过程中对承建单位质量保证体系进行监督和检查的主要内容。

试题 19

阅读下列说明，回答问题 1 至问题 4，将解答填入答题纸的对应栏内。

【说明】

某市大型电子政务信息系统工程建设，总投资额度 4300 万元，主要是业务应用系统的建设，承建单位和监理单位通过招标选定。在项目实施过程中，发生了如下事件：

事件 1：由于承建单位原因造成正在进行的项目存在质量缺陷，无法按照合同约定的期限完成项目建设。

事件 2：在应用系统子项目建设的需求调研过程中，由于建设单位原因造成需求调研工作累计中断 7 个工作日，使关键路径的实施工作中断。承建单位要求给予工期延长，并且由于延期影响工程总体进度计划，承建单位同时提交了修改后的工程总体进度计划。监理根据对工程情况的分析，确认承建单位要求延长工期的要求具有合理性，在与承建单位协商确认后，由监理工程师对工程延期申请予以签认。

事件 3：在软件开发过程中，对业务系统进行了大量的测试，下面的控制图 15-4 显示了系统测试最初 30 周积压的未解决问题的报告数目。

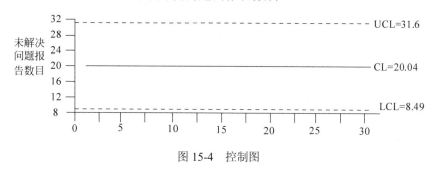

图 15-4 控制图

【问题 1】

请判断下列对事件 1 中出现的问题进行责任认定的正确性（填写对或错）。

A．监理单位、承建单位、建设单位共同分担责任

B．监理单位不承担责任

C．属于承建单位违约，承建单位应支付违约金，如造成损失还应支付赔偿金

D．监理单位应承担部分责任，扣除部分监理费用

【问题2】

监理在事件2中的做法正确吗？为什么？

【问题3】

请根据事件3给出的控制图判断问题解决过程的状态，并回答在这30周中，平均积压的问题有多少个？如果在任何点上超过了上限，就问题解决过程而言，意味着什么？

【问题4】

请列举5种软件测试用例的设计方法。

试题 20

阅读下列说明，回答问题1至问题3，将解答填入答题纸的对应栏内。

【说明】

某"校校通"工程项目的建设内容包括光纤物理网建设、业务网工程建设、应用服务系统集成、机房建设等内容。

【问题1】

在机房工程设计与建设过程中，下述关于机房电源技术指标要求的描述，请说明哪些是错误的，并指出错误之处。

（1）电源规格：电压：220～280V_{AC}，频率：47～63Hz，其他单一谐波不得高于3%

（2）设备电力总容量是指各单位设备电力容量的总和另加30%的安全容量

（3）勿将机房电源与下列设备共用同一电源或同一地线，例如电梯、升降机、窗型冷气机、复印机等

（4）在机房内可以安装适当数量的普通插座，以供维修人员使用，这些插座可以与电源系统共用电源

（5）配电箱的位置应尽量远离机房，以免受到干扰

【问题2】

光缆布线系统的测试是工程验收的必要步骤。对光缆可进行连通性测试、端-端测试、收发功率测试等，请简要说明上述任意两种测试的测试方法。

【问题3】

在整个信息系统中，网络系统是信息和应用的载体。请说明计算机网络系统划分成哪五个平台。并简要说明每个平台包含的主要内容。

试题 21

阅读下列说明，回答问题1至问题3，将解答填入答题纸的对应栏内。

【说明】

某企业利用银行贷款进行电子商务工程建设，主要包括ERP系统建设、连接多个分厂的网络平台建设、多个业务部门应用系统开发、机房建设等。建设单位将全过程监

理任务委托给某信息工程监理公司,并签订了工程建设委托监理合同。在工程建设过程中,发生了如下事件:

事件 1:拟签订的监理合同部分内容如下:

1．监理单位为本工程项目的最高管理者;

2．监理单位应维护建设单位的权益;

3．在合同责任期内,若监理方未按合同要求的职责履行约定的义务,或者委托人违背对监理方(合同约定)的义务,双方均应向对方赔偿造成的经济损失;

4．当事人一方要求变更或解除合同时,应当在 42 日前通知对方,因解除合同使一方遭受损失的,除依法免除责任的外,应由责任方负责赔偿;

5．在实施期间,因监理单位的过失发生重大质量事故,监理单位应付给建设单位相当于质量事故损失的 20%的罚款。

事件 2:该业主进行电子商务建设的贷款年利率为 12%。银行给出两个还款方案,甲方案为第五年末一次偿还 5000 万元;乙方案为第 3 年末开始偿还,连续 3 年每年末偿还 1500 万元。

【问题 1】

事件 1 中所列各条款中是否正确?如有不妥之处,怎样才是正确的?

【问题 2】

针对事件 2 中银行提出的还款方案,业主要求监理工程师核算一下,哪种还款方案优(要求给出计算过程)?

【问题 3】

下面关于机房接地系统技术方面的要求的描述有部分是错误的,请指出哪些是错误的,并给出正确的描述。

1．网络及主机设备的电源应有独立的接地系统,并应符合相应的技术规定。

2．分支电路的每一条回路都需有独立的接地线,此接地线应直接接地。

3．配电箱与接地端应通过单独绝缘导线相连;其线径至少需与输入端、电源路径相同,接地电阻应小于 8Ω。

4．接地线可使用零线或以铁管代替。

5．在雷电频繁地区或有架空电缆的地区,必须加装避雷装置。

6．网络设备的接地系统不可与避雷装置共用,应各自独立,并且其间距应在 10 米以上;与其他接地装置也应有 1.5 m 以上的间距。

7．在有高架地板的机房内,应有 $16mm^2$ 的铜线地网,此地网应直接接地;若使用铝钢架地板,则可用铝钢架代替接地地网。

8．地线与零线之间所测得的交流电压应小于 1 V。

试题 22

阅读下列说明,回答问题 1 至问题 3,将解答填入答题纸的对应栏内。

【说明】

某信息工程监理机构在信息工程项目的监理工作中，出现了如下的情况：

事件1：建设单位采取公开招标的方式选定承建单位。2006年3月6日招标公告发出后，共有A、B、C、D、E、F等6家信息系统集成商参加了投标。招标文件规定2006年3月30日为提交投标文件和投标保证金的截止日期，2006年3月31日举行开标会。其中，E单位在2006年3月30日提交了投标文件，并于2006年3月3提交了投标保证金。经过对这6家单位进行评标等过程，于2006年4月5日确定了D为中标人，随即发出了中标通知书。

事件2：承建单位开始实施项目后一个月，建设单位因机构调整，口头要求承建单位暂停实施工作，承建单位亦口头答应停工一个月。项目按照合同规定的期限进行初验时，监理和承建单位发现项目质量存在问题，要求进行完善。两个月后，项目达到合同约定质量。竣工时，建设单位认为承建单位延迟交付项目，应偿付逾期违约金。承建单位认为，建设单位要求临时停工并不得顺延完工日期，承建单位抢工期才出现了质量问题，因此迟延交付的责任不在承建单位。建设单位则认为：临时停工和不顺延工期是当时承建单位答应的，其应当履行承诺，承担违约责任。

【问题1】

在上述招标投标过程中，有哪些不妥之处？请说明理由？

【问题2】

从招标投标的性质看，在事件1中招标文件、投标文件、中标通知书与要约、承诺、要约邀请的对应关系是什么？（对应关系请用连线标注在图15-5上）

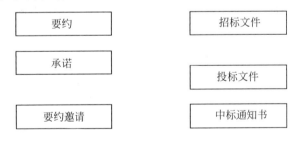

图15-5 招标与合同概念的对应关系

【问题3】

作为监理工程师你认为事件2中，承建单位应当承担违约责任吗？请说明原因。

试题23

阅读下列说明，回答问题1至问题3，将解答填入答题纸的对应栏内。

【说明】

对应用软件系统建设过程的监理是信息化工程建设的重要组成部分。

【问题 1】

承建单位在签署合同后,针对工程实际情况,制订了工作计划网络图(如图 15-6 所示)。在实际开发过程中,G 工作因为发现问题较多,需要进行代码修改和回归测试的工作量较大,从而造成 G 工作用了 6 个月才完成。请问,G 工作的拖期是否会影响整个工程的工期?为什么?

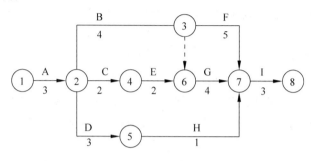

图 15-6 计划网络图

注:图 15-6 中时间单位为"月"。其中:A 为需求调研;B 为数据库设计;C 为业务逻辑设计;D 为用户界面设计;E 为应用编码;F 为数据加载及压力测试;G 为应用集成测试;H 为界面优化及测试;I 为系统整体试运行。

【问题 2】

请指出下面关于软件项目建设有关的标准和文档的叙述是否正确。

1. 国家标准是由政府或国家级机构制定或批准,适用于全国的标准。这些标准都是强制性的,相关产品必须严格执行标准。

2. ISO 9001 是设计、开发、生产、安装和服务中的质量保证标准,ISO 9000-3 是使 ISO 9001 适合于软件的质量保证指南。

3. 软件工程标准化可提高软件的生产率。

4. 软件质量保证体系是贯穿于整个软件生存期集成化过程体系,而不仅仅体现在最后产品的检验上。

5. 软件维护是一件简单的不具备创造性的工作。

6. 软件测试计划始于需求分析阶段,完成于软件设计阶段。

7. 任何一个文档都应具有完整性、独立性。

8. 在新文档取代旧文档后,管理人员应随即删去旧文档。

9. 软件开发机构应保存一份完整的主文档,并允许开发人员可以保存主文档中的一部分。

10. 软件需求分析报告是给开发人员使用的,不是给其他人员,如维护人员、用户等使用的。

【问题3】

在项目进行验收时，承建单位提交给建设单位的部分文本资料是英文版本，建设单位要求承建单位提交的最终文档必须是中文版，且由于翻译造成的时间延误以及增加的项目开销均由承建单位自行承担。请问建设方的要求是否合理？为什么？

试题 24

阅读下列说明，回答问题1至问题3，将解答填入答题纸的对应栏内。

【说明】

承建单位于 2006 年 6 月与建设单位签订了某应用软件开发项目承建合同，工期半年。合同规定软件开发过程的质量要求遵循国家有关标准。对于监理来说，信息工程建设最终实现质量目标至关重要，对于建设各方来说质量控制贯穿在项目可行性研究、设计、开发、实施、验收、启用及使用维护的全过程。在质量控制过程中各方承担着各自不同的质量责任。

【问题1】

如果设计方案确实存在有较大问题，监理工程师可以指导承建单位进行改进设计吗？为什么？

【问题2】

在项目实施过程中，对于承建单位提交的软件设计文档，监理应依据何种标准审核？审核要点是什么？

【问题3】

在验收工作中，验收委员会（专家组）的主要权限是什么？如果该应用软件开发项目未通过验收该怎么处理？

试题 25

阅读下列说明，回答问题1至问题3，将解答填入答题纸的对应栏内。

【说明】

建设单位采取公开招标的方式选定承建单位，有 A、B、C 三家信息系统集成商参加了投标。在招标过程和合同签订过程中，发生了如下事件：

事件1：招标文件中规定：评标采用最低评标价中标的原则；工期不得长于 18 个月，若投标人自报工期少于 16 个月，在评标时将考虑其给建设单位带来的收益，折算成综合报价进行评标。

事件2：投标人 C 按照招标文件的要求，将技术和商务标书分别封装，在封口上加盖本单位公章并且由法定代表人签字后，在投标截止日期前 1 天上午将投标文件送达招标代理机构。次日（即投标截止日当天）下午，在规定的开标时间前 1 小时，投标人 C 又向招标人递交了一份补充材料，声明将原来的投标报价降低 4%。但是，招标代理机构的有关工作人员认为，根据国际上"一标一投"的惯例，一个投标人不得递交两份投标文件，因而拒绝投标人 C 的补充材料。

事件3：假如贷款月利率为1%，各单项工程完成后付款，在评标时考虑工期提前给建设单位带来的收益为每月 20 万元。三家单位投标书中与报价和工期有关的数据见表 15-6（三个单项工程是按照机房工程、应用开发和安装调试顺序进行实施的，表中搭接时间是指后项工程与前项工程的重叠时间，例如投标单位 A 应用开发在进行到 7 个月的时候，安装调试工作可以开始）。表 15-7 是复利现值系数表。

表 15-6　三家单位投标书中与报价和工期有关的数据

投标单位	机房工程		应用开发		安装调试		安装调试与应用开发搭接时间
	报价	工期	报价	工期	报价	工期	
A	360万	3月	900万	9月	1100万	6月	2月
B	400万	4月	1050万	8月	1080万	6月	2月
C	380万	3月	1080万	8月	1000万	6月	2月

表 15-7　复利现值系数

N	1	2	3	4	5	6	7	8	9	10
I	0.990	0.980	0.970	0.960	0.951	0.942	0.932	0.923	0.914	0.905
N	11	12	13	14	15	16	17	18	19	20
I	0.896	0.887	0.878	0.869	0.861	0.852	0.844	0.836	0.827	0.819

【问题1】

请回答事件 1 中招标文件中的规定是否合理并给出理由。根据《招标投标法》的规定，中标人的投标应符合哪两个条件。

【问题2】

招标代理机构有关工作人员拒绝接受投标人 C 补充材料的做法正确吗？为什么？

【问题3】

每个投标人的总工期是多少？在考虑资金时间价值的情况下，应选择哪家单位中标？

试题 26

回答问题 1 至问题 3，将解答填入答题纸的对应栏内。

【问题1】

某计算机系统设备安装工程双代号网络计划如图 15-7 所示。该图中已标出每个节点的最早时间和最迟时间，请判断对图 15-7 的解释是正确的还是错误的，并填写表 15-8（在判断栏中，正确的填写"√"，错误的填写"×"。）

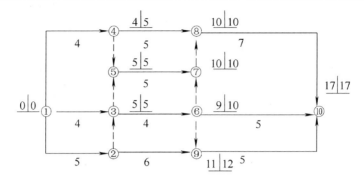

图 15-7 工程双代号网络计划

表 15-8 判断表

对图 15-7 的解释	判　　断
A. 工作 1-3 为关键工作	
B. 工作 1-4 的总时差为 1	
C. 工作 3-6 的自由时差为 1	
D. 工作 4-8 的自由时差为 0	
E. 工作 6-10 的总时差为 3	

【问题 2】

请指出下面关于软件可维护性有关叙述是否正确。

（1）在进行需求分析时需同时考虑如何实现软件可维护性问题。

（2）完成测试作业后，为了缩短源程序的长度应删去程序中的注解。

（3）尽可能在软件生产过程中保证各阶段文档的正确性。

（4）编程时应尽可能使用全局变量。

（5）在程序易修改的前提下，选择时间效率和空间效率尽可能高的算法。

（6）尽可能考虑硬件的备件的供应。

（7）重视程序结构的设计，使程序具有较好的层次结构。

（8）使用维护工具或支撑环境。

（9）在进行概要设计时应加强模块间的联系。

（10）提高程序的可读性，尽可能使用高级语言编写程序。

【问题 3】

请指出图 15-8 所示的排列图有哪些错误？

图中：（1）开发设备保养差，有故障，效率低

（2）测试设备配置数量不够

（3）开发人员离职情况严重

（4）其他原因
（5）开发模式不合理

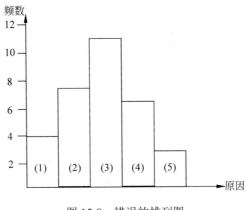

图 15-8 错误的排列图

试题 27
阅读下列说明，回答问题 1 至问题 3，将解答填入答题纸的对应栏内。

【说明】
建设单位甲于 2012 年 2 月与承建单位乙签订了某企业信息化应用软件开发项目承建合同，工期 1 年。合同中约定开发的应用软件最终形成产品供甲及其下属单位使用，并约定软件著作权全部归甲方拥有。对于监理来说，信息工程建设最终实现质量目标非常重要；对于建设各方来说质量控制贯穿在项目可行性研究、设计、开发、实施、验收、启用及使用维护的全过程。在质量控制过程中各方承担着各自不同的质量责任。

【问题 1】
测试是信息工程监理质量控制的主要方法与手段。软件测试是与开发紧密相关的一系列有计划的系统性活动。软件测试需要用测试模型去指导实践。软件测试专家通过测试实践总结出了很多很好的模型。V 模型是最具有代表意义的测试模型，请将开发活动与相应的测试活动在图 15-9 中用连线连接。

图 15-9 开发活动与相应的测试活动

【问题 2】

请简要叙述监理单位对承建单位的测试工作进行监理的主要内容。

【问题 3】

该应用软件投入运行后为甲带来良好的经济效益,乙自行对该软件作品进行了提高和改善,形成新版本销售给了甲的同业竞争对手丙、丁、戊。请回答:乙单位的行为是否构成侵权,为什么?依据的是哪些相关法律?

试题 28

阅读下列说明,回答问题 1 至问题 3,将解答填入答题纸的对应栏内。

【说明】

某监理单位承担了某网络工程项目全过程的监理工作。在项目实施过程中,发生了如下事件:

事件 1:该项目的分项工程之一的机房建设可分解为 15 个工作(箭头线表示),根据工作的逻辑关系绘出的双代号网络图如图 15-10 所示,监理工程师在第 12 天末进行检查时,A、B、C 三项工作已完成,D 和 G 工作分别实际完成 5 天的工作量,E 工作完成了 4 天的工作量。

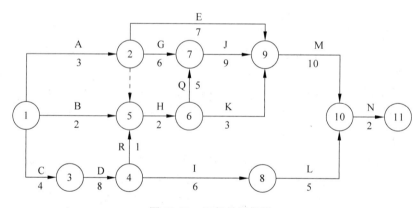

图 15-10 双代号网络图

事件 2:由于项目已经无法按照原进度计划进行实施,建设单位要求承建单位编制相关变更文件,并授权项目监理机构就进度变更引起的有关问题与承建单位进行协商。项目监理机构在收到承建单位提交的进度计划变更文件后,经研究对其今后工作安排如下:

(1)由总监理工程师负责与承建单位进行工期问题的协商工作;

(2)要求承建单位调整进度计划,并报建设单位同意后实施;

(3)针对承建单位进度计划的调整,需要对监理规划进行相应修订,由总监理工程师代表主持修订工作;

（4）由负责合同管理的专业监理工程师全权处理合同变更和可能出现的合同争议。

事件 3：在项目实施过程中，由于承建单位的原因使得建设单位和承建单位之间产生合同争议。监理机构及时进行调查、取证和调解，并在调解失败的情况下向合同约定的仲裁委员会申请仲裁。

【问题 1】

针对事件 1：

（1）按工作最早完成时间计，D、E、G 三项工作各推迟了多少天？

（2）根据图 11-21 给出的参数，机房建设原来计划的总工期是多少天。

（3）D、E、G 三项工作中，哪些工作对工程如期完成会构成威胁？该威胁使工期推迟多少天？

【问题 2】

针对事件 2，指出在协商变更进度过程中项目监理机构的（1）、（2）、（3）、（4）的安排是否妥当？对于你认为的不妥之处请写出正确做法。

【问题 3】

针对事件 3，回答监理机构的做法是否正确。对于你认为的不妥之处请说明理由和正确的做法。

试题 29

阅读下列说明，回答问题 1 至问题 3，将解答填入答题纸的对应栏内。

【说明】

某市教育信息网建设项目全部由政府投资。该项目为该市建设规划的重点项目之一，且已列入地方年度固定投资计划，现决定对该项目进行招标。招标人于 2006 年 8 月 8 日在国家级报刊上发布了招标公告，并规定于 9 月 5 日 14 时为投标截止时间。A、B、C、D、E 等 5 家公司购买了招标文件。

9 月 5 日这 5 家承包商均按规定的时间提交了投标文件。但投标单位 A 在送出投标义件后发现报价估算有较严重的失误，即赶在投标截止时间前 10 分钟递交了一份书面声明：撤回已提交的投标文件。

开标时，由招标人委托的市公证处人员检查投标文件的密封情况，确认无误后，由工作人员当众拆封。由于投标单位 A 已撤回投标文件，故招标人宣布有 B、C、D、E 四家投标单位投标，并宣读该 4 家投标单位的投标价格、工期和其他主要内容。

评标委员会委员由 7 人组成，由招标人直接指定，其中招标人代表 2 人，本系统技术专家 2 人，经济专家 1 人，外系统技术专家 2 人。

在评标过程中，评标委员会要求 B、E 两投标单位分别对其施工方案作详细说明，并对若干技术要点和难点问题提出问题，要求其提出具体、可操作的实施措施。

按招标文件中确定的综合评标标准，评标委员会确定综合得分最高的投标单位 B 为中标人。由于投标单位 B 为外地企业，招标人于 11 月 10 日将中标通知书以挂号方式寄出,承包商 B 于 11 月 14 日收到中标通知书。

【问题 1】

《中华人民共和国招标投标法》中规定的招标方式有哪几种？

【问题 2】

开标、评标时出现了以下情况：

B 投标单位虽按招标文件的要求编制了投标文件但有一页文件漏打了页码；

C 投标单位投标保证金超过了招标文件中规定的金额；

D 投标单位投标文件记载的招标项目完成期限超过招标文件规定的完成期限；

E 投标单位某分项工程的报价有个别漏项。

请分别回答 B、C、D、E 单位的投标文件是否有效并说明理由。

【问题 3】

从所介绍的背景资料来看，在该项目的招标投标程序中哪些方面不符合《中华人民共和国招标投标法》的有关规定？请逐一说明。

试题 30

阅读下列说明，回答问题 1 至问题 3，将解答填入答题纸的对应栏内。

【说明】

某承建单位通过投标获得了某企业信息系统建设项目总包任务，主要建设内容是机房工程、网络系统建设和应用软件开发。承建单位、监理单位分别与建设单位签订了承建合同、监理合同。承建单位将机房建设中的空调系统等部分建设内容分包给了专业性公司，并签订了分包合同。在项目实施过程中，发生了如下事件：

事件 1：人力资源管理系统分项工程是该企业本次信息系统建设的重点之一。该系统可供操作员和系统维护人员使用，也可供人事处负责人和主管人事的副总经理等查询人事信息用。人力资源管理系统通过录入人事数据和修改、删除等操作，产生和更新各类人事文件，通过搜索这些文件进行各类人事信息的查询。

该建设单位有 3000 多名工人、管理和技术人员，有管理科室、生产车间、后勤服务和和开发研制等几类部门。承建单位派出系统分析师张某负责进行系统分析。

考虑到人事处有大量的查询信息要求、频繁的人事信息修改和文件存档、查阅等特点，系统分析师张某决定认真设计人机交互界面，首先设计好在终端上的交互会话的方式。

系统分析师张某通过调查收集到如下 10 条意见：

（1）某系统维护人员认为：系统在屏幕格式、编码等方面应具有一致性和清晰性，否则会影响操作人员的工作效率。

（2）某操作人员认为：在交互式会话过程中，操作人员可能会忘记或记错某些事情，系统应当提供 HELP 功能。

（3）某操作人员认为：既然是交互式会话，那么对所有的输入都应当做出响应，不应出现击键后，计算机没有任何反应的情况。

（4）某操作人员认为：在出错的时候，交互式会话系统应该给出出错信息，并且尽可能告诉我们出错的性质和错在什么地方。

（5）某系统维护人员认为：终端会话也应当符合程序员编制程序时的习惯，这样可以更高效地维护人事管理系统。

（6）教育科干部甲认为：应当对操作员进行一些必要的培训，让他们掌握交互式会话系统的设计技巧，有助于提高系统的使用效率。

（7）教育科干部乙认为：尽管操作人员的指法已经强化训练，但在交互式会话时应尽可能缩短和减少操作员输入的信息，以降低出错概率。

（8）某程序员认为：由于本企业中有很多较大的文件，文件的查找很费时间，交互式会话系统在响应时间较长时应给予使用者以提示信息。

（9）人事处干部丙认为：我们企业的人事资料相当复杂，格式非常之多，希望交互式会话系统使用十分清晰的格式，并容易对输入数据中的错误进行修改。

（10）人事处干部丁认为：人事管理系统应当具有相当的保密性和数据安全性，因此在屏幕上显示出的信息应该含混一些，以免泄密。

事件 2：空调系统的分包单位在做空调工程时，经中间检查发现实施不符合设计要求——噪音超标，并自认为难以达到合同规定的要求，于是向监理工程师提出终止合同的书面申请。

事件 3：在进行初步验收时，承建单位认为应该根据投标书要求的质量标准进行验收，业主认为应该按合同条款要求的质量标准进行验收，为此发生争议。

【问题 1】

事件 1 中，系统分析师张某对上述情况和其他要求作了分析后提交监理进行审核，监理发现收集到的 10 条意见中有 3 条意见是不能接受的，请写出这 3 条意见的编号并简单地叙述理由。

【问题 2】

在事件 2 中：

（1）监理工程师应如何协调处理？

（2）合同的变更和解除，会影响当事人要求赔偿损失的权利吗？

【问题 3】

在事件 3 中，监理工程师应支持哪种意见？为什么？

15.3 习题解答

试题 1 分析

本题主要考查关键路径法的基本概念和计算，以及缩短工期的措施。

【问题 1】

本题规定从第 0 天开始计算项目的 ES、EF、LS 和 LF，其目的是使 EF、ES、FF（自由时差）的计算能够简化，省去了从第 1 天开始计算 ES、EF、LS、LF 时需加 1、减 1 的麻烦。

应注意的是，在从第 0 天开始计算的情况下，任务 A 的任务 EF、LF 均不应计算在任务的历时之内。例如，任务 A 的任务 ES 是 0，EF 是 5，但第 5 天并不在任务 A 的历时之内。

【问题 2】

一般来说，不在关键路径上的活动时间的缩短，不能缩短整个工期。而不在关键路径上的活动时间的延长，可能导致关键路径的变化，因此可能影响整个工期。

活动的总时差是指在不延误总工期的前提下，该活动的机动时间。活动的总时差等于该活动最迟完成时间与最早完成时间之差，或该活动最迟开始时间与最早开始时间之差。

活动的自由时差是指在不影响紧后活动的最早开始时间前提下，该活动的机动时间。活动自由时差的计算应按以下两种情况分别考虑：

（1）对于有紧后活动的活动，其自由时差等于所有紧后活动最早开始时间减本活动最早完成时间所得之差的最小值。例如，假设活动 A 的最早完成时间为 4，活动 A 有 2 项紧后活动，其最早开始时间分别为 5 和 7，则 A 的自由时差为 1。

（2）对于没有紧后活动的活动，也就是以网络计划终点节点为完成节点的活动，其自由时差等于计划工期与本活动最早完成时间之差。

需要指出的是，对于网络计划中以终点节点为完成节点的活动，其自由时差与总时差相等。此外，由于活动的自由时差是其总时差的构成部分，所以，当活动的总时差为零时，其自由时差必然为零，可不必进行专门计算。自由时差（自由浮动时间）是指一项活动在不耽误直接后继活动最早开始日期的情况下，可以拖延的时间长度。自由时差等于紧后活动的 ES 减去本活动的 EF。

【问题 3】

这是一道纯理论性试题，请直接阅读参考答案。

试题 1 参考答案

【问题 1】

如图 15-11 所示。图中粗箭头标明了项目的关键路径，按活动的最早开始时间、最早结束时间、最晚开始时间和最晚结束时间的定义，把它们计算出来后，直接标在了网络图上。

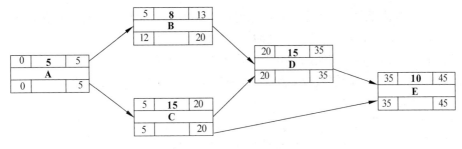

图 15-11 完整的网络图

【问题 2】

（1）关键路径为 A-C-D-E。

（2）总工期=5+15+15+10=45 个工作日，因此网络工程不能在 40 个工作日内完成。

工作 B：总时差=7，自由时差=7。

工作 C：总时差=0，自由时差= 0。

【问题 3】

（1）赶工，缩短关键路径上的工作历时。

（2）采用并行施工方法以压缩工期（或快速跟进）。

（3）追加资源。

（4）改进方法和技术。

（5）缩减活动范围。

（6）使用高素质的资源或经验更丰富人员。

试题 2 分析

本题的核心考查点是项目合同索赔处理问题，属于工程建设项目中常见的一项合同管理的内容，同时也是规范合同行为的一种约束力和保障措施。

【问题 1】

要求考生分析希赛公司与政府 B 部门签订的补充协议有何不妥之处，其实是在考查考生是否具有政府采购相关经验，是否熟悉政府采购法相关条款。从试题说明中考生应能发现，项目甲方是政府部门，那么通常要走政府采购流程。而在政府采购法中，对补充合同的金额是有明确规定的，那就是不能超过原合同金额的 10%。进一步分析试题说明，对比原合同金额和补充合同金额，这个问题的答案也就出来了。

【问题 2】

考查考生对合同索赔处理流程的掌握程度。项目发生索赔事件后，一般先由监理工程师调解，若调解不成，由政府建设主管机构进行调解，若仍调解不成，由经济合同仲裁委员会进行调解或仲裁。在整个索赔过程中，遵循的原则是索赔的有理性、索赔依据的有效性、索赔计算的正确性。遵循的流程如下：

（1）提出索赔要求。当出现索赔事项时，索赔方以书面的索赔通知书形式，在索赔事项发生后的 28 天以内，向监理工程师正式提出索赔意向通知。

（2）报送索赔资料。在索赔通知书发出后的 28 天内，向监理工程师提出延长工期和（或）补偿经济损失的索赔报告及有关资料。索赔报告的内容主要有总论部分、根据部分、计算部分、证据部分。

（3）监理工程师答复。监理工程师在收到送交的索赔报告有关资料后，于 28 天内给予答复，或要求索赔方进一步补充索赔理由和证据。

（4）监理工程师逾期答复后果。监理工程师在收到承包人送交的索赔报告的有关资料后 28 天未予答复或未对承包人作进一步要求，视为该项索赔已经认可。

（5）持续索赔。当索赔事件持续进行时，索赔方应当阶段性向工程师发出索赔意向，在索赔事件终了后 28 天内，向工程师送交索赔的有关资料和最终索赔报告，工程师应在 28 天内给予答复或要求索赔方进一步补充索赔理由和证据。逾期末答复，视为该项索赔成立。

（6）仲裁与诉讼。监理工程师对索赔的答复，索赔方或发包人不能接受，即进入仲裁或诉讼程序。

【问题 3】

是对问题 2 的进一步深化，考查考生应用理论知识分析、解决具体问题的能力。考生应结合案例实际，阐述索赔处理的具体流程。在这里考生要注意两点：首先是要从希赛公司的角度考虑赔偿政府 B 部门损失的问题；其次要从希赛公司的角度考虑向引发损失的 C 公司进行索赔的问题。很多考生会忽略第二点情况。

试题 2 参考答案

【问题 1】

不妥之处为补充协议的合同金额超过了原合同总金额的 10%。

根据《中华人民共和国政府采购法》，政府采购合同履行中，采购人需追加与合同标的相同的货物、工程或者服务的，在不改变合同其他条款的前提下，可以与供应商协商签订补充合同，但所有补充合同的采购金额不得超过原合同采购金额的 10%。

【问题 2】

（1）提出索赔要求。

（2）提交索赔资料。

（3）索赔答复。

（4）索赔认可。

（5）提交索赔报告。

或：（4）索赔分歧。

（5）提请仲裁，或者提起诉讼。

【问题 3】

希赛公司在接到政府 B 部门的索赔要求及索赔材料后,应根据希赛公司与政府 B 部门签订的合同,进行认真分析和评估,给出索赔答复。

在双方对索赔认可达成一致的基础上,向政府 B 部门进行赔付;如双方不能协商一致,按照合同约定进行仲裁或诉讼。同时希赛公司依据与 C 公司签订的合同,向 C 公司提出索赔要求。

试题 3 分析

项目进度控制要依据项目进度基准计划对项目的实际进度进行监控,使项目能够按时完成。项目进度监控贯穿于项目的始终。

【问题 1】

要求考生分析项目出现一再拖期问题的主要原因。这个问题对于系统集成项目经验丰富的考生来说,只要从试题的说明中去寻找线索,就可以得到答案。

(1)"参考以前曾经成功实施的 W 市电子政务工程项目",说明参考的项目可能缺乏可比性导致工作量评估不准确。

(2)"要求所有的开发人员加班加点工作以便向前赶进度",可能会导致开发人员因疲劳而降低工作效率。

(3)"增派的开发人员都是刚招进公司的新人",对新人的培训以及新人开发经验不足都可能导致项目出现不可预期的问题

(4)"允许需求未经确认即可进行方案设计",一旦用户需求发生变化,必定会导致项目返工。

类似的线索很多,只要考生能结合案例分析线索并给出自己的观点就能够得分。

【问题 2】

项目进度控制是一个监控项目状态以便采取相应措施以及管理进度变更的过程。项目进度控制的主要技术和工具如下:

(1)进度报告。进度报告及当前进度状态包括如下一些信息,如实际开始与完成日期,以及未完计划活动的剩余持续时间。如果还使用了实现价值这样的绩效测量,则也可能含有正在进行的计划活动的完成百分比。为了便于定期报告项目的进度,组织内参与项目的各个单位可以在项目生命期内自始至终使用统一的模板。模板可以用纸,亦可用电脑文件。

(2)进度变更控制系统。进度变更控制系统规定项目进度变更所应遵循的手续,包括书面申请、追踪系统以及核准变更的审批级别。进度变更控制系统的功能属于整体变更控制过程的一部分。

(3)绩效衡量。绩效衡量技术的结果是进度偏差(SV)与进度效果指数(SPI)。进度偏差与进度效果指数用于估计实际发生任何项目进度偏差的大小。进度控制的一个重要作用是判断已发生的进度偏差是否需要采取纠正措施。例如,非关键路径计划活动

的重大延误对项目总体进度可能影响甚微，而关键路径或接近关键路径上的一个短得多的延误，却有可能要求立即采取行动。

（4）项目管理软件。用于制定进度表的项目管理软件能够追踪与比较计划日期与实际日期，预测实际或潜在的项目进度变更所带来的后果，因此是进度控制的有用工具。

（5）偏差分析。在进度监视过程中，进行偏差分析是进度控制的一个关键职能。将目标进度日期同实际或预测的开始与完成日期进行比较，可以获得发现偏差以及在出现延误时采取纠正措施所需的信息。在评价项目进度绩效时，总时差也是分析项目时间实施效果的一个必不可少的规划组成部分。

（6）进度比较横道图。为了节省分析时间进度的时间，使用比较横道图很方便。图中每一计划活动都画两条横道。一条表示当前实际状态，另一条表示经过批准的项目进度基准状态。此法直观地显示出何处绩效符合计划，何处已经延误。

（7）资源平衡。资源平衡用来在资源之间均匀地分配工作。

（8）假设条件情景分析。假设情景分析用来评审各种可能的情景，以使实际进度跟上项目计划。

（9）进度压缩。进度压缩技术用来找出后继项目活动能跟上项目计划的各种方法。

（10）可以更新进度数据，并把进度数据汇总到进度计划中从而反映项目的实际进展以及待完成的剩余工作。综合运用制订进度的工具、进度数据、手工方法、项目管理软件，就可以生产对应的项目进度计划。

【问题3】

对项目进度实施有效监控的关键是监控项目的实际进度，及时、定期地将它与计划进度进行比较，并立即采取必要的纠正措施。当项目的实际进度落后于计划进度时，首先要能够及时发现问题，然后再分析问题根源并找出妥善的解决办法。从这个角度来说，问题3是对问题1的进一步深化。考生可以根据对问题1的分析解答"对症下药"，给出对问题3的解答。

试题3 参考答案

【问题1】

（1）原来估计的120人月的工作量可能不准确。

（2）简单地增加人力资源不一定能如期缩短工期，而且人员的增加意味着更多的沟通成本和管理成本，使得项目赶工的难度增大。

（3）增派的人员各方面经验不足。

（4）项目组的沟通存在问题，每周例会不能使问题及时暴露和解决，可能会导致更严重的问题出现。

（5）需求没经确认即开始方案设计，一旦客户需求变化，将导致项目返工。

（6）连续的加班工作使开发人员心理压力增大，工作效率降低，可能导致开发过程出现问题较多。

【问题 2】

（1）进度报告。
（2）进度变更控制系统。
（3）绩效衡量。
（4）项目管理软件。
（5）偏差分析。
（6）进度比较横道图。
（7）资源平衡。
（8）假设条件情景分析。
（9）进度压缩。
（10）制定进度的工具。

【问题 3】

（1）与客户沟通，在不影响项目主要功能的前提下，适当缩减项目范围（或项目分期，或适当降低项目性能指标）。
（2）投入更多的资源以加速活动进程。
（3）申请指派经验更丰富的人去完成或帮助完成项目工作。
（4）通过改进方法或技术提高生产效率。

试题 4 分析

虽然成本控制主要关心的是完成项目活动所需资源的成本，但是也必须考虑项目决策对项目产品、服务或成果的使用成本、维护成本和支持成本的影响。

【问题 1】

要求考生熟悉和掌握 CV、SV、CPI、SPI 等指标的含义及其计算公式，而这些指标又与 PV、EV 和 AC 等指标密切相关。有关这些概念的详细知识，请阅读第 9 章试题 1 的分析。

在试题说明给出的第 8 个月末项目执行情况分析表中，"计划成本值"列之和是 PV，"实际成本值"列之和是 AC，"计划成本值"列与"完成百分比"列对应单元格乘积之和是 EV。

【问题 2】

作为整体变更控制的一部分，项目成本控制有助于及时查明项目在成本和进度方面出现正、负偏差的原因，并及时采取适当的应对措施，以免造成质量或进度问题，可能导致项目后期产生无法接受的巨大风险。

试题 4 参考答案

【问题 1】

PV = (2000+5000+10000+75000+65000+20000)元 = 177000 元。
AC = (2100+4500+12000+86000+60000+15000)元 = 179600 元。

EV = (2000×100%+5000×100%+10000×100%+75000×90%+65000×70%+20000×35%)元 = 137000 元。

CV = EV–AC = (137000–179600)元 = –42600 元。

SV = EV–PV = (137000–177000)元 = –40000 元。

CPI = EV/AC = (137000/179600)元 = 0.76。

SPI = EV/PV = (137000/177000)元 = 0.77。

项目当前执行情况：成本超支，进度滞后。

【问题2】

（1）对造成成本基准变更的因素施加影响。

（2）确保变更请求获得同意。

（3）当变更发生时，管理这些实际的变更。

（4）保证潜在的成本超支不超过授权的项目阶段资金和总体资金。

（5）监督成本执行，找出与成本基准的偏差。

（6）准确记录所有与成本基准的偏差。

（7）防止错误的、不恰当的或未获批准的变更纳入成本或资源使用报告中。

（8）就审定的变更，通知项目干系人。

（9）采取措施，将预期的成本超支控制在可接受的范围内。

试题5分析

题目中"经初步调研，杨某发现该项目进度紧、任务重、用户需求模糊，可能存在较大风险。但B公司领导认为应该先签下该项目，其他问题在项目实施中再想办法解决。A、B双方很快签订了一份总价合同。"这是在签订合同时没有遵循注意事项，草草签订了合同，在合同类型中，总价合同又称固定价格合同，是指在合同中确定一个完成项目的总价，承包人据此完成项目全部合同内容的合同。这种合同类型能够使建设单位在评标时易于确定报价最低的承包商，易于进行支付计算。适用于工程量不太大且能精确计算、工期较短、技术不太复杂、风险不大的项目，同时要求发包人必须准备详细全面的设计图纸和各项说明，使承包人能准确计算工程量。

总价合同将风险转嫁给了承建方。在题目中，B公司领导完全只为了拿下业务，而没有去考虑风险所带来的影响，这样，就只能是公司损失了自己的利益。在合同的管理过程中，它主要包括合同签订管理、合同履行管理、合同变更管理以及合同档案管理，B公司在必要时可与对方进行协商，实现合同的变更管理。

试题5参考答案

【问题1】

（1）没有做好签定合同之前的调查工作，合同签定过于草率。

（2）合同没有制定好，缺乏明确清晰的工作说明或更细化的合同条款。

（3）没有采取措施，确保合同签约双方对合同条款的一致理解。

(4) 合同中缺乏相应的纠纷处理条款。
(5) 对于签定总价合同的风险认识不足。

【问题 2】
(1) √　(2) √　(3) ×　(4) ×　(5) √

【问题 3】
不妥当。杨某应采取的处理措施有：
(1) 召集项目干系人对 A 单位的需求变化及引起的相应的合同变更事宜进行评估。
(2) 与 B 公司管理层沟通，要求实施合同变更。
(3) 建议 A、B 公司的高层领导沟通协商，就合同的变更及项目的继续执行达成原则一致。

试题 6 分析

合同管理的主要内容包括合同签订管理、合同履行管理、合同变更管理、合同违约管理以及合同档案管理。

合同签订管理涉及签订合同的前期调查、合同谈判和合同签署。

合同履行管理涉及合同执行、合同纠纷处理。

及合同变更的处理由合同变更控制系统来完成。合同变更控制系统包括文书记录工作、跟踪系统、争端解决程序和授权变更所需的批准级别。合同变更控制系统是项目整体管理控制变更的一部分。任何合同的变更都是以一定的法律事实为依据来改变合同内容的法律行为。

有多种因素会导致合同变更，例如范围变更、成本变更、进度变更、质量要求的变更甚至人员变更都可能会引起合同的变更，乃至重新修订。

合同档案的管理，亦即合同文件管理，是整个合同管理的基础。项目经理使用合同档案管理系统对合同文件和记录进行管理。该系统用于维持合同文件和通信往来的索引记录，并协助相关的检索和归档。

合同违约是指信息系统项目合同当事人一方或双方不履行或不适当履行合同义务，应承担因此给对方造成的经济损失的赔偿责任。对合同违约的管理主要包括对建设单位违约的管理、对承建单位违约的管理、对其他类型违约的管理。

试题 6 参考答案

【问题 1】
(1) 合同签订管理。
(2) 合同履行管理。
(3) 合同变更管理。
(4) 合同档案管理。

【问题 2】
(1) 分析合同漏洞，解释争议内容。

(2) 分析合同风险,制订风险对策。

(3) 分析合同并落实合同责任。

【问题3】

(1) √　　(2) √　　(3) √　　(4) ×　　(5) ×　　(6) ×

试题7分析

沟通是人际之间传递和沟通信息的过程，对于项目取得成功是必不可少的，而且也是非常重要的。在信息系统项目中，项目干系人之间的沟通贯穿项目整个生命周期，包括以下几个方面。

(1) 用户和开发商之间：需求的清晰表述、解决方案的描述、合同签订过程。

(2) 团队和管理层之间：调研结果汇报、方案决策、组建团队、项目评审过程。

(3) 开发团队内部：项目计划、技术方案的制订和变更。

(4) 开发商和供货商之间：采购沟通、供货和验收过程。

(5) 开发商和分包商之间：任务外包、提交和验收过程等。

【问题1】

直接从试题描述中捕捉有关信息，找出问题的可能原因。

(1) "他身边的员工始终在抱怨公司的工作氛围不好，沟通不足。老张非常希望能够通过自己的努力还改善这一状况，因此他要求项目组成员无论如何每周必须按时参加例会并发言"。老张只知道项目组成员抱怨工作气氛不好，沟通不足，而没有分析其中的真正原因，没有去了解项目组成员对沟通的需求，没有分析沟通风格，就要求每周开发，并且要求每人都要发言。

(2) 既然每周都开会，"但对例会具体应如何进行，老张却不知如何规定"，导致缺乏完整的会议规程，会议目的、议程。每个人都发言，职责不清，缺乏控制，导致会议效率低下，缺乏效果。久而久之，项目组成员就会讨厌这种会议。

(3) 从试题描述来看，会议没有目的，没有记录，也没有引发相应的行动。这种会议根本就没有必要举行，免得浪费时间。

(4) 在会议中，组员可能因为项目问题，甚至是个人问题产生争吵，"甚至影响到了人际关系的融洽"，说明老张没有进行冲突管理。在项目过程中，有冲突并不是坏事。事实上，冲突经常是有利的。冲突经常能够产生重要的成果，比如好的建议，更好的解决方案，以及更加努力的工作和更好合作的积极性。如果在项目的不同方面没有冲突的意识，那么项目的团队成员就会变的迟钝，缺乏创造性和创新性。但是，如果不能很好地进行冲突管理，则其效果就会相反，往往由项目讨论变为个性碰撞和误解产生的情感冲突，从而影响项目团队的绩效。

(5) 从试题描述来看，老张只知道开会来进行沟通，沟通方式过于单一。

【问题2】

会议是项目沟通的一种重要形式。一个成功的会议能成为鼓励项目团队建立和加强对项目的期望、任务、关系和责任的工具。失败的会议会对一个项目产生负面的影响。

在某些组织中，员工经常需要参加一些效率低下的会议，并且自己会被召去开几个小时完全不相干的会议。对于人员工资相对较高的信息系统行业，低效会议的机会成本是相当大的。

【问题3】

根据问题1分析中给出的原因，老张至少可以采取下列措施来促进有效的沟通。

（1）加强对项目组成员进行沟通需求和沟通风格的分析，要分析清楚项目组成员为什么有这种抱怨，他们究竟有什么沟通需求，期望什么样的沟通方式等问题，然后再根据分析结果采取相应的措施，做到沟通因人而异，因事而异，不能搞一刀切。认识和把握人际沟通风格，针对不同沟通风格的人，"个性化定制"，采用对方喜欢的方式去沟通，就会取得好的沟通效果。

（2）增加丰富的沟通渠道和方法，除了单一的项目例会之外，可以通过电话、电子邮件、项目管理软件、OA软件等工具进行沟通。尽量多采取非正式的沟通，因为非正式的沟通有助于关系的融洽。

（3）如果是正式的沟通，则需要记录沟通的结果，采取相应的措施，保证落实。

（4）可以引入一些标准的沟通模板，如项目章程、绩效报告和口头状态报告等。书面的和口头的范例和模板对于从来没有写过项目文件和做过项目陈述的人来说，特别有帮助。

（5）在项目组内培养团结的氛围并注意加强冲突管理，在讨论问题时，对事不对人。

（6）如果条件允许，可引进项目管理系统辅助沟通。

（7）就老张本人而言，要发展更好的沟通技能。

试题7参考答案

【问题1】

（1）缺乏对项目组成员的沟通需求和沟通风格的分析。

（2）缺乏完整的会议规程，会议目的、议程、职责不清，缺乏控制，导致会议效率低下，缺乏效果。

（3）会议没有产生记录。

（4）会议没有引发相应的行动。

（5）沟通方式单一。

（6）没有进行冲突管理。

【问题2】

（1）事先制定一个例会制度。在项目沟通计划里，确定例会的时间，参加人员范围及一般议程等。

（2）放弃可开可不开的会议。在决定召开一个会议之前，首先要明确会议是否必须举行，还是可以通过其他方式进行沟通。

（3）明确会议的目的和期望结果。明确要开的会议的目的，是集体讨论一些想法、彼此互通信息，还是解决一个面临的问题。确定会议的效果是以信息同步为结束还是必须要讨论出一个确定的解决方案。

（4）发布会议通知。在会议通知中要明确：会议目的、时间、地点、参加人员、会议议程和议题。有一种被广泛采用的决策方法是：广泛征求意见，少数人讨论，核心人员决策。由于许多会议不需要项目全体人员参加，因此需要根据会议的目的来确定参会人员的范围。事先应明确会议议程和讨论的问题，可以让参会人员提前做准备。

（5）在会议之前将会议资料发到参会人员。对于需要有背景资料支持的会议，应事先将资料发给参会人员，以提前阅读，直接在会上讨论，可以有效地节约会议时间。

（6）可以借助视频设备。对于有异地成员参加或者需要演示的场合，可以借用一些必要的视频设备，可以使会议达到更好效果。

（7）明确会议规则。指定主持人，明确主持人的职责，主持人要对会议进行有效控制，并营建一个活跃的会议气氛。

主持人要事先陈述基本规则，例如明确每个人的发言时间，每次发言只有一个声音。

主持人根据会议议程的规定控制会议的节奏，保证每一个问题都得到讨论。

① 会议后要总结，提炼结论。主持人在会后总结问题的讨论结果，重申有关决议，明确责任人和完成时间。

② 会议要有纪要。如果将工作的结果、完成时间、责任人都记录在案，则有利于督促和检查工作的完成情况。

③ 做好会议的后勤保障。很多会议兼有联络感情的作用，因此需要选择一个合适的地点，提供餐饮、娱乐和礼品，制定一个有张有弛的会议议程。对于有客户或合作伙伴参加的会议更要如此。

【问题 3】

（1）首先应对项目组成员进行沟通需求和沟通风格的分析。

（2）对于具有不同沟通需求和沟通风格的人员组合设置不同的沟通方式。

（3）除了项目例会之外，可以通过电话、电子邮件、项目管理软件、OA 软件等工具进行沟通。

（4）正式沟通的结果应形成记录，对于其中的决定应有人负责落实。

（5）可以引入一些标准的沟通模板。

（6）在项目组内培养团结的氛围并注意冲突管理。

试题 8 分析

【问题 1】

（1）按题目中给定活动的依赖关系和历时，可得到如图 15-12 所示的项目活动网络图。

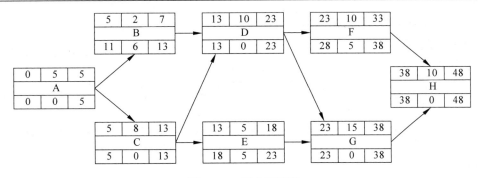

图 15-12 活动网络图

（2）因为本题比较简单，可以列出图 15-12 中所有路径，并计算其时间跨度。具体如表 15-9 所示。

表 15-9 路径列表

图 中 路 径	时 间 跨 度
ABDFH	5+2+10+10+10=37
ABDGH	5+2+10+15+10=42
ACEGH	5+8+5+15+10=43
ACDGH	5+8+10+15+10=48
ACDFH	5+8+10+10+10=43

因此，关键路径为 ACDGH，工期为 48 天。

【问题 2】

活动的自由浮动时间也就是自由时差，其计算公式为：

自由浮动时间 = 活动的最迟结束时间-活动的最早结束时间

= 活动的最迟开始时间–活动的最迟开始时间

因此，活动 B 的自由浮动时间为 13–7=6；11 5–6。活动 C 的自由浮动时间为 5–5=0；13–13=0；活动 E 的自由浮动时间为 18–13=5；23–18=5。

【问题 3】

活动 G 的历时变为 8 天，则重新计算各路径的时间跨度如表 15-10 所示。

表 15-10 新路径表

图 中 路 径	时 间 跨 度
ABDFH	5+2+10+10+10=37
ABDGH	5+2+10+8+10=35
ACEGH	5+8+5+8+10=36
ACDGH	5+8+10+8+10=41
ACDFH	5+8+10+10+10=43

因此，关键路径变为 ACDFH，工期为 43 天。

试题 8 参考答案

【问题 1】

项目的活动网络图如图 15-12 所示。关键路径为 ACDGH，工期为 48 天。

【问题 2】

活动 B 的自由浮动时间为 6 天，活动 C 的自由浮动时间为 0 天，活动 E 的自由浮动时间为 5 天。

【问题 3】

关键路径变为 ACDFH，工期为 43 天。

试题 9 分析

本题主要考查考生对招标投标法的掌握，以及在实际工作中如何运用招标投标法。

【问题 1】

可以从试题的说明中找到该项目的招投标过程中存在的问题，具体如下：

（1）"在监理单位的协助下，H 公司编制了招标文件，并于 5 月 6 日发出招标公告，规定投标截止时间为 5 月 21 日 17 时"。招标投标法规定，自招标文件开始发出之日起至投标人提交投标文件截止之日止，最短不得少于 20 日。

（2）"在随后制定评标标准的时候，特意增加了关于企业性质的评分条件：国有企业可加 2 分，民营企业可加 1 分，外资企业不加分"。招标投标法规定，招标文件中应包含评标标准。必须进行招标的项目，其招标投标活动不受地区或者部门的限制。任何单位和个人不得违法限制或者排斥本地区、本系统以外的法人或其他组织参加投标，不得以任何方式非法干涉招标投标活动；招标人不得以不合理的条件限制或者排斥潜在投标人，不得对潜在投标人给予歧视待遇。

（3）"H 公司又组建了评标委员会，其中包括 H 公司的领导一名，H 公司上级主管单位领导一名，其他 4 人为邀请的行业专家"。招标投标法规定，依法必须进行招标的项目，其评标委员会由招标人的代表和有关技术、经济等方面的专家组成，成员人数为 5 人以上单数，其中技术、经济等方面的专家不得少于成员总数的三分之二。

（4）"H 公司坚决不同意乙公司的要求，乙公司多次沟通未达到目的只好做出妥协，直到第 45 天，H 公司才与乙公司最终签订了 ERP 项目合同"。招标投标法规定，招标人和中标人应当自中标通知书发出之日起 30 日内，按照招标文件和中标人的投标文件订立书面合同。

【问题 2】

"在评标会议上，评标委员会认为丙公司的投标书能够满足招标文件中规定的各项要求，但报价低于成本价"，这说明评标委员会不选择丙公司的理由是"报价低于成本价"，这是合理的，因为招标投标法规定，中标人的投标应当符合下列条件之一：

（1）能够最大限度地满足招标文件中规定的各项综合评价标准。

(2) 能够满足招标文件的实质性要求，并且经评审的投标价格最低；但是投标价格低于成本的除外。

乙公司要求 H 公司修改付款方式是不合理的，因为"招标文件中规定了合同格式并对付款条件进行了详细的要求"，既然乙公司提交了投标文件，就说明乙公司已经同意该付款条件。而且并没有相关法律规定项目合同的付款方式，所以乙公司的要求是不合理的。为了解决这个问题，乙公司可以在提交投标书之前加强与 H 公司的沟通，建议 H 公司修改付款条款。

【问题 3】

这是一道纯理论性试题，请直接阅读解答要点。

试题 9 参考答案

【问题 1】

(1) 发出招标公告投标截止之间的时间太短（只有 15 天）。招标投标法规定，自招标文件开始发出之日起至投标人提交投标文件截止之日止，最短不得少于 20 日。

(2) 收到企业的投标文件后，再编制评标标准是不正确的，因为《中华人民共和国招投标法》第十九条规定招标文件中应包含评标标准。

(3) 对民营企业和外资企业给予了歧视待遇。招标投标法规定，必须进行招标的项目，其招标投标活动不受地区或者部门的限制。任何单位和个人不得违法限制或者排斥本地区、本系统以外的法人或其他组织参加投标，不得以任何方式非法干涉招标投标活动；招标人不得以不合理的条件限制或者排斥潜在投标人，不得对潜在投标人给予歧视待遇。

(4) 评标委员会组建不合理（人数为 6 人，且行业专家只有 4 人）。招标投标法规定，依法必须进行招标的项目，其评标委员会由招标人的代表和有关技术、经济等方面的专家组成，成员人数为 5 人以上单数，其中技术、经济等方面的专家不得少于成员总数的三分之二。

(5) 中标通知书发出与签合同之间的时间太长（45 天）。招标投标法规定，招标人和中标人应当自中标通知书发出之日起 30 日内，按照招标文件和中标人的投标文件订立书面合同。

【问题 2】

(1) 评标委员会不选择丙公司的理由是充分的。因为招标投标法规定，中标人的投标应当符合下列条件之一：

- 能够最大限度地满足招标文件中规定的各项综合评价标准。
- 能够满足招标文件的实质性要求，并且经评审的投标价格最低；但是投标价格低于成本的除外。

(2) 乙公司要求 H 公司修改付款方式是不合理的，因为招标文件中规定了合同格式并对付款条件进行了详细的要求。为了解决这个问题，乙公司可以在提交投标书之前加强与 H 公司的沟通，建议 H 公司修改付款条款。

【问题 3】

（1）收集招标信息。

（2）索购并填报资审文件。

（3）购买招标文件。

（4）提出问题或参加答疑会。

（5）编制投标文件。

（6）提交投标文件。

（7）参加开标会议。

（8）讲解投标文件。

（9）回应招标方质疑或提交补充材料。

（10）如果中标还需要签订合同。

试题 10 分析

【问题 1】

项目在第四个月底的 PV 值等于各任务的计划成本之和，即：

PV = 10+7+8+9+5+2 = 41 万元。

AC 为各任务的实际成本之和，即：

AC = 9+6.5+7.5+8.5+5+2 = 38.5 万元。

EV 为已完成工作的计划值，即：

EV = 10×80%+7×100%+8×90%+9×90%+5×100%+2×90% = 37.1 万元。

根据以上三个参数，可以计算出项目的 SV 和 CV：

SV = EV–PV = 37.1–41= –3.9 万元；CV = EV–AC = 37.1–38.5 = –1.4 万元。

因为 SV 和 CV 都小于 0，所以该项目目前成本超支，进度滞后，整体绩效不好。

【问题 2】

项目在某个阶段 AC<PV，则说明实际花费成本比计划成本要少，但项目成本是否节约，还需要看完成了多少工作。例如，本题中的 AC=38.5 万元，PV=41 万元，AC 是小于 PV 的，但事实上，本题中的项目成本超支。

具体落实到某个任务上，以任务 A 为例，PV=10 万元，AC=9 万元，EV=8 万元，虽然当前 AC 小于 PV，但是当前完成的工作只值 8 万元，也就是说，花了 9 万元只完成 8 万元应该完成的工作，因此，成本实际上是超支的。

【问题 3】

如果从第五月开始，项目不再出现成本偏差，则此项目的 EAC = AC+BAC–EV；如果项目仍按目前状况继续发展，则此项目的 EAC = (AC/EV)×BAC。由于试题并没有给出整个项目 BAC 的值，因此无法计算 EAC 的值。

退一步讲，假设整个项目本来就是打算 4 个月完工的，则可以用项目前 4 个月的 PV

来代替 BAC（即 BAC=41 万元），这时是可以计算出 EAC 的，估计出题者的本意也是这样的，否则，本题无解。

项目目前的状况是成本超支，进度滞后，且 EV<AC<PV，此时应该增加高效人员投入；赶工、工作并行以追赶进度。另外，还需要明确成本控制的方法，加强成本变更控制。

试题 10 参考答案

【问题 1】

PV = 10+7+8+9+5+2 = 41 万元。

AC = 9+6.5+7.5+8.5+5+2 = 38.5 万元。

EV = 10×80%+7×100%+8×90%+9×90%+5×100%+2×90% = 37.1 万元。

SV = EV–PV = 37.1–41 = –3.9 万元；CV = EV–AC = 37.1–38.5 = –1.4 万元。

该项目目前成本超支，进度滞后。因为 SV 和 CV 都小于 0。

【问题 2】

不对。项目成本是否节约，需要看 CV 而不是 PV-AC 的值。例如，本题中的 AC=38.5 万元，PV=41 万元，AC 是小于 PV 的，但事实上，该项目成本超支。

【问题 3】

（1）EAC = AC+BAC–EV = 38.5+41–37.1 = 42.4 万元。

（2）EAC = (AC/EV)×BAC = (38.5/37.1)×41 = 42.5 万元。

（3）增加高效人员投入；赶工、工作并行以追赶进度；明确成本控制的方法，加强成本变更控制。

试题 11 分析

【问题 1】

此变更可能会对项目管理的以下方面造成影响：

（1）项目的范围扩大了；项目的工期延长了；项目的费用（成本）增加了；项目的技术难度与施工复杂度增加，导致项目的质量变得更难以控制了；需要的人力资源也可能要增加，并且还需要修改合同（或者加入附件）。

（2）对于此项目，CCB 的组成应该包括校方代表、A 公司项目经理小李、监理方代表、以及承建方高层领导等。

（3）变更被批准后小李应该安排以下工作：

修改项目的范围、进度、成本、质量等方面的基线计划（修改工作要严格按照配置管理流程来操作），并组织相关人员，按照新的基线计划对原本已经完成的阶段性工作（如需求、设计、卡机具生产等）进行重新评审，如有不适应新计划的地方，需要做相应的返工或补充工作。对尚未正式开展的工作（如综合布线等），要求项目团队成员按新的基线计划来进行。并且将来要按新的基准计划来对项目进行监控。

（4）对于需求、设计等文档类变更是否正确可采用评审的方法进行验证。对于软硬件系统变更是否正确可采用测试（包括单元测试、集成测试、确认测试、系统测试）的方法进行验证。

（5）在这次变更过程中监理方应参与整个变更控制流程的各个环节，具体包括：受理变更申请、变更评估、变更决策、监督变更实施、变更验证、沟通存档等。

【问题 2】

软件开发计划、软件需求规格说明书、接口需求说明书、系统子系统设计说明书、软件设计说明书、接口设计说明书、数据库设计说明书、用户手册、操作手册、测试计划、软件配置管理计划、软件质量保证计划、项目开发总结报告、软件产品规格说明书、软件版本说明书、源代码模块、卡机具生产计划、综合布线及硬件安装调试计划与图纸、软硬件系统联调计划、验收计划等配置项都会发生变化，以上这些可以总结为需求文件、设计文件、应用系统程序代码、硬件配置记录四大类。

试题 22 参考答案

【问题 1】

（1）范围，进度，成本，质量，人力资源，沟通，整体，合同。

（2）项目经理、公司领导、监理方、校方（客户）代表。

（3）更新项目管理计划，安排相应人员负责新的项目活动。

（4）评审，测试。

（5）接受变更申请；对变更进行评估；总监理工程师对变更申请进行审批；参与 CCB 评审；对变更的结果进行检查。

【问题 2】

需求（文档）、设计（文档）、代码、硬件配置记录。

试题 12 分析

本题考查应试人员综合利用监理知识和技能的能力。主要涉及的知识点包括：招投标法、合同法、项目验收方面的知识和技能。

【问题 1】

问题 1 主要是要求应试者对招标法相关知识的掌握以及在实际项目监理工作中的运用。《招标投标法》在项目分包方面的有关规定如下：

第三十条 投标人根据招标文件载明的项目实际情况，拟在中标后将中标项目的部分非主体、非关键性工作进行分包的，应当在投标文件中载明。

第四十八条 中标人应当按照合同约定履行义务，完成中标项目。中标人不得向他人转让中标项目，也不得将中标项目肢解后分别向他人转让。

中标人按照合同约定或者经招标人同意，可以将中标项目的部分非主体、非关键性工作分包给他人完成。接受分包的人应当具备相应的资格条件，并不得再次分包。

中标人应当就分包项目向招标人负责，接受分包的人就分包项目承担连带责任。

第五十八条 中标人将中标项目转让给他人的，将中标项目肢解后分别转让给他人的，违反本法规定将中标项目的部分主体、关键性工作分包给他人的，或者分包人再次分包的，转让、分包无效，处转让、分包项目金额千分之五以上千分之十以下的罚款；有违法所得的，并处没收违法所得；可以责令停业整顿；情节严重的，由工商行政管理机关吊销营业执照。

在本题中，因为承建单位是"通过公开招标"方式确定的，所以在分包的时候要考虑到相关政策、法规的限制。

根据《中华人民共和国招标投标法》第四十八条规定，在合同有约定或者经建设单位同意的情况下，才能够进行分包，且只能将非主体、非关键性工作分包给他人完成。分承建单位应当具备相应的资格条件，并不得再次分包。

因此，A公司承建系统时，自行决定将其中的一部分核心软件开发工作分包给其下属公司B，而公司B又将部分软件开发工作分包给了公司C。这种行为是错误的。

【问题2】

验收阶段是信息系统建设的最后一个阶段。在本阶段，通过对信息系统的验收来检查工程是否实现了工程建设的目的，达到了设计的要求，并投入到运行中去。作为信息系统监理工程师，要求了解本阶段的验收规范以及监理的基本要求，掌握验收的内容、技术与方法，完成本阶段的监理工作。

在工程验收阶段，监理方应协助建设单位明确工程项目验收测试方案的符合性（验收目标、责任双方、验收提交清单、验收标准、验收方式、验收环境等）及可行性；检查工程项目是否符合国家、地方、行业的法律、法规；检查工程项目的最终功能与性能是否符合相关标准及规范；检查工程项目是否符合工程建设合同书的要求；促使承建单位所提供的工程项目各阶段形成的技术、管理文档资料符合相关标准；保证技术转移的正常完成和整个信息系统的推广使用，协助业主、督促承建单位做好用户培训工作。

具体来说，包括以下内容。

1．审查验收资料

承建单位申请验收时，监理单位要审核以下资料是否齐全：

（1）验收申请书。

（2）承建单位与建设单位签定的信息系统《工程建设委托合同》。

（3）需求规格说明书。

（4）设计说明书。

（5）项目开发计划。

（6）开发及实施过程中的文档。

（7）开发及实施中各阶段的评审报表。

（8）验收和确认报告。

（9）开发总结报告。

（10）建设单位出具的信息系统试运行报告。

(11) 用户手册。

2. 审查验收计划和验收方案

监理单位应审查验收计划和验收方案是否符合承建单位与建设单位签定的信息系统《工程建设委托合同》,主要审查内容如下:

(1) 验收目标。

(2) 各方责任。

(3) 验收标准。

(4) 验收方式。

监理单位应给出监理意见,决定是否可以进行验收工作。

3. 监控验收过程

协助建设单位组织整个信息系统的验收工作,并监控整个验收过程。

4. 评估验收结果

(1) 对验收中发现的质量问题,由业主单位、承建单位和监理单位共同确认。

(2) 对于有争议的质量问题,或者需要由专业评测机构检测的关键性技术指标,应聘请三方共同认可的权威机构进行测试评审。

(3) 对验收中发现的质量问题进行评估,根据质量问题的性质和影响范围确定整改要求和整改后的验收方式。

(4) 敦促承建单位根据整改要求提出整改方案,并监督整改过程。

5. 提出验收结论意见

(1) 向建设单位提出关于验收结论的意见,与建设单位共同完成验收结论。

(2) 如果信息系统验收合格,则协助双方按有关规定办理移交手续,立案归档;如果验收不合格,则由验收组签署整改通知书交承建单位,并限期整改完成后验收。

【问题 3】

问题 3 要求考生回答,在信息系统工程验收时,承建单位需要提交哪些文档。根据考生专业方向的不同,仅列出其中的一类文档即可。

在信息系统开发过程中,承建单位需要根据系统关键等级和规模等级的不同,有选择的产生一些文档。根据《计算机软件产品开发文件编制指南》(GB 8567—88)规定,在软件的开发过程中,一般地说,应该产生 14 种文件。这 14 种文件是:

(1) 可行性研究报告;

(2) 项目开发计划;

(3) 软件需求说明书;

(4) 数据要求说明书;

(5) 概要设计说明书;

(6) 详细设计说明书;

(7) 数据库设计说明书;

(8）用户手册；

(9）操作手册；

(10）模块开发卷宗；

(11）测试计划；

(12）测试分析报告；

(13）开发进度月报；

(14）项目开发总结报告。

其中前 6 个是必须掌握的。7～14 项要至少掌握 2 项或 2 项以上。对于网络系统验收，前 6 个是必须掌握的，7～9 项要至少掌握 2 项或 2 项以上。

根据信息系统文档产生、使用范围的不同，可以将其分为三大类，请读者参考 3.7.3 节的分析。

试题 12 答案

【问题 1】

不正确。

通过招投标方式签订合同的项目，承建单位可按照合同约定或者经建设单位同意，将中标项目的部分非主体、非关键性工作分包给他人完成，本项目的承建单位未经建设单位同意就将部分工作分包给他人，并且分包出去的工作是关键性开发工作，这两种做法都是错误的。

分承建单位应当具备相应的资格条件，并不得再次分包。

【问题 2】

（1）提出验收申请；

（2）制定验收计划；

（3）成立验收委员会；

（4）进行验收测试和配置审计；

（5）进行验收评审；

（6）形成验收报告；

（7）移交产品。

【问题 3】

软件开发过程中产生的文档如下：

（1）可行性研究报告；

（2）项目开发计划；

（3）软件需求说明书；

（4）数据要求说明书；

（5）概要设计说明书；

（6）详细设计说明书；

（7）数据库设计说明书；
（8）用户手册；
（9）操作手册；
（10）模块开发卷宗；
（11）测试计划；
（12）测试分析报告；
（13）开发进度月报；
（14）项目开发总结报告。

网络系统验收需提交文档是：
（1）网络系统技术方案；
（2）网络系统到货验收报告；
（3）主机网络系统实施总结报告；
（4）网络系统测试报告；
（5）用户手册；
（6）随机技术资料；
（7）该工程主机网络系统安装配置手册；
（8）该工程主机网络系统维护手册——管理员级；
（9）该工程主机网络系统日常维护及应急处理方案。

试题 13 分析

本题依托电子政务的应用背景来考查考生对信息应用系统建设方面的知识的掌握情况。但是，从试题来看，电子政务仅仅是个背景而已，试题的几个问题与电子政务本身毫无关系，而是一些纯理论性的问答题。

【问题 1】

问题 1 考查考生对信息系统开发模型的了解和理解程度。

信息系统生存期模型给出了从系统定义直至软件经使用后废弃为止，跨越整个生存期的开发、运行和维护所实施的全部过程、活动和任务的结构框架。

瀑布模型也称为"线性顺序模型"，它按信息系统生命周期的顺序自上而下、相互衔接的固定次序，如同瀑布流水，逐级下落实施各种活动。

该模型的每项活动具有以下特点。

（1）从上一项活动接受该项活动的工作对象作为输入。
（2）利用这一输入实施该项活动应完成的内容。
（3）给出该项活动的工作成果，作为输出传给下一项活动。
（4）对该活动实施的工作进行评审，若得到确认，则继续进行下一项活动；否则返回前项，甚至更前项的活动。

增量模型是一种演化软件模型，主要特点是利用迭代的方法，使工程师们渐进地开发出逐步完善的软件版本,它的基本思想是"分期完成、分步提交"。可以先提交一个有限功能的版本,然后逐步地使其完善。演化模型兼有瀑布模型和原型模型的一些特点,不同的是瀑布模型本质上是假设当线性开发序列完成之后就能够交付一个完整的系统。原型模型是为了引导用户明确需求、帮助工程师验证算法,总体上讲它并不交付一个最终的产品系统。瀑布模型和原型模型都基本上不考虑软件的演化过程。

增量模型融合了瀑布模型的基本成分和原型模型的迭代特征,它实际上是一个随着时间的进展而交错的线性序列集合。每一个线性序列产生一个软件的可发布增量,所有的增量都能够结合到原型模型中。

当使用增量模型时,第一个增量模型往往是核心部分的产品。它实现了软件的基本需求,但很多已经明晰或者尚不明晰的补充特性还没有发布。核心产品交由用户使用或进行详细复审,使用或复审评估的结果是制定下一个增量开发计划,该计划包括对核心产品的修改及增加一些新的功能和特性。这个过程在每一个增量发布后迭代地进行,直到产生最终的完善产品。和原型模型不一样的是,增量模型虽然也具有迭代特征,但是每一个增量都发布一个可操作的产品。它的早期产品是最终产品的可拆卸版本,每一个版本都能够提供给用户实际使用。

在实际开发过程中,增量模型是一种十分有用的模型。对于防范技术风险并缩短产品提交时间都能够起到良好的作用。应当强调的是,用户在开发软件的过程中,往往有"一步到位"的思想,因而增量式的工程开发必须取得用户的全面理解与支持;否则是难以成功的。

在介绍了上面的信息系统开发模型基础后,考生即可以得出承建单位的选择不适合的结论,也可以得出承建单位的选择是合适的结论。关键的是要给出可以信服的理由。例如,承建单位的选择是合适的,因为该系统是在原有系统基础上开发了,可以采用增量的模式,在原系统的基础上,进行迭代,最终得到新的系统。又如,承建单位的选择是不合适的,因为新系统是在原系统上进行扩展,系统的需求已经基本却确定,只是在规模上进行一些扩展,用户已经使用了系统,知道系统的缺点,同时也清楚自己需要什么样的系统,需求很明确,完全只采用瀑布模型就可以了。

【问题 2】

为了有效进行进度控制,必须对影响进度的因素进行分析,以便事先采取措施,尽量缩小实际进度与计划进度的偏差,实现项目的主动控制与协调。在项目进行过程中,很多因素影响项目工期目标的实现,这些因素可称之为干扰因素。

参考《信息系统监理师考试辅导教程》,影响项目工期目标实现的干扰因素,可以归纳为以下几个方面:

(1)人的因素。项目中人的因素是第一位的,可以说是决定性的因素。项目管理实践证明:人的因素是比精良的设备、先进的技术更为重要的项目成功因子。

(2)材料、设备的因素。材料、设备往往成为制约项目进度的关键因素。材料和设备的对进度的影响可以归纳为三点：停工待料、移植返工、效率低下。

（3）方法、工艺的因素。信息技术项目中，使用不同的方法完成系统的功能，工作量动辄会相差好几倍甚至几十倍。好的工具、控件的应用往往会节省很多时间。同样地，合适的技术路线也很重要，在信息技术项目中，经常会发生因某一技术难题不好解决而拖延时间的问题。

（4）资金因素。进度、资金、质量之间是相互作用、相互影响的，资金对项目进度的影响是显而易见的，资金不到位项目只能暂停。进度规划时就要考虑资金预算的配套，否则进度控制也是空谈。

（5）环境因素。项目不是空中楼阁，都是在特定的环境下进行的。项目管理者必须对项目所处的外部环境有正确的认识。项目的外部环境包括自然、技术、政治、社会、经济、文化以及法律法规和行业标准等。环境因素可以分为硬环境和软环境两类。硬环境包括开发环境、施工场地等，软环境包括政策影响、宏观经济等。

对以上因素做进一步分析，大体存在以下几种状况：

（1）错误估计了项目实现的特点及实现的条件。低估了项目的实现在技术上存在的困难；未考虑到某些项目设计和实施问题的解决，必需进行科研和实验，而它既需要资金又需要时间；低估了项目实施过程中，各项目参与者之间协调的困难；对环境因素、物资供应条件、市场价格的变化趋势等了解不够等。

（2）盲目确定工期目标。不考虑项目的特点，不采用科学的方法，盲目确定工期目标，使得工期要么太短，无法实现，要么太长，效率低下。

（3）工期计划方面的不足。项目设计、材料、设备等资源条件不落实，进度计划缺乏资源的保证，以致进度计划难以实现；进度计划编制质量粗糙，指导性差；进度计划未认真交底，操作者不能切实掌握计划的目的和要求，以致贯彻不力；不考虑计划的可变性，认为一次计划就可以一劳永逸；计划的编制缺乏科学性，致使计划缺乏贯彻的基础而流于形式；项目实施者不按计划执行，凭经验办事，使编制的计划徒劳无益，不起作用。

（4）项目参加者的工作失误。设计进度拖延；突发事件处理不当；项目参加各方关系协调不顺等。

（5）不可预见事件的发生。恶劣气候条件；复杂的地质条件等。

【问题3】

问题3考查应试者对软件工程基础知识的掌握和综合利用能力。

根据软件工程原则，软件开发的工作量组成比例是4：2：4的原则，即需求分析和设计占40%的时间，编码占20%的时间，测试占40%的时间。因此，在本题中，某一子系统大约需要50000行码，如果开发小组写完了25000行代码，则不能说明整个工作已经完成了一半。因为：

（1）这里并没有说明是整个软件开发工作，还是单独就编写代码的工作而得出的结论。严格地说，从试题给出的条件中无法得出结论。

（2）如果单就代码编写阶段而言，也不能说明整个工作已经完成了一半。因为还剩余一半的代码没有编写完毕，而且还没有进行单元测试。

（3）一个软件如果没有通过测试就不能算完成，因此，即使代码全部写完了，如果没有测试也不能算完成。

【问题4】

问题4要求考生回答软件测试的目的，请读者参考第3章试题15分析。

试题13答案

【问题1】

合适。

虽然A当前正在使用的业务信息化系统为新系统提供了原型基础，但是由于业务发生了较大的变化，承建单位不能很快全部明确所有的业务需求，因此，承建单位应尽可能及早明确已知的业务需求，完成相应的需求分析，并按瀑布模型的方法进行第一次开发工作，保证基本需求的最快实现。

随后，通过实验或者试运行找出系统中的欠缺和不足之处，明确那些未知的软件需求，再迭代进行增加部分的需求分析和开发。

【问题2】

（1）工程质量的影响。质量指标的不明确、不切实际的质量目标、质量不合格，都将对工程进度产生大的影响。

（2）设计变更的影响。设计的变更通常会引发质量、投资的变化，加大工程建设的难度，因而影响进度计划。

（3）资源投入的影响。人力、部件和设备不能按时、按质、按量供应。

（4）资金的影响。如果建设单位不能及时给足预付款，或是由于拖欠阶段性工程款，都会影响承建单位资金的周转，进而殃及进度。

（5）相关单位的影响。项目建设单位、设计、实施单位、设备供应单位、资金供应单位、监理单位、监督管理信息系统工程建设的政府部门等等都可能对项目的进度带来直接或间接的影响。

（6）可见的不可见的各种风险因素的影响。风险因素包括政治上的、经济上的、技术上的变化等等。监理单位要加强风险管理，对发生的风险事件给予恰当处理，有控制风险、减少风险损失及其对进度产生影响的措施。

（7）承建单位管理水平的影响。承建单位的施工方案不恰当、计划不周详、管理不完善、解决问题不及时等，都会影响工程项目的施工进度。

【问题3】

不能认为完成了一半的工作量。因为：

（1）对整个软件的代码行的估计可能不准确。

（2）写完的代码可能相对容易。

（3）如果代码没有通过测试，就不能算完成。

【问题 4】

（1）通过测试，发现软件错误。

（2）验证软件是否满足软件需求规格说明和软件设计所规定的功能、性能及其软件质量特性的要求。

（3）为软件质量的评价提供依据。

试题 14 分析

本题考查的是关于招标法知识、合同法相关内容的运用以及项目需求调研过程监理应掌握的基础知识和技能。

《招标投标法》是为了规范招标投标活动，保护国家利益、社会公共利益和招标投标活动当事人的合法权益，提高经济效益，保证项目质量。

《招标投标法》第三条规定，在中华人民共和国境内进行下列工程建设项目包括项目的勘察、设计、施工、监理以及与工程建设有关的重要设备、材料等的采购，必须进行招标：

（一）大型基础设施、公用事业等关系社会公共利益、公众安全的项目；

（二）全部或者部分使用国有资金投资或者国家融资的项目；

（三）使用国际组织或者外国政府贷款、援助资金的项目。

《招标投标法》第四条规定，任何单位和个人不得将依法必须进行招标的项目化整为零或者以其他任何方式规避招标。

《招标投标法》第五条规定，招标投标活动应当遵循公开、公平、公正和诚实信用的原则。

信息系统工程合同管理指的是监理方对与信息系统工程项目有关的各类合同进行组织和管理，包括从合同管理制度的制定、合同订立前当事人之间的协商、合同条件的拟定、合同的订立、合同的履行、合同的变更等各个方面，并对合同的履行情况进行检查，以达到信息系统工程项目顺利实施的目标。监理方在进行合理管理的过程中应始终遵循公平公正的原则，以维护建设方、承建方、其他相关单位（产品生产厂商、供应商、销售商等）的正当权益。当事人之间发生合同纠纷时，监理方应在一定范围内提供科学、公正的依据，协助解决纠纷。

【问题 1】

问题 1 考查考生对《招标投标法》应当遵循的原则知识点的掌握，考核应试者对在监理工作中运用《招标投标法》的能力。

在本题中，涉及《招标投标法》的具体条文有：

第十八条 招标人可以根据招标项目本身的要求，在招标公告或者投标邀请书中，要求潜在投标人提供有关资质证明文件和业绩情况，并对潜在投标人进行资格审查；国家对投标人的资格条件有规定的,依照其规定。

招标人不得以不合理的条件限制或者排斥潜在投标人,不得对潜在投标人实行歧视待遇。

第二十四条 招标人应当确定投标人编制投标文件所需要的合理时间;但是,依法必须进行招标的项目,自招标文件开始发出之日起至投标人提交投标文件截止之日止,最短不得少于二十日。

第四十六条 招标人和中标人应当自中标通知书发出之日起三十日内,按照招标文件和中标人的投标文件订立书面合同。

下面,我们具体来看,试题描述中的招标存在哪些问题。

(1)"在招标文件中要求省外的投标人具备计算机信息系统集成一级资质、省内投标人具备计算机信息系统集成二级资质"。这显然违反了《招标投标法》第十八条的规定。

(2)"招标文件于9月15日发出,并规定9月28日为投标截止时间"。招标文件发出至提交投标文件截止的时间间隔为14天,违反了《招标投标法》第二十四条的规定。

(3)"建设单位重新招标后确定A公司中标,于10月30日向A公司发出中标通知书,并在中标通知书发出后第40天,与A公司签订了项目建设合同"。建设单位与承建单位签订合同的日期已超过法定期限,违反了《招标投标法》第四十六条的规定。

【问题2】

问题2要求考生回答监理单位认为建设单位采取邀请招标的方式不妥当的依据。涉及《招标投标法》的具体条文有:

第十条 招标分为公开招标和邀请招标。

公开招标,是指招标人以招标公告的方式邀请不特定的法人或者其他组织投标。

邀请招标,是指招标人以投标邀请书的方式邀请特定的法人或者其他组织投标。

第十一条 国务院发展计划部门确定的国家重点项目和省、自治区、直辖市人民政府确定的地方重点项目不适宜公开招标的,经国务院发展计划部门或者省、自治区、直辖市人民政府批准,可以进行邀请招标。

在本题中,建设单位为"某县电子政务信息系统工程,总投资额度约500万元",可见并不在《中华人民共和国招标投标法》第十一条规定的范围之内,因此,必须采取公开招标的方式。

【问题3】

问题3要求考生回答监理会同建设单位对A公司进行经济惩罚额度是否合适,并阐明理由。以及A公司宣布与B公司签订的分包合同无效的法律依据。

《招标投标法》第五十八条规定,中标人将中标项目转让给他人的,将中标项目肢解后分别转让给他人的,违反本法规定将中标项目的部分主体、关键性工作分包给他人的,或者分包人再次分包的,转让、分包无效,处转让、分包项目金额千分之五以上千分之十以下的罚款;有违法所得的,并处没收违法所得;可以责令停业整顿;情节严重的,由工商行政管理机关吊销营业执照。

在本题中,"合同生效后,A 公司自行决定,将其中一部分核心软件开发工作分包给 B 公司并签订了价值 100 万元的分包合同。监理发现问题后,会同建设单位要求 A 公司立即终止分包行为并处以 2 万元罚款"。这种经济惩罚额度是不合适的,因为根据《招标投标法》第五十八条规定,最多的罚款金额不能超过 $100\ \text{万} \times 0.1 = 1\ \text{万元}$。

同样,A 公司宣布与 B 公司签订的分包合同无效的法律依据也是《招标投标法》第五十八条,因为其中规定了"违反本法规定将中标项目的部分主体、关键性工作分包给他人的,或者分包人再次分包的,转让、分包无效"。

【问题 4】

问题 4 要求考生回答 A 公司的做法是否正确,监理方的建议是否合理。

我们先看试题描述:

"在随后的应用系统建设过程中,监理工程师发现 A 公司提交的需求规格说明书质量较差,要求 A 公司进行整改。但是 A 公司解释说,由于建设合同没有规定应用软件系统开发应遵循的质量标准方面的条款,建设单位也没有相关的质量准则。因此 A 公司以自己公司相关的质量标准为依据进行需求调研、分析和编写需求规格说明书,是符合 A 公司质量标准的,从而拒绝进行修改"。

"在这种情况下,监理单位建议 A 公司与建设单位就此问题签订补充协议或遵循相关的国家标准(GB/T 8567—88、GB/T 9385—88 等)遭到 A 公司的拒绝"。

这里主要考查合同履行中条款空缺的法律适用知识的掌握与运用能力。涉及的《中华人民共和国合同法》有关条文如下:

第六十一条 合同生效后,当事人就质量、价款或者报酬、履行地点等内容没有约定或者约定不明确的,可以协议补充;不能达成补充协议的,按照合同有关条款或者交易习惯确定。

第六十二条 当事人就有关合同内容约定不明确,依照本法第六十一条的规定仍不能确定的,适用下列规定:

(一)质量要求不明确的,按照国家标准、行业标准履行;没有国家标准、行业标准的,按照通常标准或者符合合同目的的特定标准履行。

(二)价款或者报酬不明确的,按照订立合同时履行地的市场价格履行;依法应当执行政府定价或者政府指导价的,按照规定履行。

(三)履行地点不明确,给付货币的,在接受货币一方所在地履行;交付不动产的,在不动产所在地履行;其他标的,在履行义务一方所在地履行。

(四)履行期限不明确的,债务人可以随时履行,债权人也可以随时要求履行,但应当给对方必要的准备时间。

(五)履行方式不明确的,按照有利于实现合同目的的方式履行。

（六）履行费用的负担不明确的，由履行义务一方负担。

因此，"监理单位建议 A 公司与建设单位就此问题签订补充协议或遵循相关的国家标准"的做法是正确的，而这一正确的建议却遭到了 A 公司的拒绝，所以，A 公司的做法是错误的。

试题 14 参考答案

【问题 1】

（1）对省内与省外投标人提出了不同的资质要求；公开招标应平等地对待所有的投标人。

（2）招标文件发出至提交投标文件截止的时间间隔为 14 天少于 20 天；根据《招标法》的规定：依法必须进行招标的项目，自招标文件开始发出之日起至投标人提交投标文件截止日之止，最短不得少于二十日。

（3）建设单位与承建单位签订合同的日期已超过法定期限；《招标投标法》规定：招标人和中标人应当自中标通知书发出之日起三十日内，按照招标文件和中标人的投标文件订立书面合同。

【问题 2】

《招标投标法》规定适用邀请招标的项目包括："国务院发展计划部门确定的国家重点项目和省、自治区、直辖市人民政府确定的地方重点项目不适宜公开招标的"，经国务院发展计划部门或者省、自治区、直辖市人民政府批准，可以进行邀请招标。

【问题 3】

罚款 2 万元不合适。理由是根据招标法的有关规定对 A 公司的上述违规行为处罚的额度应该在"分包项目金额千分之五以上千分之十以下"。本项目中，分包项目金额是 100 万元，因此最多的罚款金额不能超过 100 万×0.1＝1 万元。

根据招投标法的有关规定：违反招投标法规定将中标项目的部分主体、关键性工作分包给他人的（或分包人再次分包的），转让、分包无效。

【问题 4】

A 公司的做法不正确。监理公司的建议是妥当的。

这个问题涉及到合同条款空缺的解决。根据合同法的有关规定：合同生效后，当事人就质量、价款、履行地点等内容没有约定或者约定不明确的，可以协议补充。因此监理要求 A 公司与建设单位就此问题签订补充协议是正确的做法。

合同法还规定，如果合同内容不明确，又不能达成补充协议时可以适用的相关条款是：质量要求不明确的，按照国家标准、行业标准履行。因此监理的建议也是合理的。

试题 15 分析

本题通过 4 个事件，考查考生在信息系统监理方面的综合能力。

【问题 1】

问题 1 要求考生回答 A 公司的分包过程是否妥当，并说明原因。

在事件 1 中，A 公司在征得建设单位同意后，将其中的机房工程建设工作分包给具有相应资质的 B 公司，并将分包结果以书面形式通知了监理单位。

根据签订的工程建设合同，A 公司可以将机房工程这样的非主体、非关键性子工程分包给具备相关资质的专业公司。因此，A 公司是可以将其中的机房工程建设工作分包给具有相应资质的 B 公司的，但是，《信息化工程监理规范总则》规定："有分包单位时，监理机构应组织审核分包单位的工程实施资格，禁止不具备工程实施资格的分包单位参与工程实施"。

这就要求承建单位进行分包时，要事先经过监理的审核，而不是事后通知。

【问题 2】

在目前的有关规定和规范中，监理在项目中的地位是通过建设单位与承建单位签订的合同中明确要求承建单位接受监理机构的监理来确定的。在分包的情况下，监理单位只要对承建单位监理到位即可。没有必要要求承建单位与分包单位签订的合同中明确监理的地位。

在事件 2 中，B 公司实施的是机房分包工程，监理无权直接对分包单位进行监理。因此，总监理工程师没有资格要求 B 公司停工，而应该给 A 公司签发工程暂停令。

【问题 3】

问题 3 要求考生回答监理在实施进度控制时，可以采用哪些基本措施。

（1）进度计划评审。进度控制的首要工作是制订各种计划。显然，仅有好的计划而不付诸实施，再好的计划也是一纸空文。因此，要使计划起到其应有的效应，就必须采取措施，使之得以顺利实施。在进度控制中，计划评审是十分重要的活动，计划评审一旦通过，计划便会作为实施行为的指南和实施结果的对照标准，所以，对进度计划的合理性审核是所有项目干系人都必须高度关注的。

（2）项目实施保证措施。项目进度受众多因素的制约，因此必须采取一系列措施，以保证项目能满足进度要求。措施是多方面的，不同的项目，不同的条件，措施亦不相同。

（3）项目进度动态检测。在项目实施过程中，为了收集反映项目进度实际状况的信息，以便对项目进展情况进行分析，掌握项目进展动态，应对项目进展状态进行观测。这一过程就称为项目进度动态监测。对于项目进展状态的观测，通常采用日常观测和定期观测的方法进行，并将观测的结果用项目进展报告的形式加以描述。

（4）比较分析。在项目进展中，有些工作或活动会按时完成，有些会提前完成，而有些工作或活动则可能会延期完成，所有这些都会对项目的未完成部分产生影响。特别是已完成工作或活动的实际完成时间，不仅决定着网络计划中其他未完成工作或活动的最早开始与完成时间，而且决定着总时差。但必须注意的是，并非所有不按计划完成的情况都会对项目总工期产生不利影响。有些可能会造成工期拖延；有些则可能有利于工期的实现；有些对工期不产生影响。这就需要对实际进展状况进行分析比较，以弄清其对项目可能会产生的影响，以此作为项目进度更新的依据。

（5）进度更新。根据实际进度与计划进度比较分析结果，以保持项目工期不变、保证项目质量和所耗费用最少为目标，作出有效对策，进行项目进度更新，这是进行进度控制和进度管理的宗旨。进度更新主要包括两方面工作，即分析进度偏差的影响和进行项目进度计划的调整。

【问题 4】

问题 4 又是一道关于验收的试题，具体考查验收小组的组成及正式验收的程序。

信息网络工程建设项目在竣工验收之前，先由业主组织施工、监理、设计及使用等有关单位进行初验。初验前由施工单位按照国家规定，整理好文件、技术资料，向业主提出交工报告。业主接到报告后，应及时组织初验。初验不合格的工程不得报请竣工验收。

竣工验收申请报告应依照竣工验收条件对项目实施情况进行分类总结，并附初步验收结论意见、工程竣工决算、审计报告。

竣工验收申请报告应规范、完整、真实，装订成册。

竣工验收要组成验收组。验收组由信息网络系统的建设组织单位、相关方面的专家组成，但一般不能包括监理单位人员，以避免"即做巫师又做鬼"的现象。验收组可根据项目规模和复杂程度分成网络基础平台、网络服务平台、综合布线系统等验收小组，分别对相关内容进行验收。

试题 15 参考答案

【问题 1】

不妥当。

在分包时，还应由监理单位组织审核分包单位的相关资质是否符合项目要求。要事先征求监理的意见，而不是事后通知。

【问题 2】

不妥当，主要存在两个问题。

《工程暂停令》应签发给 A 公司项目组，因 B 公司项目组和建设单位没有合同关系（或 B 公司只是 A 公司的分包单位）。

显然总监理工程师知道违规操作已经造成了质量隐患，而工程质量事故发生后，总监理工程师首先要做的事情是签发《工程暂停令》。

【问题 3】

妥当。

实施进度控制时，可采用基本措施有：

（1）组织措施。落实监理单位进度控制人员的组成，具体控制任务和管理职责分工；

（2）技术措施。确定合理定额，进行进度预测分析和进度统计；

（3）合同措施。合同期与进度协调；

（4）信息管理措施。实行计算机进度动态比较，提供比较报告。

【问题4】

不妥当。监理方人员原则上不进入工程验收组，避免出现"谁监理谁验收"的状况。正式验收的一般程序包括以下八个步骤：

（1）承建方作关于项目建设情况、自检情况及竣工情况的报告。
（2）监理方作关于工程监理内容、监理情况以及工程竣工意见的报告。
（3）验收小组全体人员进行现场检查。
（4）验收小组对关键问题进行抽样复核（如测试报告）和资料评审。
（5）验收小组对工程进行全面评价并给出鉴定结果。
（6）进行工程质量等级评定。
（7）办理验收资料的移交手续。
（8）办理工程移交手续。

试题 16 分析

本题主要考查投资控制的问题。

【问题1】

在进行投资决策时所用到的财务评价指标，根据是否考虑了资金的时间价值，有静态评价指标和动态评价指标。

静态评价指标对于技术经济数据不完备、不准确的方案进行初选，或者对于全寿命周期比较短的项目来说，是适合的。常用的静态评价指标有：投资利润率、静态投资回收期（Pt）、借款偿还期（Pd）、利息备付率、偿债备付率等。

充分地考虑资金时间价值的动态评价指标比较适合于方案最后决策前的详细可行性研究阶段，以及对于寿命周期较长的方案进行评价。常用动态评价指标有：净现值（NPV）、净现值指数（NPVR）、内含报酬率（IRR）、动态回收期（Pt）等。

投资决策的经济评价指标体系如图 15-13 所示。

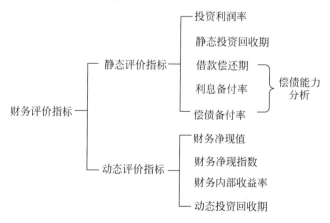

图 15-13　投资控制的评价指标体系

【问题 2】

实际的投资决策中，我们会遇到这样的问题，贴现率应参照银行贷款利率为基准，但在实际进行项目投资分析的时候，贴现率往往不可能是一成不变的，实际的贴现率会因为通货膨胀、市场物价、货币流通、当地的投资环境、投资风险等因素导致其比银行利率偏高。这就是说，资金对于企业来讲具有不确定性，这种不确定的资金成本就是机会成本。

现在我们应当考虑的问题是，在贴现率高于基准利率的情况下，对原来可行的方案会带来什么影响，是否会导致原来可行的方案在新的贴现率下不可行。针对这种问题，需要引入内部报酬率（内含报酬率）指标来进行解决。

所谓内部报酬率，是一种能够使投资方案的净现值为零的贴现率。计算内部报酬率的内插法公式为：

$$IRR = r1 + \frac{(r2 - r1)}{(|b| + |c|)} \times |b|$$

公式中：IRR 为内部报酬率，$r1$ 为低贴现率，$r2$ 为高贴现率，$|b|$ 为低贴现率时的财务净现值绝对值，$|c|$ 为高贴现率时的财务净现值绝对值。

将内部报酬率与资金机会成本相比较。

（1）内部报酬率 > 资金机会成本：投资方案可行。

（2）内部报酬率 < 资金机会成本：投资方案不一定可行。

当在几个可供选择的方案中进行优选的时候，应当选择内部报酬率高的方案。

在无资金限量的情况下，利用净现值法在所有的投资评价中都能做出正确的决策，而利用内部报酬率在互斥选择决策中有时会做出错误的决定。因此，在进行投资决策分析时，应当将几种分析方法结合起来分析，不要简单地、机械地进行计算，应当通盘考虑、综合评价。也不要只从数量上进行分析，还要考虑到国家经济政策、社会效益、市场变化情况等问题，以便提高决策的准确性，减少失误。

【问题 3】

问题 3 要求考生回答需求分析阶段的目标和需求分析阶段研究的对象。

收集和分析用户的要求的过程称为需求分析。需求分析是软件生命周期中重要的一步，也是决定性的一步。对用户的要求进行需求分析，其结果是否准确地反映了用户的实际要求，将直接影响到后面各个阶段的设计，并影响到设计结果是否合理和实用。计算机软件工程是一个问题求解活动，通过和用户的协商揭示并分析客观的功能需求、性能需求，把整体需求化整为零，分步实施。为了开发出满意的软件系统，开发过程应该分为两大阶段进行。第一阶段是正确地确定问题，即明确地确定用户所要解决的问题是什么，并形成关于目标系统的规模和报告；第二阶段才是为问题寻找合适的解答。

需求分析的主要任务就是要通过软件开发人员与用户的交流和讨论，准确地获取用户对系统的具体要求。分析并理解用户究竟要求系统做什么。在正确理解用户需求的前提下,软件开发人员还需要将这些需求准确地以文档的形式表达出来,作为设计阶段的依据。

由于一个项目的参与者既包括软件设计开发人员,又包括用户,用户熟悉本身的业务但不熟悉计算机技术,软件开发人员熟悉计算机技术但不了解用户的业务,软件开发人员习惯用数据结构、程序结构、编程语言等方式来讨论问题,而用户不能确切地理解这些概念,在用户和开发人员之间往往缺乏共同的语言,所以双方交流时存在着隔阂。在需求分析过程中,他们之间必须进行充分的沟通和协调。否则就可能会给软件的开发留下隐患。一方面,软件设计人员应尽量使用通俗的语言与用户进行交流;另一方面,用户应积极主动地配合软件设计人员的工作。为了保证需求阶段能够提出完整、准确的系统逻辑模型,开发人员必须花费足够的时间,全面了解用户的需要,绝不能在需求模糊的情况下仓促进行软件的设计和编程。

由于需求分析研究的对象是用户对开发项目的要求,在信息系统工程中,所谓用户要求(或称需求)是指系统必须满足的所有性质和限制。用户要求通常包括功能要求、性能要求、可靠性要求、可移植性需求、安全保密要求、开发费用、开发周期以及使用用的资源等方面的限制,其中功能要求是最基本的,主要说明了待开发系统在功能上实际应做到什么,它又包括数据要求和加工要求两方面。

充分地理解了用户的要求之后,用户和软件人员要将共同的理解明确地写成需求说明书,它是用户要求的明确表达。

如前所述,需求分析是信息系统建设最关键的一步,需求分析的质量直接关系到项目的成败。因此,如果监理单位发现承建单位的需求分析工作不到位,存在着重大的质量隐患,可以签发监理通知单报承建单位,责令承建单位整改。如果认为问题极为严重,甚至可以向承建单位发停工令。但是,前提是必须通知建设单位,与建设单位进行协商。

试题 16 参考答案

【问题 1】

$NPVA = 8000×0.909+7000×0.826+6000×0.751+5000×0.683+4000×0.621-20000×1.0 = 7272+5782+4506+3415+2484-20000 = 3459$(千元)

$NPVB = 6800×(0.826+0.751+0.683+0.621)-(10000×1.0+10000×0.909)$
$= 19590.8-19090 = 500.8$(千元)

两个方案的 NPV 都大于 0,都可用,但 NPVA>NPVB,所以用 A 方案。

在计算过程中如果使用的是年金现值系数等方式,得出的数值有细微的差别,也是对的。

【问题 2】

选择项目 A。

因为在无资金限量的情况下,利用净现值法在所有的投资评价中都能做出正确的决策。而利用内部报酬率在互斥选择决策中有时会做出错误的决定。

第 15 章 监理应用技术

【问题 3】

监理的做法不正确，签发的监理通知单也应该报建设单位（业主单位）。

需求分析的目标是深入描述软件的功能和性能，确定软件设计的约束和软件同其他系统的接口细节，定义软件的其他有效性需求。

需求分析阶段研究的对象是软件项目的用户要求。包括：必须全面理解用户的各项要求，但又不能全盘接受所有的要求；要准确地表达被接受的用户要求，只有经过确切描述的软件需求才能成为软件设计的基础。

当然如果从另外的角度考虑问题，通过分析得出监理的做法正确，而且整个分析结果很严谨的话，同样可以得满分。

试题 17 分析

【问题 1】

综合布线工程包括设备、布放线缆、缆线端接 3 个环节，综合布线的监理工作内容主要包括以下两个方面：

（1）按照国家关于综合布线的相关施工标准的规定审查承建方人员施工是否规范。

（2）到场的设备、缆线等设备的数量、型号、规格是否与合同中的设备清单一致，产品的合格证、检验报告是否齐全。

常见的施工规范包括：建筑与建筑群综合布线工程施工及验收规范 GB/T 50312—2000、商用建筑物布线标准 EIA/TIA 568A、用户建筑通用布线标准 ISO/IEC 11801 CLASS E DRAFT、民用建筑线缆标准 EIA/TIA586 等。

【问题 2】

共 5 处不正确。

规程 1：穿在管内绝缘导线的额定电压不应该高于 500V。

规程 2：管内穿线应该在建筑物的抹灰、装修以及地面工程结束后进行，在穿入导线前，应该将管子中的积水以及杂物清理干净；

规程 3：不同系统、不同电压、不同电流类别的线路不能穿进同一根管内，也不可以穿在线槽的同一个孔槽内；

规程 4：管内导线的总截面积（不包括外护层）不应该超过管子截面的 40%。

规程 5：线管进入箱体，宜采用下进线或者设置防水弯以及箱体进水。

试题 17 参考答案

【问题 1】

包括设备安装、布放线缆和缆线端接 3 个环节。

【问题 2】

共 5 处不正确。

规程 1：额定电压不应该高于 500V。

规程 2：管内穿线应该在建筑的抹灰、装修以及地面工程结束后进行。

规程 3：不同系统、不同电压、不同电流类别的线路不可以穿在线槽的同一个孔槽内。

规程 4：管内导线的总截面积（不包括外护层）不应该超过管子截面的 40%。

规程 5：线管进入箱体，宜采用下进线或者设置防水弯以及箱体进水。

试题 18 分析

【问题 1】

软件质量保证是指为保证软件系统或软件产品最大限度地满足用户要求而进行的有计划、有组织的活动，其目是使软件过程对于管理人员来说是可见的，它通过对软件产品和活动进行评审和审计来验证软件是合乎标准的。软件质量保证组在项目开始时就一起参与建立计划、标准和过程。有多种软件质量模型来描述软件质量特性，著名的有 ISO/IEC 9126 软件质量模型和 Mc Call 软件质量模型。

根据 ISO/IEC 9126，软件质量由三个层次组成，第一层是质量特性，第二层是质量子特性，第三层是度量指标。

质量属性分功能性、可靠性、可维护性、效率、可使用性和可移植性六个，二十一个质量子特性：

（1）功能性：包括适合性、准确性、互用性、依从性、安全性；

（2）可靠性：包括成熟性、容错性、易恢复性；

（3）易使用性：包括易理解性、易学性、易操作性；

（4）效率：包括时间特性、资源特性；

（5）可维护性：包括易分析性、易改变性、稳定性、易测试性。

（6）可移植性：包括适应性、易安装性、一致性、易替换性。

1996 年我国制定了与 ISO 9126 国际标准等同的国家标准《GB/T 16260—1996 软件工程产品质量》，其适用范围是：对软件产品质量需求的确定以及在软件生存周期中对软件产品质量的评价；各种软件，包括固件中的计算机程序和数据；获取、开发、使用、支持、维护或审计软件的人员使用。2003 年对该标准进行了修订，增加了 6 个质量子特性。

【问题 2】

错误的 5 项及原因：

（1）可行性研究报告是为管理者提供该项目是否可以立项的决策依据，编写者在提出可能的候选方案并分析各种可行性时应当给出结论，说明该项目是否值得立项，能否获得成功。

（4）编写文档时必须保持各个文档的独立性，不能写"参看**说明书**节"，所以如果各文档有重复的地方时，应从前一阶段的文档中复制过来。

（5）用户手册应当使用用户熟知的术语，不应使用专业术语。应阐明系统的使用方法，不必详细介绍系统的结构。

（8）每个模块的实测结果是单元测试的结果，不应使用需求信息和概要设计（体系结构）信息来做结果比较。

（9）软件需求规格说明是针对开发软件系统提出的要求，不包括对软件操作人员和维护人员的教育水平和技术专长的要求。

【问题 3】

项目的质量管理体系以承建单位的质量保证体系为主体，在项目开始实施之前由承建单位建立，监理单位对组织结构、工序管理、质量目标、自测制度等要素进行检查；监理单位监控质量控制体系的日常运行状况，包括设计质量控制、分项工程质量控制、质量控制分析、质量控制点检测等内容；监理单位核定工程的中间质量、监督阶段性验收，并参与竣工验收。

项目的质量控制体系运行的主要目的是对信息系统工程的各种质量进行监控和把握，发现质量问题及时采取措施进行更正，保证工程的过程质量达到预期要求的目标。监理对承建单位的质量保障体系进行审查并监督其执行内容如下：

1. 建立项目质量保证计划

工程项目的质量保证计划是在承建单位的质量保证计划的基础上建立起来的。信息系统工程监理单位对承建单位质量控制方面的作用是检查承建单位质量保证体系的建立情况，并对计划的实施进行必要的监督和检查。承建单位建立信息系统工程质量保证体系的原则如下：

（1）在签订合同后，承建单位应按合同要求建立工程质量保证体系；

（2）承建单位要满足建设单位的使用功能要求，并符合质量标准、技术规范及现行法规；

（3）质量保证体系要满足建设单位和承建单位双方的需要。

在信息系统工程建设过程中，承建单位针对不同的项目，在需求分析、方案设计、软件代码设计、阶段测试和验收等不同阶段，其管理模式会有所不同，质量控制体系的内容也应该具有针对性。在信息系统工程建设的整个过程中，设计和实施是最关键也是最复杂的环节。监理将着重对承建单位如何根据质量体系进行监理，承建单位应结合建设项目的具体特点，制定一套行之有效的质量保证体系进行相应的监理工作。监督、检查承建单位质量保证体系的主要内容包括如下几项：

（1）制定明确的质量计划。根据合同要求的质量目标，企业应制定相应的质量计划，既要有提高工程质量的综合计划，又要有分项目、分部门的具体计划，形成一套完整的质量计划体系，并且有检查、有分析。企业领导应对质量计划的制定负全面的责任。

（2）建立和健全专职质量管理机构，其作用在于统一组织、计划、协调、综合质量保证体系的活动，检查、督促各部门的质量管理职能，开展质量管理教育和组织质量管理活动。

（3）实现管理业务标准化、管理流程程序化。实施企业管理的许多活动都是重复发生的，具有一定的规律性。把这些重复出现的质量管理业务，按照客观要求分类归纳，并将处理办法订成规章制度，作为员工行动准则，使管理业务标准化。把管理业务处理过程所经过的各环节、各管理岗位、先后工作步骤等经过分析、研究、改进，定为标准的管理程序，使管理流程程序化，使企业全体员工都严格遵循统一的制度和工作程序。

2. 配备必要的资源条件

资源主要包括人力、设备和质量检测手段等。实施信息系统工程的项目建设，承建单位的人力配备要制定一套科学、合理的人力资源计划，与项目实施计划配套，根据项目实施过程的不同，针对项目的特点，合理地调配人员，确保项目进行。设备和应用环境是保证项目进行的基础条件之一，可以根据项目合同要求，依据具体情况的不同，制定不同的策略计划。

鉴于信息系统工程的特点，承建单位可能无法构建与建设单位完全相同的设备和应用环境，如果一定要利用建设单位的设备和应用环境进行调试或测试，必须在合同或协议中阐明相关内容。承建单位应具备必要的质量检测手段的资源条件，包括对应用环境采用其他厂商的产品做必要检测的设备和软件工具、对软件开发过程中进行必要测试的环境和工具。具备相关技术资质等级的承建单位一定要具备或建设与资质等级相适应的试验室或检测室等基础设施。

3. 建议一套灵敏的质量信息反馈系统

工程质量的形成过程伴随着大量与质量有关的信息，这些质量信息是进行质量管理的依据。质量管理是质量管理机构和有关部门根据质量信息，协调和控制质量活动的过程，没有信息反馈就没有质量管理。

建立和健全信息反馈系统，一定要抓好信息的流转环节，注意和掌握数据的检测、收集、处理、传递和储存。信息运动的流动速度要快，效率要高。在交付使用之后，要在半年或一年保修期内，由监理工程师带领有关人员到建设单位进行调查访问，听取使用部门或用户对工程质量的意见，并深入了解工程的实际使用效果，从中发现工程质量存在的问题，分析原因，为进一步改进工程的实施质量提供依据。

试题 18 参考答案

【问题 1】

（1）C

（2）～（6）A、C、D、F、K

注：（2）～（6）的顺序可以换位。

【问题 2】

②、③、⑥、⑦、⑩是正确的。

【问题 3】

（1）是否制定明确的质量计划。

（2）是否建立和健全专职质量管理机构。

（3）是否实现管理业务标准化，管理流程程序化。

（4）是否配备必要的资源条件。

（5）是否建立一套灵敏的质量信息反馈系统。

试题 19 分析

【问题 1】

由于承建单位原因造成正在进行的项目存在质量缺陷，无法按照合同约定的期限完成项目建设，只应当由承建单位来负责。因为业主和监理的角色从来都不是承建单位的担保人。

【问题 2】

监理在处理变更的时候要遵循以下原则：任何变更都要得到三方书面的确认，并且要在接到变更通知单之后才能进行，严禁擅自变更，在任何一方或者两方同意下做出变更而造成的损失应该由变更方承担。另外，在处理项目延期的变更申请时，应该由总监理工程师予以签字确认，监理工程师无权签字确认。

【问题 3】

控制图中横坐标为样本（子样）序号或抽样时间，纵坐标为被控制对象，即被控制的质量特性值。控制图上一般有三条线：在上面的一条虚线称为上控制界限，用符号 UCL 表示；在下面的一条虚线称为下控制界限，用符号 LCL 表示；中间的一条实线称为中心线，用符号 CL 表示。中心线标志着质量特性值分布的中心位置，上下控制界限标志着质量特性值允许波动范围。

控制图是用样本数据来分析判断生产过程是否处于稳定状态的有效工具。它的用途主要有两个：

（1）过程分析即分析生产过程是否稳定。为此，应随机连续收集数据，绘制控制图，观察数据点分布情况并判定生产过程状态。

（2）过程控制即控制生产过程质量状态。为此，要定时抽样取得数据，将其变为点子描在图上，发现并及时消除生产过程中的失调现象，预防不合格品的产生。

【问题 4】

测试用例设计的基本目的是确定一组最有可能发现某个错误或者某类错误的一组测试数据。测试用例构成了设计和制定测试过程的基础，因此测试用例的质量在一定程度上决定了测试工作有效程度。无论是黑盒测试还是白盒测试都不可能进行穷举测试，所以测试用例的设计只能在周期和经费允许的条件下，使用最少数目的测试用例发现最大可能数目的错误。

在实际工作中，采用黑盒与白盒相结合的技术是较为合理的做法。可以选取并测试数量有限的重要逻辑路径，对一些重要数据结构的正确性进行完全检查。这样不仅能证实软件接口的正确性，同时在某种程度上能保证软件内部工作也是正确的。

试题 19 参考答案

【问题 1】

A：错　　B：对　　C：对　　D：错

【问题 2】

有错误。

在这个情况下,错误主要有两个:

(1) 监理应该与业主单位和承建单位协商确认,而不能只与承建单位协商确认。

(2) 应由总监理工程师对工程延期申请予以签认。

【问题 3】

此图表明问题解决过程是平稳的。

平均积压约 20 个问题(中心线 CL 等于 20.04)。

积压问题的上控制限(UCL)约是 32,下控制限(LCL)约是 8。如果在任何点上超过了上限,那么这可能就表明问题解决过程中存在问题,也许是有一个特别棘手的缺陷耗费资源,因此导致了问题的堆积。如果想要过程恢复到原来的(特征)行为,就必须采取纠偏行动。

【问题 4】

等价类划分、边界值分析、判定表、因果图、错误推测、正交试验、流程分析、状态迁移、功能图、场景法。

试题 20 分析

【问题 1】

在机房工程施工监理中,要把握好以下 4 个重点:

(1) 审查好承建方的工程实施组织方案,尤其要重点审查是否有保证施工质量的措施;

(2) 控制好施工人员的资质,坚持持证上岗;

(3) 认真贯彻《建筑智能化系统工程实施及验收规范》,及时发现并纠正违反规范的做法;

(4) 深入现场落实"随装随测"的要求,以保证施工质量,加快施工进度。为了能够做好机房工程的监理工作,监理工程师必须对场地的选择、机房环境、接地系统、电源系统等的规范要求有着深入的了解。

【问题 2】

光缆布线系统的测试是工程验收的必要步骤。通常对光缆的测试方法有连通性测试、端-端损耗测试、收发功率测试和反射损耗测试等 4 种。

(1) 连通性测试。在光纤一端导入光线(如手电光),在光纤的另外一端看看是否有光闪即可。

(2) 端-端的损耗测试。使用一台功率测量仪和一个光源,先在被测光纤的某个位置作为参考点,测试出参考功率值,然后再进行端-端测试并记录下信号增益值,两者之差即为实际端到端的损耗值,用该值与相应标准值相比就可以确定这段光缆的连接是否有效。

（3）收发功率测试。在发送端，将测试光纤取下，用跳接线取而代之，跳接线的一端为原来的发送器，另一端为光功率测试仪，使光发送器工作，即可以在光功率测试仪上测得发送端的光功率值。在接收端，用跳接线取代原来的跳线接上光功率测试仪，使发送端光发送器工作，即可以在光功率测试仪上测得接收端的光功率值。发送端与接收端的光功率之差，就是该光纤链路所产生的损耗。

（4）反射损耗测试。OLTS/OPM（光损耗测试仪/光功率计）可用来测试光纤及其元件/部件或光纤路径的衰减/损耗。

【问题 3】

由于分类问题比较简单，我们不加分析，请直接参考答案。

试题 20 参考答案

【问题 1】

不正确的是：（1）、（2）、（4）、（5）

（1）电压：180～264V_{AC}

（2）设备电力总容量是指各单位设备电力容量的总和

（4）这些插座不宜与电源系统共用电源

（5）配电箱的位置应尽量靠近机房，并且便于操作

【问题 2】

（1）连通性测试。在光纤一端导入光线（如手电光），在光纤的另外一端看看是否有光闪即可。

（2）端-端的损耗测试。使用一台功率测量仪和一个光源，先在被测光纤的某个位置作为参考点，测试出参考功率值，然后再进行端-端测试并记录下信号增益值，两者之差即为实际端到端的损耗值，用该值与相应标准值相比就可以确定这段光缆的连接是否有效。

（3）收发功率测试。在发送端，将测试光纤取下，用跳接线取而代之，跳接线的一端为原来的发送器，另一端为光功率测试仪，使光发送器工作，即可以在光功率测试仪上测得发送端的光功率值。在接收端，用跳接线取代原来的跳线接上光功率测试仪，使发送端光发送器工作，即可以在光功率测试仪上测得接收端的光功率值。发送端与接收端的光功率之差，就是该光纤链路所产生的损耗。

【问题 3】

（1）网络基础平台。包括网络传输、路由、交换、接入系统、服务器及操作系统、存储和备份等系统。

（2）网络服务平台。既包括 DNS、WWW、电子邮件等 Internet 网络服务系统，也包括 VoIP、VOD、视频会议等多媒体业务系统。

（3）网络安全平台。包括防火墙、入侵监测和漏洞扫描、网络防病毒、安全审计、数字证书系统等。

(4)网络管理平台。主要指网络管理系统。

(5)环境平台。包括机房建设和综合布线系统。

试题 21 分析

【问题 1】

监理是受业主委托的第三方,其任务是协助业主(从某种意义上甚至可以说是代表业主)对信息工程建设的全过程进行监督和管理,但这并不意味着可以替代业主去做决策,也不可能去承担自己不该承担的责任。按照"三方一法"的项目管理模式,监理单位、承建单位是以为建设单位提供服务的角色和方式与项目管理的,建设单位是这一服务的接受方,在项目实施全过程的项目管理中处于主导地位。所以监理单位不应该也不可能是本工程项目的最高管理者。既然监理是公正第三方,那就不仅要维护建设单位的权益也要注意维护承建单位的合法权益。因此,第 1、2 条是错误的。

《中华人民共和国合同法》第一百零七条规定:"当事人一方不履行合同义务或者履行合同义务不符合约定的,应当承担继续履行、采取补救措施或者赔偿损失等违约责任。"如果出现了违约情况,要求对方给予赔偿是合理的要求。因此双方约定"在合同责任期内,监理方未按合同要求的职责履行约定的义务,或者委托人违背对监理方(合同约定)的义务,双方均应向对方赔偿造成的经济损失;"这样的条款当然是正确的,第 3 条正确。

《中华人民共和国合同法》第七十七条规定:"当事人协商一致,可以变更合同。法律、行政法规规定变更应当办理批准、登记等手续的,依照其规定。"但并没有具体规定要在多长时间内通知对方,因此双方关于"一方要求变更或解除合同时,应当在 42 日前通知对方"的约定是适当的;《中华人民共和国合同法》第九十九条规定:合同解除后,当事人有权要求赔偿损失。所以第 4 条是正确的。

我国相关法律赔偿损失的原则是补偿性原则(大多数市场经济国家采用惩罚性原则)。高法对赔偿的数额做过司法解释,赔偿的额度不能超过标的额(合同金额)。而在本题中,"……因监理单位的过失发生重大质量事故,监理单位应付给建设单位相当与质量事故损失的 20%的罚款。"这 20%的赔偿数额完全有可能超过监理的标的额,从而导致不符合相关法律的规定。第 5 条不正确。

【问题 2】

本题应当利用复利终值公式进行计算。因为甲方案是第 5 年末一次性偿还 5000 万元,以第 5 年终为同一基准,把乙方案的终值计算出来进行比较即可。当然也可以用求现值的方式进行比较(还有其他的计算方法)同样可以得出正确答案,但是计算量和复杂程度都会大大提高。

【问题 3】

机房接地系统的要求:

1. 网络及主机设备的电源应有独立的接地系统,并应符合相应的技术规定。

2. 分支电路的每一条回路都需有独立的接地线，并接至配电箱内与接地总线相连。

3. 配电箱与最端接地端应通过单独绝缘导线相连；其线径至少需与输入端、电源路径相同，接地电阻应小于 4Ω。

4. 接地线不可使用零线或以铁管代替。

5. 在雷电频繁地区或有架空电缆的地区，必须加装避雷装置。

6. 网络设备的接地系统不可与避雷装置共用，应各自独立，并且其间距应在 10m 以上；与其他接地装置也应有 4m 以上的间距。

7. 在有高架地板的机房内，应有 $16mm^2$ 的铜线地网，此地网应直接接地；若使用铝钢架地板，则可用铝钢架代替接地网。

8. 地线与零线之间所测得的交流电压应小于 1 V。

试题 21 参考答案

【问题 1】

第 1 条不妥。监理单位不是本工程项目建设的最高管理者。监理单位是受建设单位委托就工程的实施对承建单位进行全面的监督、管理，是为建设单位提供项目管理服务的；建设单位在项目管理中处于主导的地位，涉及重大决策问题还必须由业主做出决定。

第 2 条不妥。监理单位作为项目管理服务的提供方，自然要维护建设单位的权益，但仍应是合法权益，不是所有的权益；同时做为公正的第三方，监理单位也要维护被监理方的合法权益。

第 3 条正确。

第 4 条正确。

第 5 条不妥。因监理单位的过失而发生重大质量事故，造成了建设单位的经济损失，监理单位应当向建设单位赔偿；累计赔偿总额不应超过监理报酬总额。

【问题 2】

甲方案第 5 年末还款 5000 万元，以此为基准计算一下乙方案到第 5 年末的还款值。按照复利终值计算公式：

$F=1500（1+12\%）^2+1500（1+12\%）+1500=5061.6$（万元）

或者按照等额年金终值公式计算得出同等的数字。

结论：按照甲方案还款优。

【问题 3】

2 错。正确的是：分支电路的每一条回路都需要有独立的接地线，并接至配电箱内与接地总线相连。

3 错。正确的是：接地电阻应小于 4Ω。

4 错。正确的是：接地线不可使用零线或以铁管代替。

6 错。正确的是：网络设备的接地系统与其他接地装置应有 4m 以上的间距。

试题 22 分析

【问题 1】

《招标投标法》第三十四条规定:"开标应当在招标文件确定的提交投标文件截止时间的同一时间公开进行"。而本题中提供的情况是:招标文件规定 2006 年 3 月 30 日为提交投标文件和投标保证金的截至日期,2006 年 3 月 31 日举行开标会,这显然不符合《招标投标法》,所以是错误的。

虽然《招标投标法》没有规定一定要提交投标保证金,但是招标方在招标文件中规定 2006 年 3 月 30 日为提交投标文件和招标保证金的截至日期,而 E 单位于 2006 年 3 月 31 日才提交了投标保证金,应当被视为未响应招标要求。

【问题 2】

要约是希望和他人订立合同的意思表示,所以要约与投标文件对应;承诺是受要约人同意要约的意思表示,所以承诺与中标题通知书对应,承诺一旦生效,合同即成立;要约邀请是希望他人向自己发出要约的意思表示,招标文件的作用就是希望潜在的投标商来投标(发要约),所以要约邀请与招标文件对应。

【问题 3】

事件 2 设计进度变更和合同变更。考生要注意以下几点:

(1)凡变更都要得到建设单位确认、承建单位和监理单位三方书面确认,而事件 2 中只有建设单位和承建单位的口头确认;

(2)凡变更都应该执行变更控制程序,要经过变更控制委员会(或具有相当职能的组织机构)批准,并做好相应的配套处理工作;

(3)合同变更要求当事人以书面形式确认,否则合同变更无效;

(4)原合同仍有效,事件 2 中变更无效,双方须要按原合同执行。综上所述,承建单位应当承担违约责任。

试题 22 参考答案

【问题 1】

招标文件规定提交招标文件的截至日期是 3 月 30 日,与举行开标会的日期(3 月 31 日)不是同一时间,此为不妥之处 1。理由是:按照《中华人民共和国招投标法》的规定,开标应当在招标文件确定的提交投标文件截至时间的同一时间公开进行。

E 单位于 2006 年 3 月 31 日提交投标保证金居然被接受,此为不妥之处 2。理由是:因为招标文件规定招标保证金与提交招标文件两者的截至日期是同一天(皆为 3 月 30 日)。因此,对于未能在所规定的期限内提交投标保证金的 E 单位的投标,招标单位视其为不响应投标即无效投标而予以拒绝。

【问题 2】

如图 15-14 所示。

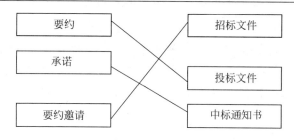

图 15-14 招标与合同概念的对应关系

【问题 3】

承建单位应承担违约责任。原因：

（1）事件 2 中的变更未经建设单位、承建单位和监理单位三方书面确认，而只有前两方的口头确认；

（2）凡变更须执行变更控制程序，经变更控制委员会批准，而事件 2 对这两点要求都未做到；

（3）事件 2 中双方未就合同变更进行书面确认，属无效变更；

（4）原合同仍有效，双方须按原合同执行。

试题 23 分析

【问题 1】

本题比较简单，只要掌握网络图的基本知识就能够识别出关键线路原来是 1－2－3－7－8，由此可知该项目的计算工期为 15 个月；G 工作拖期后关键线路变成了 1－2－4－6－7－8，工期变为 16 个月，所以 G 工作的拖期会影响整个工程的工期。

【问题 2】

在这 10 个叙述项中有 4 个是错误的。

① 虽然国家标准都是由政府或国家级机构制定或批准、适用于全国的标准。但国家标准不都是强制性标准。例如，GB/T 19000.3－94《质量管理和质量保证标准》第三部分：GB/T 19001－ISO 9001 在软件开发、供应和维护中的使用指南》就是一个建议性的指南，而不是强制性的。

⑤ 软件维护同样需要创造性，在很多情况下，要对软件进行重构，这就是创造性工作。

⑧ 从软件配置管理的角度来讲，在新文档取代旧文档后，管理人员不应删除旧文档。因为文档反映了软件发展过程中特定历史时刻的软件版本信息，旧版本经过修改产生新版本，文档也需随之做相应更新。但软件的旧版本作为软件配置项仍需保留，反映其状态的旧文档也不能删去。

⑩ 软件需求分析报告是给开发人员使用的，但其他人员，如管理者和用户等，也需要利用需求分析报告了解软件的需求，参与需求评审和监督软件需求的实现。

【问题 3】

在这个问题上,合同是我们判断的根本依据,此外尚找不到其他依据。应当根据合同(包括招标文件及投标文件等)进行确认,如果在合同中明确规定提交的文件应当是中文版,则建设单位提出的要求是合理的,否则是不合理的。

试题 23 参考答案

【问题 1】

G 工作的拖期会影响整个工程的工期。

原因:该项目的计算工期为 15 个月;G 项任务拖期后,关键路径发生了改变,成为了 1—2—4—6—7—8,工期变为 16 个月;于是整个工程的工期比原计划推迟 1 个月。

【问题 2】

① 错 ② 对 ③ 对 ④ 对 ⑤ 错
⑥ 对 ⑦ 对 ⑧ 错 ⑨ 对 ⑩ 错

【问题 3】

应当根据合同(包括招标文件及投标文件等)进行确认,如果在合同中明确规定提交的文件应当是中文版,则建设单位提出的要求是合理的,否则是不合理的。

试题 24 分析

【问题 1】

监理工程师一定要注意,设计、开发等是承建单位的任务,即使你可能在这一领域很内行,但作为监理工程师只可以提出建议,而不是要越俎代庖,干超越自己工作范围的事,这样也可以避免产生不必要的风险。

【问题 2】

当然应该依据国家标准进行软件设计文档审查,即依据《计算机软件产品开发文件编制指南》。审查过程中要抓住两个方面:一是软件设计文档所对应的设计方案要准确地体现软件需求(软件需求已在需求分析阶段所产生的软件需求说明文档中描述);二是文档本身的质量(一般包括概要设计说明书、详细设计说明书和测试计划初稿),是否具有清晰性、非歧义性和可读性等。。

【问题 3】

验收委员会(专家组)的权限:

(1)要求业主单位、监理单位及承建单位对开发过程中的有关问题进行说明;

(2)决定系统是否通过验收。

对于"如果验收未通过该怎么处理?"这个问题,很容易想出"进行整改、再次验收"这层意思。但稍微仔细思考一下就会觉得很不够了,因为再次甚至多次整改和验收都仍有可能通不过,总不能这样无限循环下去。所以,承建单位应根据验收评审意见尽快修正有关问题,重新进行验收或转入合同争议处理程序。

试题 24 参考答案

【问题 1】

不可以。监理工程师指导承建单位进行改进设计属越位行为，其只能在自己职权范围内执行任务，不能做超出职权范围的事；而且这样做会使自己乃至监理单位承担不必要的责任。

【问题 2】

审查软件设计文档应该依据国家标准《计算机软件产品开发文件编制指南》中与设计相关的条款。审查的要点是：

（1）审查该文档所对应的设计方案是否符合已确认的软件需求规格说明及其可能的补充说明和修改说明中的内容。

（2）文档是否完整（一般包括概要设计说明书、详细设计说明书和测试计划初稿），是否具有清晰性、非歧义性和可读性等。

【问题 3】

验收委员会（专家组）有权：

（1）要求业主单位、监理单位及承建单位对开发过程中的有关问题进行说明；

（2）决定应用软件开发项目是否通过验收。

如果验收未通过，则承建单位根据验收评审意见修复有关问题，后重新进行验收；或者转入合同争议处理程序。

试题 25 分析

【问题 1】

关于招标文件中规定的投标人工期低于 16 个月的，将折算成综合报价进行评标，其后面规定提前一个月折算成 20 万元进行计算。此规定合理，因为第一点已经说明评标采用最低评标价中标的原则，也就是评标采用的是综合评标法，并且进行折算的计算方法已经公开。如果采用投标人最低报价中标，那么该规定就不合理。

《招标投标法》第四十一条规定，中标人的投标应当符合下列条件之一：

（一）能够最大限度地满足招标文件中规定的各项综合评价标准；

（二）能够满足招标文件的实质性要求，并且经评审的投标价格最低；但是投标价格低于成本的除外。

【问题 2】

招标代理机构工作人员拒绝投标人 C 的补充材料的做法不正确。招投标法第二十九条规定：投标人在招标文件要求提交投标文件的截止时间前，可以补充、修改或者撤回已提交的投标文件，并书面通知招标人，补充、修改的内容为投标文件的组成部分。该补充资料是承包商在投标截止时间之前所递交的正式书面文件，是有效文件，是投标文件的有效组成部分，也就是说，补充文件与原投标文件共同构成一份投标文件，而不是两份相互独立的投标文件。

【问题 3】

本题主要考查复利现值的计算。

A 的总工期为：3+9+6–2=16（月）

A 的综合报价=360×0.970 + 900×0.887 + 1100×0.852 = 2084.7

B 的总工期为：4+8+6–2=16（月）

B 的综合报价=400×0.960 +1050×0.887 + 1080×0.852 = 2235.51

C 的总工期为：3+8+6–2=15（月）

C 的综合报价=380×0.970 +1080×0.896 + 1000×0.861–20×0.861=2180.24

因此，A 单位评标价最低，应选 A 单位为中标人。

试题 25 参考答案

【问题 1】

事件 1 中招标文件中的规定是合理的．关于招标文件中规定的投标人工期低于 16 个月的，将折算成综合报价进行评标，其后面规定提前一个月折算成 20 万元进行计算。此规定合理，因为第一点已经说明评标采用最低评标价中标的原则，也就是评标采用的是综合评标法，并且进行折算的计算方法已经公开。如果采用投标人最低报价中标，那么该规定就不合理。

《招标投标法》规定，中标人的投标应当符合下列条件之一：

（一）能够最大限度地满足招标文件中规定的各项综合评价标准；

（二）能够满足招标文件的实质性要求，并且经评审的投标价格最低；但是投标价格低于成本的除外。

【问题 2】

不正确。

招标代理机构的有关工作人员不应拒绝接受投标人 C 的补充材料，因为根据《中华人民共和国招投标法》规定：投标人 C 在投标截止时间之前所递交的任何正式书面文件都是有效文件（都是投标文件的有效组成部分）。补充文件与原有投标文件共同组成一份投标文件，而不是两份相互独立的投标文件。

【问题 3】

A 的工期 16 个月，成本：2084.7 万元。

B 的工期 16 个月，成本：2235.51 万元。

C 的工期 15 个月，成本：2180.24 万元。

所以应选择 A 为中标单位。

试题 26 分析

【问题 1】

1-2-3-5-7-8-10 为关键路径，其长度为 19。

1-3 不是关键工作。

1-4 的总时差为 1。

3-6 的自由时差为 0，因为 6-7 的最早开始时间为 9，而 3-6 的最早开始时间为 5。

4-8 的自由时差为 1。

6-10 的总时差为 3。

【问题 2】

（1）错，需求分析只需要尽可能的挖掘客户的需求，不需要考虑设计的事情。

（2）错，注释有利于软件维护，如何能够全部删除？

（3）对。

（4）错，全局变量增加了模块的耦合性，不利于维护。

（5）对。

（6）错，硬件的备件的供应与可维护性的关系不大。

（7）对。

（8）对。

（9）错，正确的做法是高内聚、低耦合。

（10）对。

【问题 3】

有关排列图的分析，请参考又叫做帕累托图（帕累托分析），来源于帕累托定律，即著名的 80-20 法则，80%的问题经常是由于 20%的原因引起的。帕累托分析是确认造成系统质量问题的诸多因素中最为重要的几个因素的分析方法，一般借助帕累托图来完成分析。

排列图是一种柱状图，按事件发生的频率排序而成。它显示由于某种原因引起的缺陷数量或不一致的排列顺序，是找出影响项目产品或服务质量的主要因素的方法。只有找出影响项目质量的主要因素，即项目组应该首先解决引起更多缺陷的问题，以取得良好的经济效益。

排列图又称为 ABC 分析图，它把影响质量的主要因素分为 3 类，分别是 A、B 和 C 类。其中 A 类累计百分数在 70%～80%范围内的因素，它是主要的影响因素。B 类是除 A 类之外的累计百分数在 80%～90%范围内的因素，是次要因素。C 类为除 A、B 两类外百分数在 90%～100%范围的因素。

试题 26 参考案

【问题 1】

关键路径是：1-2-3-5-7-8-10。

A、错　　B、对　　C、错　　D、错　　E、对

【问题 2】

正确的叙述有：3、5、7、8、10。

【问题3】

该排列图的错误是:未按原因从大到小排列;未画出各项原因的累积频率曲线,未做出主、次和一般原因的 ABC 分类。

试题 27 分析

【问题1】

V-模型只得到软件业内比较模糊的认可。V-模型宣称测试并不是一个事后弥补行为,而是一个同开发过程同样重要的过程。V-模型如图 15-15 所示。

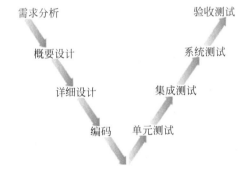

图 15-15 V-模型示意图

V-模型最早由已故的 Paul Rook 在 20 世纪 80 年代后期提出,V-模型被包含在英国国家计算中心文献中发布,旨在改进软件开发的效率和效果。V-模型在欧洲尤其是英国被接受,并被认为是瀑布模型的替代品,而在美国则被误解为是又一种瀑布模型。

V-模型描述了一些不同的测试级别,并说明了这些级别所对应的生命周期中不同的阶段。如模型图 15-15 所示,左边下降的是开发过程各阶段,与此相对应的是右边上升的部分,即各测试过程的各个阶段。请注意在不同的组织中,对测试阶段的命名可能有所不同。

V-模型的价值在于它非常明确地标明了测试过程中存在的不同级别,并且清楚地描述了这些测试阶段和开发过程期间各阶段的对应关系:

(1)单元测试的主要目的是针对编码过程中可能存在的各种错误,例如用户输入验证过程中的边界值的错误。

(2)集成测试主要目的是针对详细设计中可能存在的问题,尤其是检查各单元与其它程序部分之间的接口上可能存在的错误。

(3)系统测试主要针对概要设计,检查了系统作为一个整体是否有效地得到运行,例如在产品设置中是否达到了预期的高性能。

(4)验收测试通常由业务专家或用户进行,以确认产品能真正符合用户业务上的需要。

【问题2】

监理单位对承建单位的测试工作进行监理的主要内容:

（1）监督承建单位将合适的软件测试工程方法和工具集成到项目定义的软件过程中；

（2）监督承建单位依据项目定义的软件过程，对软件测试进行开发、维护、建立文档和验证，以满足软件测试要求；

（3）监督承建单位依据项目定义的软件过程、计划和实施软件的确认测试；

（4）计划和实施软件系统测试，实施系统测试以保证软件满足软件需求；

（5）软件监理组跟踪和记录软件测试的结果。

【问题3】

因为甲、乙的合同约定软件著作权全部归甲方拥有，所以乙不享有该软件作品的所有权。主要依据的是《中华人民共和国合同法》、《计算机软件保护条例》、《著作权法》。

试题27 参考答案

【问题1】

如图15-16所示。

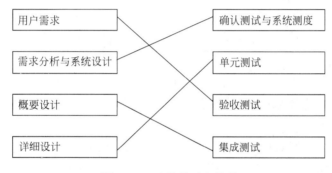

图15-16 完整的对应关系

【问题2】

（1）监督承建单位将合适的软件测试工程方法和工具集成到项目定义的软件过程中；

（2）监督承建单位依据项目定义的软件过程，对软件测试进行开发、维护、建立文档和验证，以满足软件测试要求；

（3）监督承建单位依据项目定义的软件过程、计划和实施软件的确认测试；

（4）计划和实施软件系统测试，实施系统测试以保证软件满足软件需求；

（5）软件监理组跟踪和记录软件测试的结果。

【问题3】

构成侵权，因为甲、乙的合同约定软件著作权全部归甲方拥有，所以乙不享有该软件作品的所有权。主要依据的是《中华人民共和国合同法》、《计算机软件保护条例》、《著作权法》。

试题 28 分析

试题一是一道关于网络工程监理的试题,共 3 个问题。

【问题 1】

我们可以根据各工作的持续时间,从前往后求出各工作的最早开工时间,最后得出项目工期,然后再从后往前求出各工作的最迟开工时间。如图 15-17 所示。

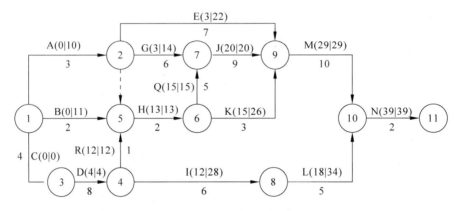

图 15-17 求关键路径的过程

由图 15-17 可以看出,工作 C、D、R、H、Q、J、M、N 的总时差为 0,因此,它们组成的路径就是关键路径,长度为 41。也就是说,机房建设原来计划的总工期是 41 天。

根据试题条件:"监理工程师在第 12 天末进行检查时,A、B、C 三项工作已完成,D 和 G 工作分别实际完成 5 天的工作量,E 工作完成了 4 天的工作量",那么,按工作最早完成时间计:

(1)D 推迟了 3 天。因为按照计划,在第 12 天的时候应该完成了 D 工作。但实际上只完成了 5 天的工作量,还需要 3 天。由于 D 是关键工作,所以会影响总工期,会使总工期推迟 3 天。

(2)E 推迟了 5 天。因为按照计划,在第 10 天的时候应该完成了 E 工作。但实际上,在第 12 天时,只完成了 4 天的工作量,还需要 3 天。也就是说,需要 15 天才能完成,所以,E 工作推迟了 5 天。E 是非关键工作,总时差为 19(22–3=19),进度偏差小于总时差,因此,不会对总工期产生影响。

(3)G 推迟了 4 天。因为按照计划,在第 9 天的时候应该完成了 G 工作。但实际上,在第 12 天时,只完成了 5 天的工作量,还需要 1 天。也就是说,需要 13 天才能完成,所以,G 工作推迟了 4 天。G 是非关键工作,总时差为 11(14–3=11),进度偏差小于总时差,因此,不会对总工期产生影响。

【问题2】
(1) 妥当。
(2) 不妥当。调整后的进度计划应经项目监理机构（或总监理工程师）审核、签认。
(3) 不妥当。由总监理工程师主持修订监理规划。
(4) 不妥当。由总监理工程师负责处理合同争议。

【问题3】
合同争议是指信息系统工程合同当事人双方对于自己与他人之间的权利行使、义务履行与利益分配有不同的观点、意见和请求的法律事实。合同争议发生于合同的订立、履行、变更、解释以及合同权利的行使过程之中。如果某一争议虽然与合同有关系，但不是发生于上述过程之中，就不构成合同争议。

通常情况下，建设单位或承建单位其中一方提出合同争议时，应按照图 15-18 所示的流程进行合同争议的调解。

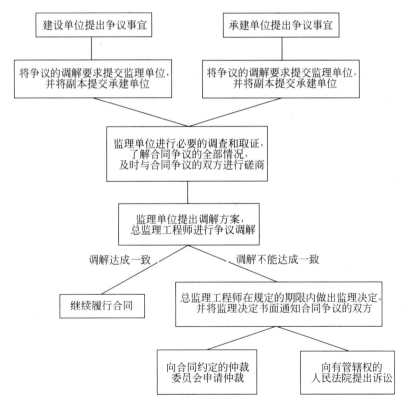

图 15-18　合同争议的调解程序

根据图 15-18 可知，选项 B 的做法是错误的，向合同约定的仲裁委员会申请仲裁是合同当事人双方的权利，监理无权这样做。

试题 28 参考答案

【问题 1】

（1）D 推迟了 3 天，E 推迟了 5 天，G 推迟了 4 天。

（2）41 天。

（3）D 会影响总工期，使总工期推迟 3 天。

【问题 2】

（1）妥当。

（2）不妥当。调整后的进度计划应经项目监理机构（或总监理工程师）审核、签认。

（3）不妥当。由总监理工程师主持修订监理规划。

（4）不妥当。由总监理工程师负责处理合同争议。

【问题 3】

当发生合同争议时，监理单位进行必要的调查和取证，了解合同争议的全部情况，及时与合同争议的双方进行磋商，提出调解方案。在调解失败的情况下，总监理工程师在规定的期限内做出监理决定，并将监理决定书面通知合同争议的双方。

试题 29 分析

本题是关于招标投标的试题，共 3 个问题。

【问题 1】

根据《招标投标法》规定，招标分为公开招标和邀请招标。

公开招标是指招标人以招标公告的方式邀请不特定的法人或者其他组织投标。邀请招标是指招标人以投标邀请书的方式邀请特定的法人或者其他组织投标。国务院发展计划部门确定的国家重点项目和省、自治区、直辖市人民政府确定的地方重点项目不适宜公开招标的，经国务院发展计划部门或者省、自治区、直辖市人民政府批准，可以进行邀请招标。

【问题 2】

投标偏差分为重大偏差和细微偏差，只有重大偏差的，才有可能作为废标处理，也就是投标无效。细微偏差不影响投标文件的有效性。

（1）B 投标单位虽按招标文件的要求编制了投标文件但有一页文件漏打了页码，补正这个遗漏的页码，不会对其他投标人造成不公平的结果。因此，这属于细微偏差，投标有效。

（2）C 投标单位投标保证金超过了招标文件中规定的金额，投标保证金只要符合招标文件规定的最低投标保证金就可以了。因此，属于细微偏差，投标有效。

（3）D 投标单位投标文件记载的招标项目完成期限超过招标文件规定的完成期限，这属于重大偏差，因此投标无效。

（4）E 投标单位某分项工程的报价有个别漏项，那么，要判断投标是否有效，需要知道这个漏项对投标报价的影响。如果这个漏项是主要部分，对投标报价有较大影响，则就属于重大偏差，投标无效。如果对投标报价没有影响或者影响小到可以忽略，则就属于细微偏差，投标有效。

【问题3】

要说明项目的招标投标程序中哪些方面不符合《招标投标法》的有关规定，就需要我们认真地阅读试题的描述。

该项目的招标投标程序中主要存在两个方面的问题：

"由于投标单位A已撤回投标文件，故招标人宣布有B、C、D、E四家投标单位投标，并宣读该4家投标单位的投标价格、工期和其他主要内容"。招标人不应仅宣布4家投标单位参加投标。我国招标投标法规定："招标人在招标文件要求提交投标文件的截止时间前收到的所有投标文件，开标时都应当当众拆封、宣读"。这一规定是比较模糊的，仅按字面理解，已撤回的投标文件也应当宣读，但这显然与有关撤回投标文件的规定的初衷不符。按国际惯例，虽然投标单位A在投标截止时间前已撤回投标文件，但仍应作为投标人宣读其名称，但不宣读其投标文件的其他内容。

"评标委员会委员由7人组成，由招标人直接指定，其中招标人代表2人，本系统技术专家2人、经济专家1人，外系统技术专家2人"。根据招标投标法的规定，评标委员会委员"由招标人从国务院有关部门或者省、自治区、直辖市人民政府有关部门提供的专家名册或者招标代理机构的专家库内的相关专业的专家名单中确定；一般招标项目可以采取随机抽取方式，特殊招标项目可以由招标人直接确定"。在本题中，并没有说明该项目是特殊招标项目，所以，不应该"由招标人直接指定"。

试题29 参考答案

【问题1】

招标分为公开招标和邀请招标。

【问题2】

（1）B投标单位：补正这个遗漏的页码，不会对其他投标人造成不公平的结果。这属于细微偏差，投标有效。

（2）C投标单位：投标保证金只要符合招标文件规定的最低投标保证金，属于细微偏差，投标有效。

（3）D投标单位：属于重大偏差，投标无效。

（4）E投标单位：如果这个漏项对投标报价有较大影响，则属于重大偏差，投标无效。如果对投标报价没有影响或者影响很小，则属于细微偏差，投标有效。

【问题3】

（1）招标人不应仅宣布4家投标单位参加投标。虽然投标单位A在投标截止时间前已撤回投标文件，但仍应作为投标人宣读其名称，但不宣读其投标文件的其他内容。

（2）评标委员会委员不应该由招标人直接指定，而是应该由招标人从国务院有关部门或者省、自治区、直辖市人民政府有关部门提供的专家名册或者招标代理机构的专家库内的相关专业的专家名单中随机抽取。

试题 30 分析

这是一道综合性试题，分 3 个小问题。

【问题 1】

第 1 个问题要求找出 3 条不能接受的关于人机界面的叙述。显然，第 5 条是错误的，终端会话应以方便用户使用为目标，而不是以方便系统维护为目标。第 6 条也是不合理的，可以对操作员进行培训，告诉他们如何使用系统，但对于如何设计系统的，则没有必要对操作员进行培训。第 10 条是错误的，系统给用户的提示信息应该清晰明了，而不应该含糊。

【问题 2】

一般在合同订立之后，引起工程范围、合同有关各方权利责任关系变化的事件，均可以看做是合同变更。监理进行合同的变更管理时，应注意以下几个方面的内容：

（1）分析合同变更产生的原因。合同变更产生的原因通常包括设计图纸的变更、工程条件的变动、新技术、新工艺、新材料和新成果的应用、政府部门对信息工程建设项目的新要求，如新的行业标准及技术标准等。

（2）评估合同变更可能产生的影响。合同变更可能产生的影响可能涉及到以下 4 个方面：建设单位、承建单位及子承建单位之间合同责任的变化；材料损失；项目停工；已完工程的返工。

（3）经评估，确实需要变更的，应尽快做出变更。并迅速、全面、系统地落实变更指令，对合同变更产生的影响进行监控。

（4）对于合同变更，应尽量采用书面形式，口头协议或临时性交换函件等是不可取的。尤其是当改变服务范围和费用问题时，监理单位应坚持要求以书面形式修改合同。

根据我国民法通则第一百一十五条的规定，合同的变更或者解除，不影响当事人要求赔偿损失的权利。

【问题 3】

根据合同法第三百二十四条，技术合同的内容中就应该验收的标准和方法，而合同签订是在投标书发出之后，因此，应该按合同条款要求的质量标准进行验收。

试题 30 答案

【问题 1】

（1）第 5 条。终端会话应以方便用户使用为目标，而不是以方便系统维护为目标。

（2）第 6 条。可以对操作员进行培训，告诉他们如何使用系统，但对于如何设计系统的，则没有必要对操作员进行培训。

（3）第 10 条。系统给用户的提示信息应该清晰明了，而不应该含糊。

【问题 2】

（1）监理单位应拒绝接受分包单位终止合同的申请，要求总包单位与分包单位双方协商，达成一致后再解除合同。而且，要求总包单位对不合格工程进行返工或整改。

（2）根据我国民法通则第一百一十五条的规定，合同的变更或者解除，不影响当事人要求赔偿损失的权利。

【问题3】

支持业主的意见，按合同条款要求的质量标准进行验收。